ユビキタス時代の著作権管理技術

DRMとコンテンツ流通

今井秀樹 = 編著

五十嵐達治・遠藤直樹・川森雅仁・古原和邦・三瓶徹・中西康浩 = 著

Digital
Rights
Management

東京電機大学出版局

本書の全部または一部を無断で複写複製（コピー）することは，著作権法上での例外を除き，禁じられています．小局は，著者から複写に係る権利の管理につき委託を受けていますので，本書からの複写を希望される場合は，必ず小局（03-5280-3422）宛ご連絡ください．

はじめに

　20世紀の後半から始まったデジタル化の波は，今世紀に入りさらに進展を速め，現代社会を大きく変容させ，デジタル社会，情報化社会などのことばを現実感のあるものとしてきた．このデジタル社会を象徴し，その文化を支えているのが，音楽，映像，ゲーム，書籍などの情報をデジタル表現したデジタルコンテンツ（以下，単にコンテンツと呼ぶ）およびその流通である．コンテンツ流通の進展はわれわれの生活を豊かにし，多様な文化を育み，デジタル社会の恩恵を実感させるものであるが，一方で新たな問題を引き起こしている．その一つが不正コピーの問題である．デジタル化されたコンテンツは，そのものだけではオリジナルとそのコピーとを区別することが原理的に不可能である．しかも，何の対策も施されなければ，コンテンツの複製や編集は極めて容易に行える．その上，複製・編集されたコンテンツは，デジタルネットワークを用いて簡単に広範囲に配布できる．これを放置しておけば，コンテンツを創造し，制作しても，それが直ちにコピーされ不特定多数の人々に配布されてしまい，コンテンツ制作が職業として成立しなくなるだろう．したがって，コンテンツ制作を促進し，デジタル社会の文化を豊かなものにしていくためには，コンテンツ利用を何らかの方法で制御・管理することが不可欠となる．このためには，法律や制度，教育や啓発などを含む総合的な対策が必要であるが，その基盤となるのはDRMである．

　DRMはDigital Rights Management（デジタル著作権管理）の略語であり，コンテンツの利用方法を制御・管理する技術の総称である．DRMの目的はコンテンツの不正コピーや不正流通の防止であるが，単なる不正防止というばかりではなく，従来の枠組みにとらわれない新たなコンテンツ流通を実現するためにも欠かせない技術となっている．

近年におけるコンテンツ流通の進展は著しく，それに伴ってさまざまな DRM が提案され，実用化されてきた．このため，DRM は複雑な様相を呈し，しかも変化し続けている．このような状況の中で，日本規格協会に，コンテンツ流通市場形成に関する標準化調査研究委員会が 2003 年発足し，DRM のあり方について調査し議論を重ねてきた．そのような議論の中から，今日の DRM の全体像と基本的な理念とが見えてきたように思える．本書は，この委員会の成果に基づいて，今日の複雑な DRM の世界全体を貫く基本的な考え方を示すとともに，個々の DRM を，具体的な規格や実施例を通してわかりやすく解説する．

本書の執筆者は，暗号理論など DRM の基礎理論に関し世界の最先端で研究を行っている研究者，DRM 開発の最前線に位置する技術者，コンテンツ流通業界をリードしている実務者からなっている．しかも，上述の委員会で議論を重ね，DRM に関する深い知識を共有している．このため，本書では，これまでの DRM の著書には見られない深さと幅広さを出せたのではないかと考えている．

各章の執筆者は以下のとおりである．

- 序章，第 1 章 —— 古原 和邦（東京大学 生産技術研究所．現在，独立行政法人産業技術総合研究所 情報セキュリティ研究センター）
- 第 2 章 —— 五十嵐 達治（富士通株式会社 法務・知的財産権本部）
- 第 3 章 —— 遠藤 直樹（東芝ソリューション株式会社 IT 技術研究所）
- 第 4 章，付録 A —— 川森 雅仁（日本電信電話株式会社 サイバーソリューション研究所）
- 第 5 章 —— 中西 康浩（株式会社メロディーズ&メモリーズグローバル）
- 第 6 章 —— 三瓶 徹（株式会社スーパーコンテンツ流通）

本書は DRM の現状と将来動向をわかりやすく解説した著書であり，DRM はコンテンツ流通において最も重要な基盤技術であるので，コンテンツ流通にかかわる研究者，技術者，およびこの分野の学生の方々には本書を是非お読みいただきたいと願っている．

末筆であるが，本書の刊行をご提案いただき，編集にもご尽力いただいた東京電機大学出版局の植村八潮氏をはじめ出版に関しお世話になった方々に深謝する．

2006 年 8 月

今井　秀樹

標準化調査研究委員会 委員一覧

1. ユビキタス社会を推進する情報基盤の標準化調査研究委員会 分科会 3

主　査	今井 秀樹	東京大学 生産技術研究所
幹　事	五十嵐 達治	富士通株式会社 プロダクト事業推進本部
委　員	飯島　正	慶應義塾大学 理工学部
	朝倉 敬喜	日本電気株式会社 システム基盤ソフトウェア開発本部
	岩村 恵市	キヤノン株式会社 PF 技術開発センター
	遠藤 直樹	東芝ソリューション株式会社 SI 技術開発センター
	大塚　玲	独立行政法人産業技術総合研究所 情報セキュリティ研究センター
	小川 一人	日本放送協会 放送技術研究所
	河原 正治	筑波技術短期大学 情報処理学科
	川森 雅仁	日本電信電話株式会社 サイバーソリューション研究所
	古原 和邦	東京大学 生産技術研究所
	三瓶　徹	株式会社スーパーコンテンツ流通
	杉山 和弘	NTT ソフトウェア株式会社 営業戦略本部
	鶴川 達也	三菱電機株式会社 情報技術総合研究所
	中西 康浩	株式会社メロディーズ&メモリーズグローバル
	満保 雅浩	筑波大学 システム情報工学研究科
	盛合 志帆	株式会社ソニー・コンピュータエンタテイメント 開発研究本部
	柳　邦宏	株式会社日立製作所 情報・通信グループ
	山本 秀樹	沖電気工業株式会社 ブロードバンドメディアカンパニー
	江口 貴巳	キヤノン株式会社 PF 技術開発センター（途中交代）
事務局	木村 高久	財団法人日本規格協会

(2006 年 3 月現在)

2. コンテンツ流通市場形成に関する標準化調査研究委員会

委員長	今井 秀樹	東京大学 生産技術研究所
幹　事	五十嵐 達治	富士通株式会社 ソフトウェア事業本部
委　員	朝倉 敬喜	日本電気株式会社 システム基盤ソフトウェア開発本部
	江口 貴巳	キヤノン株式会社 PF 技術開発センター
	遠藤 直樹	東芝ソリューション株式会社 SI 技術開発センター
	大塚 玲	独立行政法人情報処理推進機構 セキュリティセンター
	小川 一人	日本放送協会 放送技術研究所
	河原 正治	筑波技術短期大学 情報処理学科
	川森 雅仁	日本電信電話株式会社 NTT サイバーソリューション研究所
	古原 和邦	東京大学 生産技術研究所
	三瓶 徹	株式会社スーパーコンテンツ流通
	杉山 和弘	NTT ソフトウェア株式会社 モバイル&セキュリティソリューション事業部
	鶴川 達也	三菱電機株式会社 情報技術総合研究所
	中西 康浩	株式会社メロディーズ&メモリーズグローバル
	満保 雅浩	筑波大学 システム情報工学研究科
	盛合 志帆	株式会社ソニー・コンピュータエンタテイメント 開発研究本部
	柳 邦宏	株式会社日立製作所 情報・通信グループ
	山本 秀樹	沖電気工業株式会社 ブロードメディアカンパニー
	栗岡 辰弥	日本放送協会 放送技術研究所 (途中交代)
事務局	木村 高久	財団法人日本規格協会

(2005 年 3 月現在)

目次

序章　著作権管理の基礎知識　1
- 1　著作権管理の考え方 1
- 2　権利と法的保護 5
- 参考文献 11

第1章　DRMの基礎技術　13
- 1.1　著作権管理ポリシーとコンテンツ秘匿技術 13
- 1.2　鍵の割り当てと無効化技術 19
- 1.3　電子透かし 32
- 参考文献 36

第2章　流通メディアから見た保護技術　38
- 2.1　コンテンツの利用形態 39
- 2.2　流通メディアによるコンテンツ保護の違い 42
- 2.3　パッケージメディアにおける保護方式 47
- 2.4　放送における保護方式 55
- 2.5　通信系のDRM 60
- 2.6　電子透かしの利用 66
- 2.7　課題と展望 67
- 参考文献 68

第3章　暗号技術を中心としたDRM標準化動向　70

- 3.1　AACS 70
- 3.2　CPPM/CPRM 78
- 3.3　DTCP/DTCP-IP 91
- 3.4　OMA DRM 99
- 3.5　今後の展望 102
- 参考文献 103

第4章　メタデータ活用を中心としたDRM標準化　105

- 4.1　MPEG-REL 105
- 4.2　TV-Anytime RMPI 111
- 4.3　DLNA 115
- 4.4　コーラルコンソーシアム 122
- 4.5　今後の展望 134
- 参考文献 136

第5章　コンテンツ流通システムの実際　137

- 5.1　コンテンツ配信モデル 138
- 5.2　権利許諾管理 148
- 5.3　最後に 156
- 参考文献 157

第6章　コンテンツ流通市場におけるDRM　159

- 6.1　コンテンツ流通を支えるサービスインフラ 159
- 6.2　音楽市場におけるDRM 160
- 6.3　映像コンテンツ市場におけるDRM 168
- 6.4　電子出版市場におけるDRM 173
- 6.5　写真業界におけるDRM 179
- 6.6　携帯電話におけるDRM 183

6.7 医療分野における DRM 186
6.8 教育分野における DRM 190
6.9 ゲーム市場における DRM 193
6.10 今後の展望 196
参考文献 198

付録 A　XML と Web サービス　199

A.1 XML 199
A.2 Web サービス 201
A.3 Web サービスセキュリティ 205
参考文献 206

付録 B　著作権法（抄）　207

略語集　221

索引　226

序章

著作権管理の基礎知識

　DRM（Digital Rights Management：デジタル著作権管理）の目標は，コンテンツ利用者の利便性を損なうことなく著作者および**著作隣接権者**（著作物の制作者，実演家，流通業者など著作にかかわる人々）に適切な対価を還元することにある．デジタル技術やインターネットの普及は，コンテンツ利用者の利便性を向上させるという点に関してはプラスに働いているものの，著作者および著作隣接権者に適切な対価を還元するという点においてはマイナスに働いており，新たな枠組みの整備が求められている．本章では，コンテンツを健全に流通させるための考え方や，法的な保護について紹介する．

1　著作権管理の考え方

　図1にコンテンツの正規流通と不正流通の違いを示す．図中において器で表現されているのがコンテンツ流通基盤であり，この基盤上でコンテンツがやりとりされる限り，利用者から適切な対価を回収することができ，それを著作者や関係

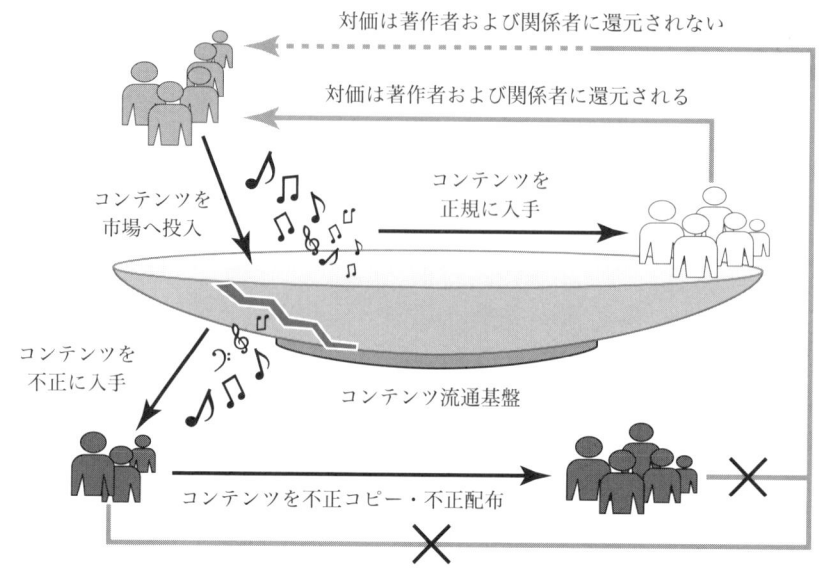

図1　コンテンツの正規流通と不正流通

者に分配することができる．しかしながら，この基盤からコンテンツが漏れ出し，正規以外のルートでコンテンツが流通してしまうと，対価の回収および分配が行えなくなってしまう．それは結果として質の良い著作物の制作意欲の低下へとつながり，コンテンツ流通市場に悪影響を与えることになる．実際，P2P (Peer to Peer) ネットワーク[1]およびそこで行われる**ファイル交換**[2]の普及は，正規以外のルートでコンテンツが大量に出回ることを可能にし，また，コンテンツの流出元の特定を難しくしていることから大きな問題となっている．

コンテンツの不正流通を防止する方法を分類すると図2のような項目があげら

---

[1] サーバとクライアントという明確な主従関係により構成される情報通信ネットワークではなく，ほぼ対等な関係にある不特定多数の端末が互いに通信し合うことにより形成される情報通信ネットワーク．

[2] ファイル交換自体は，さまざまな目的のために行うことが可能であるが，不正にコピーされたコンテンツを交換する目的で行われることもあり，コンテンツの売上低下の原因になっていると言われている．

① 器を作る
② ひび割れを作らない

③ コンテンツや鍵が漏れていないかを調査する
④ ひび割れがどこで起こっているかを探る

⑤ ひび割れをふさぐ

⑥ 漏れたコンテンツを使用させない

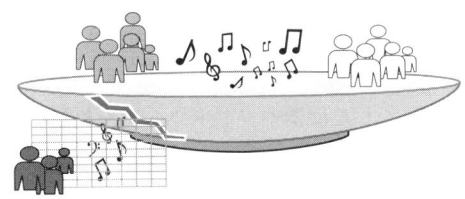

図2　コンテンツ不正流通対策の分類

れる．各項目の概要は以下のとおりである．

① 器を作る——コンテンツをどのように流通させ，どのような方法で対価を回収するかなどを決める．ビジネスモデルや仕様を策定したり，コンテンツの利用ルールを決めたり，それらを権利記述言語を用いて記述したりすることなどに相当する．詳細は1.1節で紹介する．

② ひび割れを作らない——①で定めた仕様やルールが遵守されるように，暗

号技術や耐タンパ技術などを用いてシステムや製品を実現する．ただし，ひび割れのまったくないシステムや製品を実現することは容易でないため，以下に述べるような対策を併せて講じる必要がある．

③ コンテンツや鍵が漏れていないかを調査する──ネット上および実社会においてコンテンツや鍵が不正に流通していないかを調査する．膨大な量のデータから不正に流通しているコンテンツや鍵を検出する必要がある．コンテンツに対しては，識別情報を電子透かし（watermark）として埋め込んでおくことで，この検出作業を自動化することも可能である．電子透かしの概要については 1.3 節，電子透かしの応用については 2.5 節で紹介する．

④ ひび割れがどこで起こっているかを探る──鍵やコンテンツの流出元を特定する．鍵の流出に対しては，コンテンツを扱う機器やソフトウェアに個別の鍵を割り当てることで，どの機器やソフトウェアが**危殆化**（攻撃や解析などを受け十分な安全性を提供できない状態になること）しているかを知ることができる．コンテンツの流出に対しては，機器，ソフトウェアあるいはそれらの所有者 ID を電子透かしとしてコンテンツに埋め込むことで流出元を特定できるようになる．詳細は 1.2 節および 1.3 節で紹介する．

⑤ ひび割れをふさぐ──④により特定されたひび割れをふさぐ．これは，ひび割れを起こした機器やソフトウェアを**無効化**する（使えなくする）ことで実現できる．場合によっては，機器やソフトウェアの所有者やコンテンツの購入者を訴えることもありうる．無効化の方法は，コンテンツの流通形態により異なる．例えば，サーバからコンテンツをダウンロードしたりストリーミング視聴したりする場合は，サーバへの接続を禁止することで無効化が行える．機器間でコンテンツの移動やコピーを許可している場合は，危殆化した鍵のリスト（**無効化リスト**（失効リスト，CRL：Certificate Revocation List））を各機器に配布し，各機器がその鍵を使うことを禁止することで無効化が行える．放送や DVD（Digital Versatile Disc）などの場合は，ひび割れを起こした機器では新たに放送された番組や DVD を復号できなくすることで無効化が行える．詳細は 1.2 節で紹介する．

⑥ 漏れたコンテンツを使用させない——流出したコンテンツを使用させないようにする．電子透かしを用いてコンテンツに制御信号を埋め込んでおき，その信号を検出した機器ではそれを再生しないようにする．ただし，モラルのないメーカは，そのような信号を無視する機器を生産することも可能であるため，この対策は，モラルのあるメーカにより生産された機器に対してのみ有効である．

実際には，これらの対策の中から，機器の処理速度やコスト，使い勝手や権利者の要求などを考慮して取捨選択が行われることになる．具体的な仕様や規格については第2章以降を参照されたい．

2 権利と法的保護

コンテンツ流通と DRM を考える上で，著作者，著作隣接権者および利用者に認められている権利を理解することは非常に重要である．本節では，著作に関する法律が各国で整備されるに至った経緯や，その概要について紹介する．

〔1〕著作権保護法の整備

著作に関する権利保護の重要性が一般に認知され始めたのは，今からおよそ数百年前，1445年頃にドイツのグーテンベルグが活版印刷技術を実用化し，その技術がヨーロッパ全土に広がってからのことである．それまでの書物の複製作業と言えば，人手で一字一句を書き写すか，書物ごとに木版や銅版を作成するという大変わずらわしい作業を経て行われていたが，活版印刷の登場は，その煩雑な作業を活字の組み替えという単純な作業で実現した．また，印刷や出版が事業として行われるようになったのもこの頃からであり，事業者や版権を保護するための法律が18世紀以前のイギリス，デンマーク，アメリカ，フランスで成立している [1]．1814年には蒸気機関を用いて自動化された印刷機が登場し，書物の大衆化が一層進むことにより，現在のような大量印刷時代の下地が整うこととなる [2]．

印刷技術の普及と向上は，書物の大衆化に大きく貢献する一方，海賊版書物の出版という新たな問題を引き起こすこととなる [3]．特に，国境を越えて海賊版書物が流通する場合，一国の法律では処理しきれないため，これに対処するための話し合いがヨーロッパの国々の間で行われ，1886 年に**ベルヌ条約**（文学的および美術的著作物の保護に関する多国間条約）が成立している [3]．ベルヌ条約はその後何度か改正され，1971 年のパリ改正条約が最終版となっている．ベルヌ条約には，日本を含む多くの国と地域が加盟しており，それに基づいた法律の制定あるいは改定が加盟国で行われた．ベルヌ条約の保護原則 [4] を以下にあげておく．

- 著作者は，同盟国の法令が自国民に現在与えている権利およびこの条約が与える権利を享有する．
- 権利の享有および行使には，いかなる方式の履行をも要しない．
- 著作物の本国における保護は，その国の法令の定めるところによる．

ベルヌ条約はインターネットやデジタル技術が普及する前の条約であるが，それらが普及した後の条約としては，国連の専門機関 WIPO（World Intellectual Property Organization）が 1996 年 12 月 20 日に採択した **WCT**（WIPO Copyright Treaty）[5] と **WPPT**（WIPO Performances and Phonograms Treaty）[6] がある．WCT は著作者の権利保護を目的とした条約であり，WPPT は制作者や実演者の権利保護を目的とした条約である．ともに，"Contracting Parties shall provide adequate legal protection and effective legal remedies against the circumvention of effective technological measures"（WCT 第 11 条，WPPT 第 18 条）とあり，契約国および地域は（著作者，制作者ならびに実演者の権利保護のための）有効な技術対策の迂回に対して適切な法的保護と法的救済を行うべきであるとしている．つまり，技術的な対策に対して法的な後ろ楯を与えようとしているのである．ちなみに，地球上には 193 の国と地域がある [7] が，2006 年 6 月現在，その 183 の国と地域が WIPO のメンバーとなっており [8]，そのうち 56 の国と地域が WCT，55 の国と地域が WPPT に加盟している [9,10]．それらの国と地域では，WCT と WPPT に沿った法律の整備や改定が進められており，例えば，米国では 1998 年 10 月に DMCA（Digital Millennium Copyright Act）が成立しており，日本では，

1999年10月に著作権法が改正されている．

以下では，2006年12月1日現在の日本国著作権法を中心に権利関係の解説を行うが，詳細については最新の法律を参照するとともに，法律の専門家に相談することを怠らないでほしい．

〔2〕著作者の権利

日本国著作権法[11]によると，「著作物とは，思想又は感情を創作的に表現したものであって，文芸，学術，美術又は音楽の範囲に属するものであり，著作者とはそれを創作する者を指す」（第2条）とある．また，「著作者は，著作者人格権及び著作権を享有するが，それにはいかなる方式の履行をも要しない」（第17条）とある．つまり，これらの権利は，著作物を創作した時点で自動的に生ずることになる．著作者の権利は著作者人格権と著作権からなり，著作者人格権は著作者の一身に専属し譲渡することができない（第59条）．これに対して，著作権は原則的に作者の死後（共同著作物の場合は，最終に死亡した著作者の死後）50年を経過するまでの間存続し（第51条），その全部または一部を譲渡することができる（第61条）．この譲渡できる性質から，著作権は財産権とも呼ばれている．

著作者人格権は，公表権，氏名表示権，同一性保持権からなり，著作権は，複製権，上演権および演奏権，上映権，公衆送信権等，口述権，展示権，頒布権，譲渡権，貸与権，翻訳権・翻案権等，二次的著作物の利用に関する原著作者の権利からなる．それらの概要を以下にまとめる．

著作者人格権

- 公表権――著作物を公衆に提供，または提示する権利
- 氏名表示権――著作物の原作品，またはそれを公衆へ提供もしくは提示する際に，実名もしくは変名を著作者名として表示するか，または著作者名を表示しないこととする権利
- 同一性保持権――著作者の意に反して著作物およびその題号の変更，切除その他の改変を受けない権利

著作権

- 複製権——著作物を複製する権利
- 上演権および演奏権——著作物を，公に上演，または演奏する権利
- 上映権——著作物を公に上映する権利
- 公衆送信権等——著作物を公衆に送信する権利．ただし，著作物がリクエストなどに応じて自動的に送信されるような場合には，著作物を送信可能な状態に置く権利
- 口述権——言語の著作物を公に口述する権利
- 展示権——美術の著作物またはまだ発行されていない写真の著作物をこれらの原作品により公に展示する権利
- 頒布権——映画の著作物をその複製物により頒布する権利
- 譲渡権——映画を除く著作物をその原作品または複製物の譲渡により公衆に提供する権利
- 貸与権——映画を除く著作物をその複製物の貸与により公衆に提供する権利
- 翻訳権・翻案権等——著作物を翻訳，編曲，変形，脚色，映画化したり，その他翻案したりする権利
- 二次的著作物の利用に関する原著作者の権利——自分の著作物の二次的著作物に対しても，その二次的著作物の著者と同じ権利を持つ権利

　DRM およびコンテンツ流通を考える上で特に重要となるのは，複製権と送信可能化権を含む公衆送信権であろう．複製権とは著作物をコピーする権利であり，送信可能化権とは，著作物を公衆に送信できる状態に置く権利である．例えば，他人の著作物をインターネット上に公開した場合には，それを誰もダウンロードしていなくとも送信可能な状態に置いたことになり，著作者の送信可能化権を侵害したことになる．なお，著作権は基本的に著作者が専有することになるが，契約などにより譲渡している場合にはその限りでなく，また，表1に示すように，その一部は著作隣接権者や利用者にも認められている．

　ちなみに，米国の著作権法 [12] では，以下のような項目が著作者の排他的権利

表1 権利保有者とその権利

権利保有者	権　利
著作者 (映画制作者を含む)	● 著作者人格権 ● 複製権 ● 公衆送信権等 　(自動公衆送信の場合には，送信可能化を含む) ● 譲渡権 など
出版者	● 出版権 ● 出版権の譲渡 など
著作隣接権者 (レコード製作者，放送事業者，有線放送事業者)	●(事業を行うための)複製権 ● 送信可能化権 など
利用者	● 私的使用のための複製 など

として認められている(米国著作権法第106条).

- 複製権——著作権のある著作物をコピーまたはレコードに複製する権利
- 二次的著作物作成権——著作権のある著作物に基づいて二次的著作物を作成する権利
- 公衆頒布権——著作権のある著作物のコピーまたはレコードを，販売その他の所有権の移転または貸与によって公衆に頒布する権利

また，著作者人格権に対応する米国の権利として，以下のような権利が認められている(米国著作権法第106A条).

- 自分の名誉または声望を害するおそれのある著作物の歪曲，切除その他の改変があった場合に，視覚芸術著作物の著作者として自分の名前が使用されることを防止する権利
- 自分の名誉または声望を害するおそれのある著作物の故意の歪曲，切除その他の改変を防止する権利
- 名声が認められる著作物の破壊を防止する権利

〔3〕利用者の権利

　日本国著作権法では，著作物の利用者は，**私的使用のための複製**が認められている（第 30 条）．ただし，私的使用のための複製は原則的に利用者が自身の機器[3]を用いて自分自身で行う必要があり，また，技術的保護手段を回避してまで行うことは認められていない．さらに，利用者には公衆送信権は認められていないため，私的使用のために複製した他人の著作物を勝手にインターネット上に公開したり，P2P などのファイル交換ソフトを利用して不特定多数に提供したりしてはならない．

　米国では私的使用に似た権利として**フェアユース**（fair use：公正使用）がある（米国著作権法第 107 条）．そこでは，「批評，解説，ニュース報道，教授（教室における使用のために複数のコピーを作成する行為を含む），研究または調査等を目的とする著作権のある著作物のフェアユース（コピーまたはレコードへの複製その他第 106 条に定める手段による使用を含む）は，著作権の侵害とならない」とあり，また，「著作物の使用がフェアユースとなるか否かを判断する場合に考慮すべき要素は，以下のものを含む」とある．

- 使用の目的および性質（使用が商業性を有するかまたは非営利的教育目的かを含む）
- 著作権のある著作物の性質
- 著作権のある著作物全体との関連における使用された部分の量および実質性
- 著作権のある著作物の潜在的市場または価値に対する使用の影響

　これらを考慮に入れた上でフェアユースに当たるか否かを厳密に判断することは容易ではないが，米連邦最高裁判所は 1984 年にソニー・ベータマックス訴訟の判決の中で，**タイムシフト視聴**[4]はフェアユースの範囲内だという判断を示してい

---

[3] 厳密には，公衆の使用に供することを目的として設置されている自動複製機器を用いてはならない．

[4] 番組を録画し後で視聴すること．

る（厳密には，原告が，放送された著作物のタイムシフト視聴による悪影響を示せなかったため，VTR（Video Tape Recorder）の一般への販売は著作権の侵害に寄与していないという結論になっている [13]）．一方，P2P を用いた他人の著作物の交換は著作権侵害行為であり，著作権侵害行為が行われることを認識した上で P2P を用いたサービスを提供あるいは提供しようとしていた会社の責任が問われている [14,15]．

〔4〕出版者，著作隣接権者の権利

　日本国著作権法では，著作物の公表や流通に携わる者として，出版者，実演家，放送事業者，有線放送事業者，レコード製作者などの権利が法律で定められている．例えば，複製権者[5]は著作物を出版する者に対し出版権を設定することができ（第 79 条），それにより出版権者は，頒布のために著作物を複製する権利を専有することができる（第 80 条）．また，実演家，放送事業者，有線放送事業者，レコード製作者は，それぞれ，ある制約のもとで複製や送信可能化を行うことができる（第 89 条 〜 第 100 条）．

　法律では，著作隣接権者として実演家，放送事業者，有線放送事業者，レコード製作者の権利が具体的に規定されているが，インターネット上では日々新たなビジネスやサービスが生まれており，それらが上記の著作隣接権者に当てはまるのか否かを判断することが容易ではない場合もある．中には訴訟へと発展することもあり，法的な判断が求められる場合もある．

参考文献

[1] 著作権の歴史（http://www.mukogawa-u.ac.jp/~anishi/prints/rinri05.txt）．

[2] Microsoft エンカルタ総合大百科 2003，"印刷"．

---

[5] その著作物を複製する権利を専有する者．

[3] ブロードバンド辞典，"ベルヌ条約"（http://dictionary.rbbtoday.com/Details/term774.html）．

[4] 社団法人著作権情報センター：「文学的及び美術的著作物の保護に関するベルヌ条約パリ改正条約（抄）」（http://www.cric.or.jp/db/article/t1.html）．

[5] WIPO Copyright Treaty（http://www.wipo.int/treaties/en/ip/wct/index.html）．

[6] WIPO Performances and Phonograms Treaty（http://www.wipo.int/treaties/en/ip/wppt/index.html）．

[7] 世界に国はいくつあるの？（http://homepage3.nifty.com/worldtraveller/faq/faq1.htm）．

[8] WIPO, Member States（http://www.wipo.int/members/en/member_states.jsp）．

[9] WCT Contracting Parties（http://www.wipo.int/treaties/en/ShowResults.jsp?lang=en&treaty_id=16）．

[10] WPPT Contracting Parties（http://www.wipo.int/treaties/en/ShowResults.jsp?lang=en&treaty_id=20）．

[11] 社団法人著作権情報センター：「著作権法」（http://www.cric.or.jp/db/fr/a1_index.html）．

[12] 社団法人著作権情報センター：「外国著作権法令集，和訳版，アメリカ編」（http://www.cric.or.jp/gaikoku/america/america.html）．

[13] Sony Corp v. Universal City Studios 464 U.S. 417（1984）（http://www.oyez.org/oyez/resource/case/768/）．

[14] A & M RECORDS V NAPSTER（http://www.ce9.uscourts.gov/web/newopinions.nsf/0/c4f204f69c2538f6882569f100616b06?OpenDocument）．

[15] MGM Studios v. Grokster 545 U.S.（2005）（http://www.oyez.org/oyez/resource/case/1809/）．

（古原 和邦）

第1章

DRMの基礎技術

DRMは，デジタルコンテンツを管理・制御する技術の総称であり，その構成要素は多岐にわたる．本章では，それらの基礎となる著作権管理ポリシーとコンテンツ秘匿技術，鍵の割り当てと無効化技術，電子透かし技術の紹介を行う．

1.1 著作権管理ポリシーとコンテンツ秘匿技術

DRMにおいてまず行うべきことは，コンテンツの扱われ方を定義することであり，定義された内容は著作権管理ポリシー（DRM policy）と呼ばれている．ただし，どんなに素晴らしい方針を決めたとしても，コンテンツを扱う機器やソフトウェアのメーカがその方針に従わなければ十分な保護効果は得られない．そのため，メーカに方針を遵守させる枠組みが必要となり，暗号技術や耐タンパ技術などの秘匿技術が重要な役割を演じることとなる．本節では，それらの解説を行う．

〔1〕著作権管理ポリシー

前述のとおり，**著作権管理ポリシー**とは，コンテンツがどのように扱われるべきかを定義したものであり，例えば以下のような方針を設定することが可能である．

- コンテンツのコピーも移動も認めない．
- 私的使用のためのコピーを数回まで許可し，それ以降は移動のみ認める．
- 一定時間の視聴を無料で許可する．
- コンテンツを視聴した時間や回数に応じて課金を行う．

方針が決まれば，それを機械が理解できる言語で記述する．それは単なるフラグで表現されることもあれば，権利記述言語（REL：Rights Expression Language）[1]を用いて記述されることもある．有名な権利記述言語には，XrML（eXtensible rights Markup Language）[1] や ODRL（Open Digital Rights Language）[2] などがある．XrMLはコンテントガード（ContentGuard）が中心となって提唱しているXML（eXtensible Markup Language：拡張可能マークアップ言語．付録Aを参照）ベースの仕様であり，MPEG-21（Moving Picture coding Experts Group 21）[3] や OeBF（Open eBook Forum）[4] などでの採用が決まっている．MPEG-21で採用されているXrMLは，MPEG-REL（MPEG-Rights Expression Languages）と呼ばれており，XrMLのカスタマイズ版である．一方，ODRLはノキアが中心となって提唱しているモバイル環境向け仕様で，OMA（Open Mobile Alliance）[5] などでの採用が決まっている．OMAで採用されているODRLはOMA-RELと呼ばれており，ODRLのサブセットに独自の拡張が施されている．

ただし，著作権管理ポリシーはあくまで方針であり，それのみでは何の拘束力もない．コンテンツを扱う機器やソフトウェアがそれを遵守しなければ十分な保護効果は得られないのである．そのため，メーカに方針を遵守させる枠組みが必要となり，これを実現する一つの方法として，コンテンツを暗号化し，方針を遵守する機器やソフトウェアを製作するメーカのみにその復号鍵を割り当てる方法

---

[1]. 単に，権利言語（rights language）と呼ばれることもある．

がある．こうしておけば，方針を無視するメーカは復号鍵をもらえず，コンテンツを扱う機器やソフトウェアを製作することができなくなる．

なお，機器やソフトウェアに割り当てる鍵は機器の利用者に対しても秘匿されなければならない．さもなければ，利用者はその鍵と自作のソフトウェアを利用して，コンテンツを自由にデジタルコピーしたり，再生・編集したりすることができるようになる．鍵を利用者に対して秘匿するには，鍵を機器内の特殊な領域に格納すればよい．このような領域は，**耐タンパ領域**と呼ばれている．そして，通信路を流れるコンテンツや媒体に記録されているコンテンツを直接読めなくするには，その鍵を用いてコンテンツを暗号化[2]すればよい．

［2］耐タンパ技術

耐タンパ技術とは，ソフトウェアあるいはハードウェア内に格納されるデータおよびそれらの処理内容を秘匿する技術であり，そのような性質を**耐タンパ性**，また，それを満たす領域を耐タンパ領域と呼ぶ．さらに，耐タンパ性を満たす構成要素は**耐タンパモジュール**（TRM：Tamper Resistant Module），あるいは**信頼プラットフォームモジュール**（TPM：Trusted Platform Module）などと呼ばれている．

ハードウェアの耐タンパ性の強度には何段階かがあり，物理的に内部データを保護するのみのレベルから，内部が解析された場合にその証拠を残す**タンパエビデント機能**を備えたレベルや，各種センサを備えて異常を感知すると内部のデータを消去する**ゼロ化機能**を備えたレベルまである．耐タンパモジュールに対する解析方法としては，装置をこじ開けてセンサを迂回し，データバスにプローブ針を刺してそこを流れるデータを解析する方法や，処理のタイミングや消費電力，電磁波などを解析してそこで処理される鍵を求める**サイドチャネル攻撃**などが知られている．中でも**差分電力解析**（DPA：Differential Power Analysis）は強力で，対策の施されていないスマートカードから実際に鍵が抜き出されている [6]．

---

[2] 放送などの分野では，暗号化のことをスクランブルと呼ぶこともある．

ソフトウェアに対する耐タンパ技術は，**難読化技術**と呼ばれることもある．汎用的な CPU 上で動作するソフトウェアは，メモリ上に展開されたデータを解析することが可能であるため，ソフトウェアの耐タンパ性は一般的にハードウェアのそれより低くなる傾向にある．

ソフトウェア，ハードウェアともに，高い耐タンパ性をいかに低コストで実現するかが一つの課題となっている．

[3] 暗号技術

暗号技術の主な目的は，その名のとおりデータを秘匿することにあるが，それ以外にも暗号技術は認証，データの改ざん検出，**アクセス制御**[3]など幅広い用途で利用されている．ここではその概要について紹介するが，詳細な仕様や安全性などについては CRYPTREC の Web ページ [7] を訪ねてみるとよい．**CRYPTREC** (Cryptography Research and Evaluation Committees) では，日本の電子政府用途として安心して利用できる暗号技術の選定や，それらの安全性評価や危殆化状況の監視などを行っている．

暗号技術を支える主要な方式や関数を分類すると以下のようになる．また，それらの具体例を表 1-1 にあげておく．DRM の規格には，ここで紹介するような暗号技術が数多く利用されている．

(1) 共通鍵暗号

秘密鍵暗号，**対称鍵暗号**とも呼ばれる．主にデータの暗号化に用いられる．暗号化と復号の鍵は同じであり，それらはともに攻撃者に対して秘匿されなければならない．そのため，通信相手と鍵を共有するために公開鍵暗号と組み合わせて利用されることが多い．共通鍵暗号は，さらにブロック暗号とストリーム暗号に分類することができる．**ブロック暗号**はある決まったビットサイズごとに複雑な変換を行う方式で，**ストリーム暗号**は鍵を引き伸ばして鍵系列を生成し，それと

---

[3]. 利用者などの主体に対して，ファイルなどの客体へどのような操作を許可するかを決め，その決められたルールに従ってシステムを動作させる仕組み．

表 1-1 暗号技術の構成要素とその例

暗号技術		例
公開鍵暗号		RSA, ElGamal, DH, ECDH
デジタル署名		DSA, ECDSA
共通鍵暗号	ブロック暗号	AES, DES
	ブロック暗号利用モード	ECB, CBC, CFB, OFB, CTR
	ストリーム暗号	RC4
MAC (Message Authentication Code)		HMAC, CBC-MAC, CMAC
ハッシュ関数		SHA-1, MD5

平文(暗号化される前のデータ)との排他的論理和をとる方式である.また,ブロック暗号には,その利用モードが何通りか定義されており,利用モードにより得られる性質が多少異なってくる.例えば,ブロック暗号を使ってストリーム暗号を構成することも可能である[4].

(2) MAC

MAC (Message Authentication Code) は**メッセージ認証子**を指す.MAC (Media Access Control) と区別するため MIC (Message Integrity Check) が使われる場合もある.主にデータの改ざんを検出するために用いられ,改ざんを検出したいデータに共通鍵(MAC 生成鍵兼 MAC 検証鍵)と MAC 生成アルゴリズムを使って生成した MAC を付加しておき,その鍵とデータから生成した MAC が,そのデータに付加されている MAC と一致すれば改ざんはないと判断する.

(3) デジタル署名(電子署名)

デジタルデータに対する押印のようなものである.MAC と同様に改ざんを検出する目的で利用されるが,MAC とは異なり署名の検証鍵を公開できるため,その署名が誰により生成されたのかを受信者以外の第三者に示すことができる.こ

---

[4]. OFB (Output Feedback) あるいは CTR (Counter) モードを利用することで実現できる.

の性質は，**否認防止性**（non-repudiation）と呼ばれている[5]．

ただし，デジタル署名は MAC に比べて千倍程度処理速度が遅いため，否認防止性を必要とせず改ざん検出のみが行えればよい場合には MAC が用いられる．

(4) 公開鍵暗号

非対称鍵暗号などとも呼ばれる．処理速度は代表的な共通鍵暗号に比べて千倍程度遅いが，暗号化鍵（公開鍵）を秘匿しなくてもよいため，鍵の配送が容易になるという利点がある．そのため，共通鍵暗号で利用される鍵の暗号化に用いられる場合が多い．ただし，公開鍵が攻撃者の鍵とすり替えられると，その鍵で暗号化したデータはその攻撃者に見られてしまうため，公開鍵を利用する際にはその鍵が誰のものであるかを正しく把握する必要がある．これを行う方法としては，

① 公開鍵を持ち主から直接受け取り，その人がその公開鍵に対する秘密鍵を持っていることを確認する．
② ①を確認した人がその公開鍵とその所有者の ID に対してデジタル署名をつけ，公開鍵を受け取った人はそのデジタル署名を検証する．

などの方法がある．ただし，②の方法は，**署名者の信頼度**（署名者が①の作業をどの程度厳格に行っているか）を評価する必要がある．署名者が①の作業を厳格に行っているのであれば，その署名者は信頼でき，その署名者の署名がついている公開鍵は安心して利用できることになる．反対に，署名者が信頼できない場合は，公開鍵とその所有者の ID にデジタル署名がついていたとしても，その公開鍵は必ずしもその ID に対応する人物あるいは機関のものではないことになる．

②の処理を円滑かつ確実に行えるようにするため，信頼できる機関を立ち上げ，その機関が責任を持って①の処理を行うようにした枠組みが，**PKI**（Public-Key Infrastructure：**公開鍵基盤**）である．PKI における信頼機関は**認証機関**（CA：

---

[5] これに対して MAC では，MAC の生成者を確認できるのは MAC 検証鍵を持っている人のみである．MAC 検証鍵は MAC 生成鍵と同じであるため，それを一般に公開してしまうと誰もが MAC を生成できるようになり，MAC 生成者を特定することができなくなる．

Certificate Authority），あるいは**認証局**，**証明機関**などと呼ばれる．また，認証機関が発行するデジタル署名つきの公開鍵は**公開鍵証明書**（公開鍵証明証）と呼ばれている．公開鍵証明書のフォーマットとしては X.509 [8] が広く採用されており，そこには，公開鍵やその秘密鍵所有者の ID のほかに，シリアル番号，有効期限，署名発行者の ID などの情報が記載される．

(5) ハッシュ関数

長いビット列を固定長のビット列に変換する関数で，一方向性や衝突困難性などの性質が求められる．**一方向性**とは，関数の出力からそれに写像される入力を求めることが困難となる性質であり，**衝突困難性**とは，同じ値を出力する二つ以上の入力を求めることが困難となる性質である．一般に，衝突困難性が満たされれば一方向性も満たされるが，逆は必ずしも成立しない．つまり，一方向性は満たすが衝突困難性は満たさないという場合もありうる．実際，MD5 というハッシュ関数に対しては，少ない計算量で衝突困難性を破る方法が見つかっているが，一方向性を破る現実的な方法は現在のところ見つかっていない．衝突困難性を満たすハッシュ関数は，デジタル署名を生成する際などに用いられている．

1.2　鍵の割り当てと無効化技術

もし，完璧な耐タンパ性を実現することができ，そこから鍵が漏洩することがまったくないのであれば，すべての従順機器（compliant device）に同じ鍵を割り当ててコンテンツをその鍵で暗号化することで，不正な機器がコンテンツを扱うことを防止できる．しかしながら，攻撃者の入手しやすい機器は解析対象になりやすく，そこから鍵が漏れる危険性は小さくない．そのため，すべての機器に同じ鍵を割り当てたのでは，機器が解析されてそこから一つでも鍵が漏洩した場合に，安全性が完全に崩壊してしまうという危険性を抱えることになる．いったん鍵が漏れれば，その鍵と自作のソフトウェアを利用して，デジタルコンテンツを自由に復号できるため，漏れた鍵は使えなくする必要がある．鍵を使えなくする

技術は**鍵の無効化技術**と呼ばれているが，この技術を使うためには，各機器に個別の鍵を割り当てる必要がある．

〔1〕 コンテンツの配布や流通形態

コンテンツを扱う機器への鍵の割り当て方法は，コンテンツの配布や流通形態によって大きく変わってくる．そのため，まずは，コンテンツの配布形態を以下のように分類しておく．

① ダウンロード型——利用者がネットワーク上のサーバに接続し，認証や課金処理を行った後にコンテンツあるいはコンテンツを復号するための鍵（ライセンスあるいはライセンス鍵とも呼ぶ）をダウンロードする形態
② ネットワーク移動型——ある機器の持っているコンテンツを（私的使用のために）別の機器に移動したり，表示装置などの別の装置へ移動したりする形態
③ 放送型——同一のコンテンツを放送（ブロードキャスト）する形態
④ 可搬媒体型—— DVD などのように物理的な媒体にコンテンツを記録し配布・販売したり，コンテンツを（私的使用のために）書き込み可能な媒体に記録したりする形態

実際には，これらを組み合わせたより複雑なコンテンツ流通形態も可能である．例えば，暗号化されたコンテンツは③あるいは④の形態で配布し，それを復号するための鍵（ライセンス）のみを①で配布したり，①の形態でダウンロードしたコンテンツを DVD などの媒体に記録して配布したりする形態が可能である．また，コンテンツやソフトウェアを暗号化した上で自由に流通させ，端末上でそれらの使用回数を監視し，使用回数に応じて課金することも可能である．この形態は**超流通**（superdistribution）と呼ばれている．

以下では，①から④までの各方式における鍵の配置および鍵の無効化方法を紹介する．ただし，①は，各端末に個別鍵を割り当て，サーバ側でそれを把握すればよいだけであるため，詳細な説明は省略する．①において鍵が漏洩しているこ

とがわかれば，その鍵を使ったサーバへの接続を拒絶することで鍵の無効化は行える．

[2] ネットワーク移動型における鍵の配置

ネットワーク移動型においては，家庭内などのように閉じた環境においてインターネット上のサーバに接続することなく任意の機器間で鍵共有が行える必要がある．鍵共有が行えれば，相手に乱数を投げてその鍵に依存した値を返させ，その値を検証することにより相手を認証したり，その鍵を用いて安全な通信路（暗号化や改ざん検出が施された通信路）を設立したりすることが可能になる．先に述べたとおり，すべての機器に同じ鍵を割り当てればこの要件を満たすことはできるが，これでは機器が1台でも解析され鍵が公開されてしまえば安全性は完全に崩壊してしまう．各機器に個別の鍵を持たせつつ任意の機器の間で鍵共有を行うことを可能にする方法としては，KPS（Key Predistribution System：鍵事前配布方式）とPKIを用いる方式が知られている．

KPSとは，信頼できる機関[6]がシステム全体の秘密情報を生成し，各機器にその識別IDに対応する鍵を事前に配布しておく方法である．機器間で鍵共有を行う際には，互いのIDを交換するのみでよく，ネットワーク上のサーバに接続する必要はない．一つの実現例を，図1-1，図1-2を用いて説明する．

① 図1-1に示すように信頼機関は秘密の行列Sを生成する．図中では行列Sのサイズを4×4とし，各要素は0以上100未満の整数としている．なお，Sの要素は対角に対して対称でなければならない．つまり，行列Sのi行j列目の要素は，j行i列目の要素と同じでなければならない．
② 信頼機関は，各機器のIDと秘密行列Sとの内積を計算し，その値をその機器の秘密鍵として各機器に割り振る．なお，図中での足し算は整数どうしの足し算の結果を100で割った余りとしている．

---

[6] 信頼機関を複数にすることも可能である．

22　第1章　DRMの基礎技術

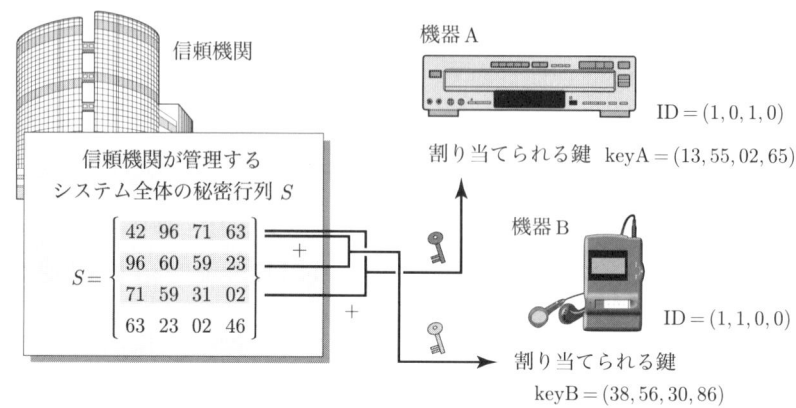

図1-1　KPSの実現例（鍵の割り当て）

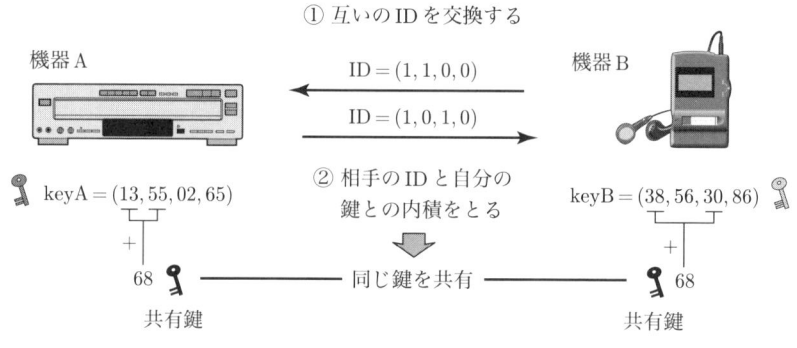

図1-2　KPSの実現例（鍵の共有）

③ 二つの機器間で共有する鍵は，図1-2に示すように両者のIDを交換し，そのIDと自分の鍵との内積をとることで求まる．

　この方式は，後で紹介するPKIを使う方式に比べて計算量が小さいという利点がある．ただし，ある閾値以上の数の機器から秘密鍵が抜き出されると秘密行列Sが求まるという欠点もある．行列Sはシステム全体の秘密であるため，Sがわかれば他の機器に入っている鍵もわかってしまい，コンテンツの保護方式は完全に崩壊してしまう．例えば，図1-1, 図1-2の方式の閾値は4であり，IDが互いに

独立となる四つの機器から秘密鍵を抜き出せば S は求まる．

　次に PKI を用いる方法を紹介する．PKI は公開鍵暗号やデジタル署名を安全に使うための基盤技術であり，現在のネットワーク社会を支える重要な基盤技術の一つになっている．公開鍵暗号やデジタル署名の利点は，片方の鍵（公開鍵や署名検証鍵）を公開したとしても，それに対応する鍵（秘密鍵や署名鍵）を求めることが計算量的に困難[7]となることにある．そのため，公開鍵を一般に公開しておけば，その鍵を使って誰もがその秘密鍵を持っている人に暗号文を送信することができ，署名検証鍵を公開しておけば，その署名鍵を用いて生成された署名文が改ざんされていないことを誰もが検証できるようになる．しかしながら，公開鍵・秘密鍵対や署名検証鍵・署名鍵対は誰もが勝手に生成できるため，秘密鍵や署名鍵の所有者を正しく把握できなければ問題が生じることになる．例えば，攻撃者が自分で生成した公開鍵をアリス[8]の公開鍵と偽って公開し，ボブがそれを信じてしまった場合，ボブはアリスに秘密の文章を送ったつもりが，実はその内容はすべて攻撃者に見られているという問題が生じる．PKI は，このような問題を解決するためのものであり，信頼できる機関である認証機関が公開鍵に対して証明書を発行する．証明書には，公開鍵，それに対応する秘密鍵の所有者，有効期限などの情報に認証機関の署名がついており，利用者はその署名を検証することで秘密鍵の所有者を確認することができる．

　PKI を用いる方法の概要を図 1-3，図 1-4 に示す．まず，図 1-3 に示すように，各機器および認証機関にそれぞれの公開鍵秘密鍵対を持たせる．そして，認証機関に，各機器の公開鍵に対して公開鍵証明書を発行させる．証明書には，機器の公開鍵，ID，有効期限などの情報に対して認証機関のデジタル署名がついており，他人がそれらを書き換えたり，勝手に証明書を発行したりすることはできない．また，それらの情報が改ざんされていないことは，認証機関の公開鍵を用いて検証することができる．もし，ある機器から秘密鍵が抜き出され，それが一般に出

---

[7] 計算すればいつかは解が求まるが，解が求まるまでに膨大な計算量が必要となる難しさ．
[8] 暗号や情報セキュリティの研究論文では登場人物にアリス（Alice），ボブ（Bob），キャロル（Carol）などのようにアルファベット順に名前をつける習慣があるため，ここでもその習慣に従うことにする．

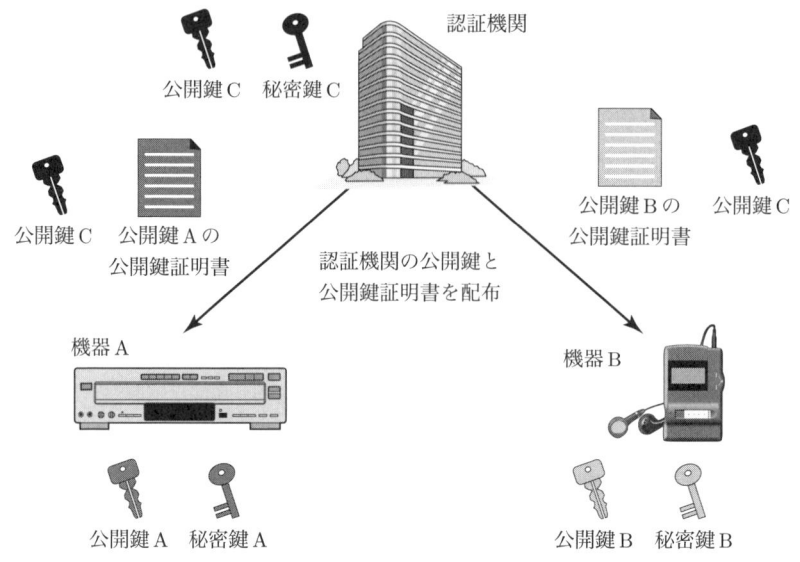

図 1-3　PKI を用いる方法の概要（1）

回った場合には，それに対応する公開鍵を無効化し他の機器がそれを利用しないようにする．無効化には以下のような方法がある．

- 信頼機関が証明書の無効化リストを定期的に発行し，各機器はそのリストを入手するとともに，そこに載っている公開鍵を利用しないようにする．
- OCSP（Online Certificate Status Protocol）[9] や SCVP（Standard Certificate Validation Protocol [9]）[10] などのオンラインプロトコルを利用し，公開鍵が無効化されていないことをリアルタイムで検証する．

前者の場合，無効化リストをコンテンツとともに配布し，機器に自動的に読み込まれるようにする．後者の場合，各機器は証明書を利用するたびに OCSP や SCVP サーバに接続し，その証明書が無効化されていないことを確認する．なお，オンラインサーバを必須とするのであれば，公開鍵を利用しなくとも，共通鍵の

---

[9] 標準化の段階で "Simple Certificate Validation Protocol" から "Standard Certificate Validation Protocol" に名前が変更されている．

みを利用してそのサーバの管理下にある任意のエンティティ間で鍵共有を行うことが可能である．そのため，鍵を共有するためのみにオンラインサーバと公開鍵を組み合わせることは必ずしも最適な構成であるとは言えない．オンラインサーバと公開鍵を使用する利点が出てくるのは，否認防止性や前方秘匿性（forward secrecy）[10]などが求められる場合である．

以下および図 1-4 に，PKI を用いて機器 A が持っているコンテンツを機器 B に渡す方法の一例を示す．

① 機器 B は自分の公開鍵証明書を機器 A に渡す．
② 機器 A は提示された証明書の署名がその機器の認める認証機関により行われていること，有効期限が切れていないこと，その証明書が無効化されていないことを確認する．
③ ②が確認できれば，機器 A は機器 B の公開鍵を使って機器 B との間に安全な通信路（暗号化と改ざん検出が施された通信路）を作成する．
④ ③で作成した通信路を通してコンテンツを機器 B に渡す．

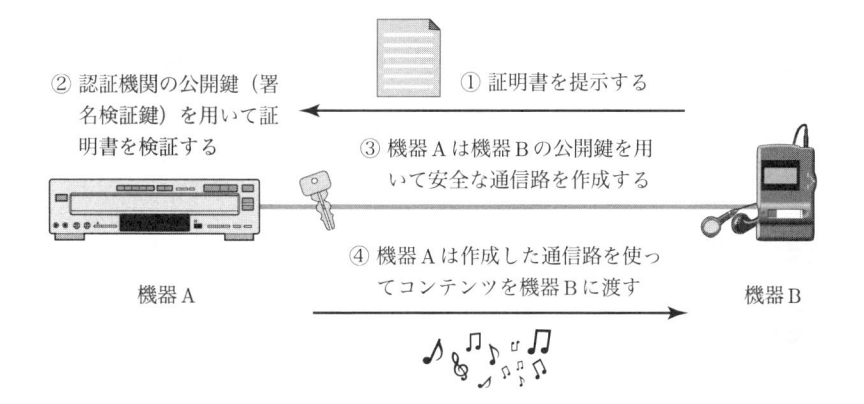

図 1-4　PKI を用いる方法の概要（2）

---

[10]. 長期間利用する鍵が漏洩したとしても，それ以前の共有鍵は求まらないという性質．

以上のようなネットワーク移動型を実現する具体的な仕様については，3.3節のDTCP/DTCP-IPを参照されたい．

〔3〕放送型における鍵の配置

放送型に求められる要件としては，同一のデータを放送するにもかかわらず，ある利用者はそれを視聴でき，ある利用者はそれを視聴できないというアクセス制御を実現することがあげられる．この要件を満たす単純な方法を図1-5および以下に示す．まず，受信機はそれぞれ個別の鍵を持っており，放送局は各受信機がどの鍵を持っているかを把握しているとする．放送局が受信機Bと受信機Cにのみコンテンツの視聴を許可し，受信機Aでの視聴を許可しない場合は以下のよ

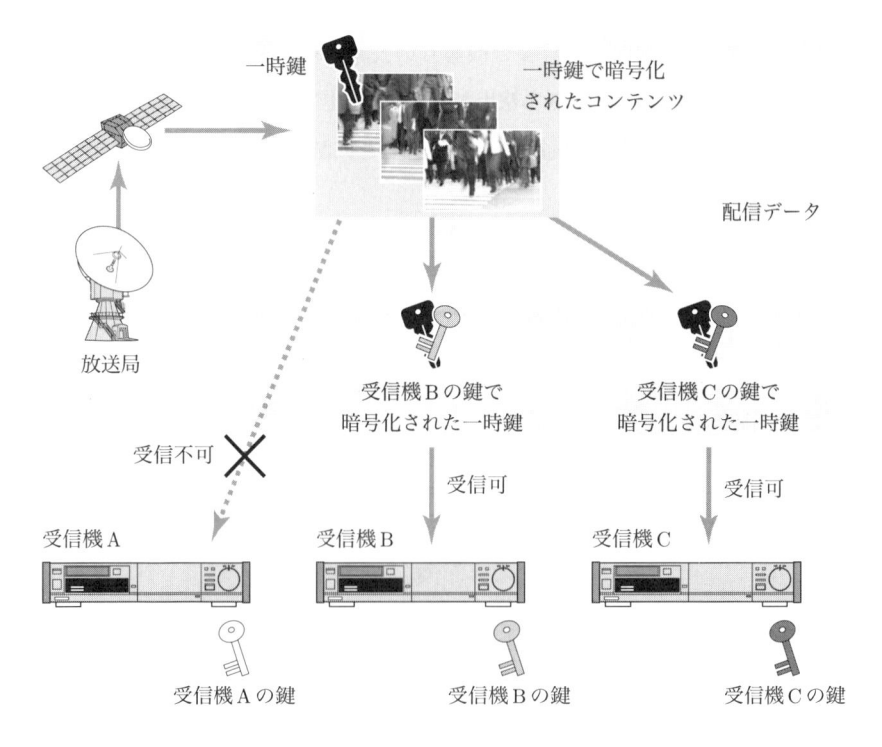

図1-5 放送暗号を実現する単純な方法

うにデータを作成し放送する．

① 放送局は，**一時鍵**（使い捨ての鍵）を生成し，それを用いてコンテンツを暗号化する．
② その一時鍵を，受信機 B と受信機 C の鍵でそれぞれ暗号化する．

受信機 B および C は，自分の鍵を用いて一時鍵を復号することができ，さらにその鍵を用いて暗号化されたコンテンツも復号することができる．これに対して，受信機 A は自分の鍵を用いても一時鍵を復号できないためコンテンツも復号できない．コンテンツを放送するごとに一時鍵を変更し，それを復号できる受信機の集合を変更することで，コンテンツを復号できる機器を制御することができる．ただし，この方法は，放送するデータ量がコンテンツの視聴を許可する機器の数に比例して大きくなるという問題点がある．この問題点の解決方法については，次項で紹介する．

〔4〕 可搬媒体型における鍵の配置

可搬媒体型に求められる要件は，媒体に記録された同一のデータがある機器では復号でき，ある機器では復号できないというアクセス制御を行うことであり，これは放送型に求められる要件と似ている．しかしながら，可搬媒体型にはさらに以下のような要件が求められる．

- アクセス制御を行うためのデータサイズが一定以下になること
- 媒体に記録されているデータを別の媒体に丸ごとコピーした場合，そのコピー媒体は従順な機器では再生できないこと

前者は，媒体の記録容量に限りがあることに起因し，後者は，丸ごとコピーを行う装置の製造は，著作権保護ルールを守らないメーカでも行えることに起因する．以下では，前者の実現方法として**行列方式**と**木構造方式**を紹介し，次に，後者の実現方法を紹介する．

行列方式の概要を図 1-6 に示す．コンテンツを暗号化する一時鍵（使い捨ての

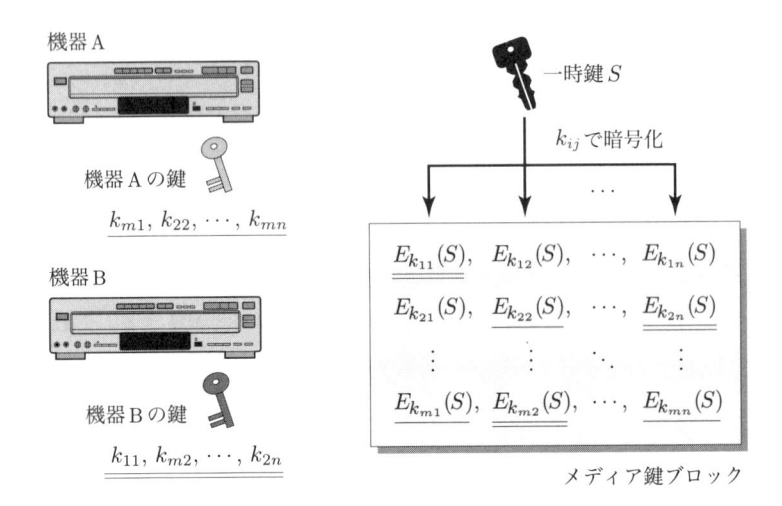

図 1-6　行列方式

鍵) を S とし，機器に配布する鍵を k_{ij} とする．また，S を k_{ij} で暗号化した暗号文を $E_{k_{ij}}(S)$ とする．図に示すように，行列方式は一時鍵 S を $m \times n$ 個の個別鍵 k_{ij} でそれぞれ暗号化し，それらを媒体に記録する．わかりやすいように図 1-6 では暗号化された鍵 $E_{k_{ij}}(S)$ を $m \times n$ 行列で表現する．各機器には，その $m \times n$ 行列の各列から一つずつ要素を抜き出し，それに対応した n 個の鍵を割り当てる．例えば，機器 A には一重線が引かれた箇所の鍵を割り当て，機器 B には二重線が引かれた箇所の鍵を割り当てる．こうしておけば，全部で m^n 通りの個別鍵の組を作成できる一方，必要となる記録領域は一つの暗号文 $E_{k_{ij}}(S)$ のビット数を s として $m \times n \times s$ ビットとなる．これに対して，図 1-5 の方式では，m^n 個の個別鍵を用いた場合に必要となる記憶領域は $m^n \times s$ ビットとなる．例えば，$n = m = 10$，$s = 100$ ビットとすると，前者が 10^4 ビットしか必要としないのに対して，後者は 10^{12} ビットが必要になる．

もし，機器 B が解析され[11]その内部から鍵が漏洩した場合には，図 1-7 に示すように漏洩した鍵に対応する暗号文を，それ以降に発行される媒体に記録しない

---

[11]. 厳密にはそこで利用されている耐タンパモジュールが解析の対象となる．

機器A

$k_{m1}, k_{22}, \cdots, k_{mn}$

機器B

$k_{11}, k_{m2}, \cdots, k_{2n}$

漏洩した鍵

一時鍵 S

漏洩した鍵に対応する暗号文は新しい媒体には記録されない

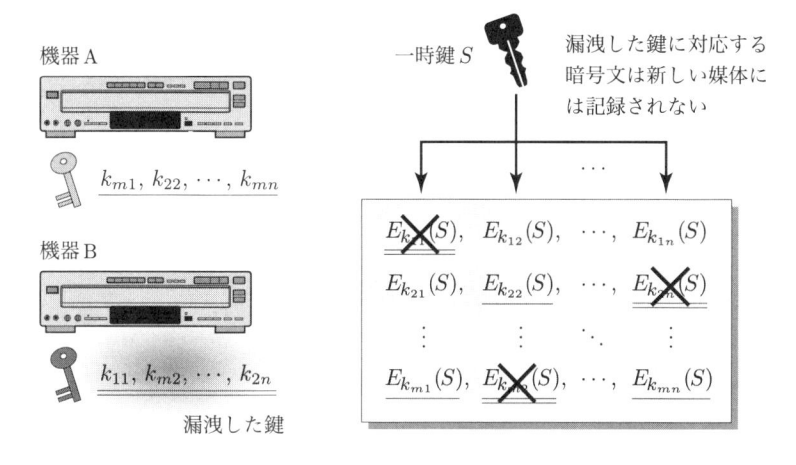

$E_{k_{11}}(S), E_{k_{12}}(S), \cdots, E_{k_{1n}}(S)$
$E_{k_{21}}(S), E_{k_{22}}(S), \cdots, E_{k_{2n}}(S)$
$\vdots \quad \vdots \quad \ddots \quad \vdots$
$E_{k_{m1}}(S), E_{k_{m2}}(S), \cdots, E_{k_{mn}}(S)$

図 1-7　行列方式における鍵の無効化

ようにする．これにより，漏洩した鍵がそれ以降に悪用されることを防止できる．一方，無効化された鍵の一部を正当な機器が使っていた場合には，その機器が持っている他の鍵を使うことで一時鍵を復号し続けることができる．例えば，機器BとCが k_{11} を使っており，機器Bが無効化されることで k_{11} が使えなくなった場合には，機器Cは次の列の鍵である k_{21} を使うことで今までどおり機器を利用し続けることができる．ただし，先ほど行列方式は最大 m^n 通りの鍵組を作成できると述べたが，実際に利用する鍵組の数はそれより小さく抑える必要がある．例えば，m^n 通りの鍵組をすべて使った場合，攻撃者が複数の機器から抜き出した鍵を組み合わせて海賊版機器を生成し，それが無効化されると，不正を行っていない正当な機器まで無効化されてしまう．実際に利用する鍵の数を m^n 通りの $1/a$ に抑えれば，そのような危険性も $1/a$ に抑えることができる．

行列方式や木構造方式の具体的な使われ方については，第3章を参照されたい．

次に，木構造を用いる方式を紹介する．この方式では，図1-8の右に示すように木を構成し，その各ノードに鍵を割り当てる．そして，各葉に一つずつ機器を割り当て，その葉から根に至るまでの鍵をその機器に割り当てる．例えば，図1-8では，この規則に従い機器Aに $(k_{00}, k_{10}, k_{20}, k_{31})$，機器Bに $(k_{00}, k_{11}, k_{22}, k_{34})$

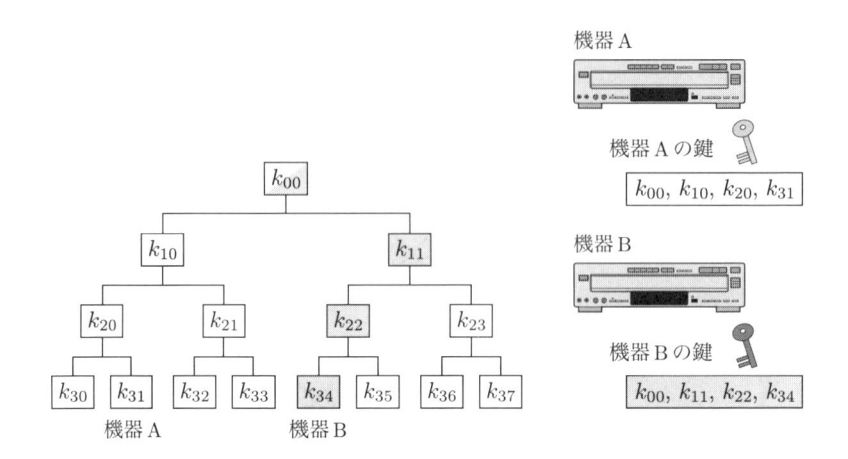

図 1-8　木構造方式における鍵の配置

という鍵組が割り当てられている．一時鍵をすべての機器で復号できるようにするには，図 1-9 に示すように k_{00} で一時鍵を暗号化すればよい．k_{00} はすべての機器が持っているため，すべての機器が一時鍵を復号できる．ある機器を無効化する場合は，その機器の対応する葉から根までの鍵を使わないようにし，残った木の根に対応する鍵で一時鍵をそれぞれ暗号化すればよい．例えば，図 1-8 において機器 C を無効化する場合には，図 1-10 のように機器 B に対応する葉から根にかけての鍵を使用しないようにし，残った木の根に対応する鍵 k_{10}, k_{23}, k_{35} で一時鍵をそれぞれ暗号化する．こうしておけば，機器 B 以外は鍵 k_{10}, k_{23}, k_{35} のいずれかを用いて通常どおり一時鍵を復号できる．木構造方式では，無効化する機器の数に比例してデータサイズが大きくなるが，一般に無効化する機器の数は全体のそれに比べて小さいため，使用するデータ量は行列方式や図 1-5 の方式より小さくなる．

次に，媒体に記録されている情報を丸ごとコピーすることへの対処方法を紹介する．前述のとおり，媒体に記録されている情報を書き込み可能な媒体に丸ごとコピーすることは，著作権保護ポリシーに従順な機器以外でも行えるため，これを防止する必要がある．一つの解決方法は，媒体製造時に各媒体に固有の ID（メ

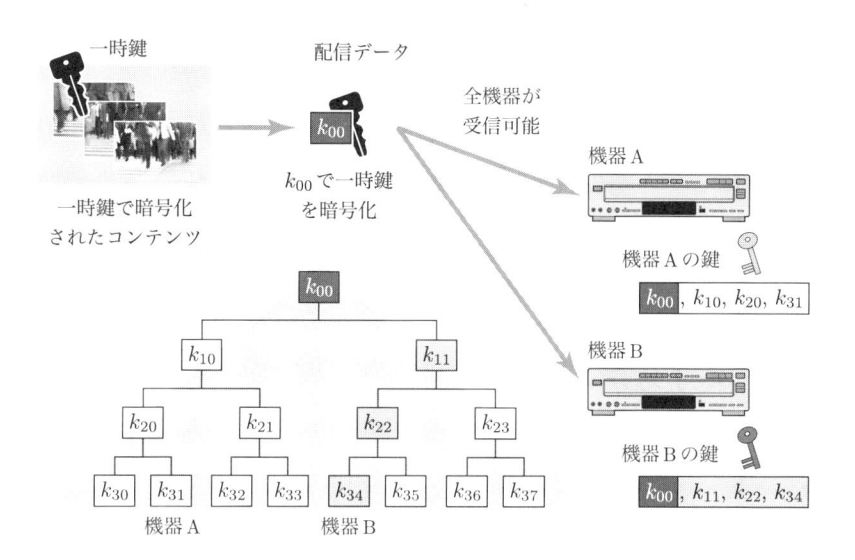

図 1-9　木構造方式におけるコンテンツの暗号化

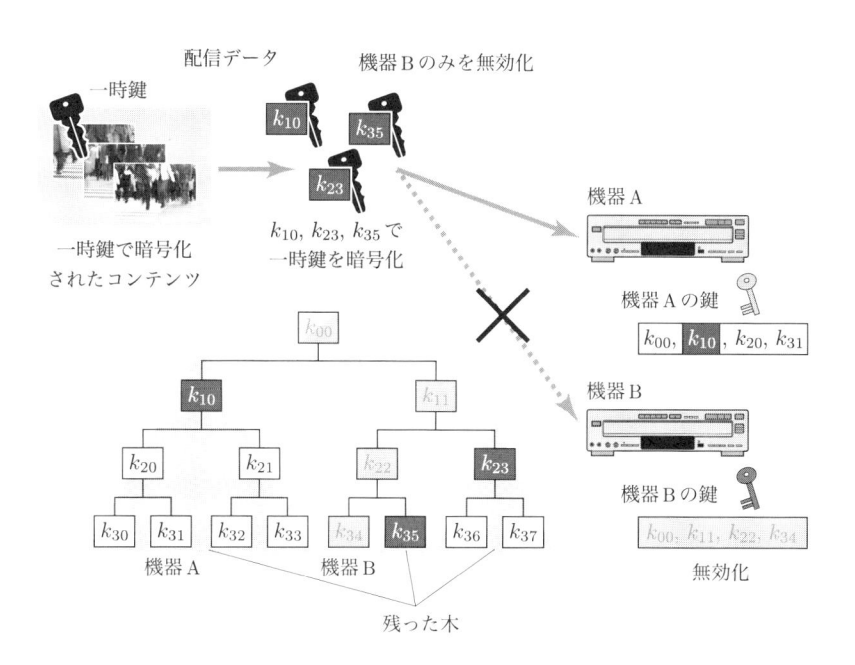

図 1-10　木構造方式における鍵の無効化

ディア ID [12]）を割り振り，それを媒体内の書き換え不可能な領域に記録することである．そして，そのメディア ID に依存させて，コンテンツの暗号化および復号に利用する一時鍵を生成する．こうしておけば，暗号化されたデジタルデータはコピーできても，メディア ID を規定の場所にコピーできないため，コピーコンテンツは従順機器上では再生できなくなる．詳細な規格については，第 3 章を参照されたい．

1.3　電子透かし

　コンテンツがアナログコピーされたり，暗号や耐タンパ性が破られたりすることでコンテンツが不正に流出した場合に，切り札となるのが**電子透かし**（watermark）技術である．電子透かしは，コンテンツを微妙に変化させることで，品質を大幅に劣化させることなくコンテンツに情報を埋め込む技術である．本節ではその用途と原理，攻撃と対処方法について解説する．

〔1〕用途と原理

　電子透かしは，主に以下のような目的で以下のような情報を埋め込むために利用される．

① 著作権情報——コンテンツの著作者名，使用条件などの著作権情報もしくはその管理 ID を埋め込む．コンテンツの使用時に表示して注意を促したり，他人が自分のコンテンツを無断で利用しているときなどに，それが自分の著作物であることを証明したりするために用いる．

② コンテンツの識別情報——コンテンツを機械的に識別するための ID を埋め込む．コンテンツの利用状況を監視したりするために用いられる．

---

[12] コンテンツが事前に記録されており，書き込みおよび書き換えができない媒体については，コンテンツごとにユニークな ID（アルバム ID）が記録される．

③ 不正者追跡用情報——コンテンツの購入者や利用者の ID を埋め込む．コンテンツが不正にコピー，再配布された際に，その流出元を特定するために用いる．
④ 制御情報——コピーやその他の処理に関する制御情報を埋め込む．コンテンツ再生機器にこの制御情報に従って処理を行わせることで，コンテンツの不正使用を防止する．制御の種類としては，伝送制御，蓄積制御，アナログ信号としての出力制御，保護領域とそうでない領域との間のコンテンツ流通制御などがある．
⑤ 伝送路の識別情報——コンテンツが配信される伝送路の識別情報を埋め込む．コンテンツを受け取った際に，それが実際に通ってきた伝送路と一致していなければ再生しないなどの制御を行うために用いられたり，コンテンツが配信された伝送路を把握したりするために用いられる．
⑥ 改ざん検出用情報——改ざん検出用の情報を埋め込む．コンテンツが改ざんされているか否かを判定するために用いる．

電子透かしの埋め込みに利用される箇所は，画像の場合，輝度であったり，DCT (Discrete Cosine Transform) などの空間周波数変換を行った後の係数であったりする．音声の場合，周波数変換後の係数に加えて，エコーを付加したり大きな音の後に埋め込んだりする．これは人間に知覚されにくい箇所に情報を埋め込むためであり，音声（特に圧縮された音声）には，音質を劣化させることなく動かせる係数が少ないことに起因する．

通常，埋め込むデータには繰り返しなどの冗長性を持たせているため，やみくもにコンテンツを変化させたとしても，埋め込まれている情報が書き換わる可能性は小さい．しかしながら，電子透かしの埋め込み，あるいは抽出アルゴリズムが明らかになれば，攻撃者は変化させるべき箇所を大幅に絞り込むことができるため，消去あるいは改ざんが成功する可能性は大幅に高まる．そのため，電子透かしを消去・改ざんから確実に保護するためには，透かしの埋め込みおよび抽出アルゴリズムを十分評価した上で非公開にせざるを得ないというのが現状である．また，家電など計算能力の小さな機器においても現実的な時間内で透かしの埋め

込み・抽出が完了しなければならないという制約もあり，実際に利用されている電子透かしアルゴリズムの多くは一般に公開されていない．

〔2〕攻撃と対処方法

電子透かしへの攻撃とは，コンテンツの品質を大幅に劣化させることなく，そこに埋め込まれている電子透かしを消去したり改ざんしたりすることにある．透かしは消えてもコンテンツの品質が劣化するのであれば，それは有効な攻撃ではない．以下では，透かしの埋め込み・抽出アルゴリズムが非公開であったとしても汎用的に適用できる攻撃手法と，それらへの対策手法を紹介する．

攻撃方法を大別すると以下のようになる．

① 幾何学的な攻撃——静止画や動画に対して回転，拡大縮小，切り出し，ひずみなどの幾何学的な編集を加える攻撃．音声・音楽に対しては，時間およびピッチの圧縮と伸長を加える攻撃なども含まれる．
② 非幾何学的な攻撃——ノイズ付加，フィルタ処理，圧縮，再符号化，DA/AD 変換などの処理を施す攻撃．音声・音楽に対してはステレオからモノラルへのチャンネル数変換や FM，AM，PCM（Pulse-Code Modulation）などの変調なども含まれる．
③ 結託攻撃——利用者が互いのコンテンツを比較して透かしの埋め込み位置を探り，その部分の情報を書き換えたり入れ替えたりする攻撃．

ノイズの付加や DA/AD 変換などの非幾何学的な攻撃は，一般にコンテンツの高周波成分を変化させる．そのため，低中周波数成分に透かしを埋め込んでおけばこれらの攻撃には対処できる．幾何学的な攻撃が加えられた場合，一般に透かしの埋め込み位置と読み取り位置が一致しなくなるため，透かしを正しく抽出することは難しくなる．また，人間の視覚は幾何学的な変化に鈍感であるため，この種の変化が加えられたとしても，品質が劣化したと感じにくい．幾何学的な攻撃に対処するためには，ひずみを検出するためのパイロット信号をコンテンツに埋め込むか，コンテンツ内の特徴的な点の位置関係から埋め込み位置を決定すれ

ばよい．こうしておけば，コンテンツにひずみが加えられたとしても，これらの情報を手がかりに透かしを抽出することができる．なお，幾何学的および非幾何学的な攻撃については，その耐性を評価するためのベンチマークツール [11,12,13] が開発されている．そのため，電子透かしを開発あるいは利用する際には，少なくともこれらに対する耐性を確認する必要がある．

　結託攻撃は，コンテンツに埋め込まれている利用者情報を消す際に有効な攻撃方法である．利用者情報は利用者ごとに異なるため，結託により互いのコンテンツを比較して異なる部分を入れ替えたり，その部分を集中的に変更したりすると，コンテンツに埋め込まれている情報が消えたり改ざんされたりする可能性が高くなる．この攻撃に対処するためには，結託に強くなるように埋め込み情報を符号化すればよい．一つの例として文献 [14] において提案されている方式を紹介しよう．この方式では，各利用者の ID は図 1-11 のように 0 と 1 が連続する系列に変換される．ただし，各利用者は，自分の ID がどの系列に変換され，コンテンツのどこに埋め込まれるかは知らない．

　今，ボブとデイブが結託して各自の受け取ったコンテンツを持ち寄ったとする．彼らは両者のコンテンツを比較することにより，ID の中央 8 ビットに対応する部分に違いがあることを知ることができる．彼らがその部分を互いに入れ替え，例

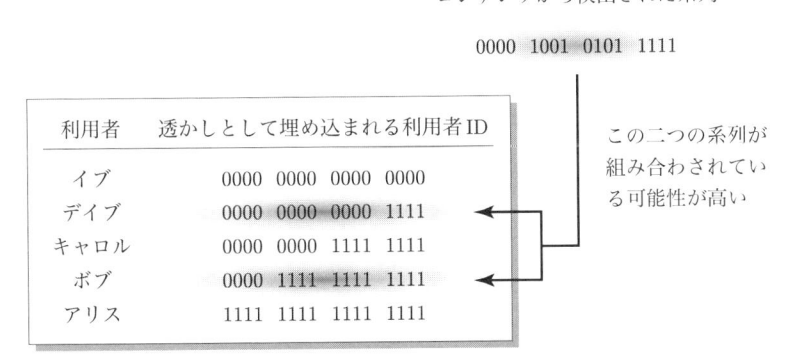

図 1-11　結託に強い埋め込み情報符号化の一例

えば "0000 1001 0101 1111" という系列が埋め込まれたコンテンツを作成できたとする．このコンテンツに埋め込まれているIDはボブのものともデイブのものとも異なるが，以下のような理由から彼らが結託者の中に含まれていることがわかる．まず，最初の4ビットがすべて0であり次の4ビットには0と1が混ざっていることから，結託者の中に少なくともボブが含まれている可能性が高いことがわかる．なぜなら，5ビット目から8ビット目までに0と1が混ざるためには結託者の中に少なくともアリスかボブが含まれなければならないが，アリスが含まれている場合，最初の4ビットにも1が混ざる可能性が高くなる．よって，アリスが結託者に含まれている可能性は低く，ボブが結託している可能性が高いことになる．同様に，最後の4ビットがすべて1であり，その手前の4ビットには0と1が混ざっているという事実から，結託者の中にデイブが含まれている可能性が高いと推測できる．このほかにもさまざまなIDの変換方法が提案されているが，一般に多くの結託者を高い精度で検出するためには長い系列をコンテンツに埋め込む必要があり，その改良が求められている．

参考文献

[1] eXtensible rights Markup Language (XrML) (http://www.xrml.org/).

[2] Open Digital Right Language (ODRL) (http://odrl.net/).

[3] MPEG-21 Rights Expression Language (REL) (http://www.chiariglione.org/mpeg/standards/mpeg-21/mpeg-21.htm).

[4] Open eBook Forum (OeBF) (http://www.openebook.org/).

[5] Open Mobile Alliance (OMA) (http://www.openmobilealliance.org/).

[6] 情報処理振興事業協会 (IPA)：「スマートカードの安全性に関する調査」，2000年 (http://www.ipa.go.jp/security/fy11/report/contents/crypto/crypto/report/SmartCard/sc.html).

[7] CRYPTREC：「電子政府推奨暗号の仕様書一覧」(http://www.cryptrec.jp/method.html).

[8] ITU-T Recommendation X.509 (1997 E), "Information Technology — Open Systems Interconnection — The Directory: Authentication Framework", 1997.

[9] RFC2560, "X.509 Internet Public Key Infrastructure Online Certificate Status Protocol — OCSP" (http://www.ietf.org/rfc/rfc2560.txt).

[10] IETF Internet-Drafts, "Standard Certificate Validation Protocol (SCVP)" (http://www.ietf.org/internet-drafts/draft-ietf-pkix-scvp-21.txt).

[11] Stirmark (http://www.petitcolas.net/fabien/watermarking/stirmark/).

[12] Checkmark (http://watermarking.unige.ch/Checkmark/index.html).

[13] Optimark (http://poseidon.csd.auth.gr/optimark/).

[14] D. Boneh and J. Shaw, "Collusion-secure fingerprinting for digital data", In Proc. of CRYPTO 1995, pp.452–465, 1995.

(古原 和邦)

第2章

流通メディアから見た保護技術

　近年，PCの高機能化やネットワークの高速化によりインターネットへのアクセスが自然に行われるようになってきた．さらにインターネットでのコンテンツ配信などのサービスが新たに開始されたことにより，PCを利用した音楽，動画，画像などのデジタルコンテンツの流通が盛んになってきている．

　また，最近ではPCだけではなく，携帯電話や各種ポータブル機器での音楽・画像の利用が進み，iPodなどの携帯デジタル機器での利用も広まっている．

　さらに，今後の情報家電では，誰でも簡単な操作でさまざまなコンテンツを利用できることを目指しており，ますます多くのコンテンツ利用が普及するようになると考えられている．

　従来インターネットは学術的利用から始まったことでもあり，コンテンツ利用の観点から見ると，Webページなどで自由に，無料で利用できるコンテンツが多かった．しかし，近年新しいサービスが増え，良質のコンテンツが有料で提供されることも多くなってきたが，これら有料コンテンツもP2Pソフトによるファイル交換により無断でやりとりされるなど，コンテンツの不正利用対策が課題に

なってきている．

このコンテンツの不正利用対策，および正規の流通の促進を図るための手段として，DRM技術が利用され始めてきた．しかし，現在のDRMの多くは，コンテンツ業界での不正利用防止の検討や各種サービスで，必要に応じて個々に開発・提供されてきた．このため，サービス間やメディア間での互換性や運用性の欠如，またコンテンツ制作者の手間の増加などの課題が出てきている．

このような背景のもと，本章では現状の各業界・分野でのコンテンツ保護に利用されている技術動向について，DRMを中心に紹介する．

2.1　コンテンツの利用形態

図2-1で示されるように，情報の流通は，家庭で映像や音楽を楽しむだけではなく，家庭内外で情報家電と各種機器をつなげて制御をしたり，場所と時間の制約を超えてコンテンツ利用シーンを拡大したりする方向にサービスが進みつつある．家庭では，役所，金融，警察，学校など多くの団体・企業との情報のやりとり，また，地域情報の活用や，ホームセキュリティなどのサービスでも利用されている．

これらサービスを利用する際には，単に利用コンテンツが流れるだけではなく，個人などの特定のために個人情報保護法の対象になるものや，プライバシーにかかわるものが扱われることも多い．このため，慎重に漏洩対策をとる必要がある．

また，企業間の商取引などでの情報のやりとりでも漏洩や改ざんのおそれがあり，高度な秘匿性が要求される．情報価値から見れば，エンターテインメント系のコンテンツ配信などのコンシューマ市場よりも保護の必要性は大きい．最近の報道でも知られるように，個人情報漏洩によって，企業は損害を被るだけではなく，信頼を失うことにもなる．

コンシューマ向けのコンテンツ流通では，サービスの多様性からさまざまなメディアを利用して流通が行われ，流通経路に多くの権利者が絡む複雑な形態をとることが多い．一方，企業系の情報流通や情報保護の多くは，高度で強い保護を必要とするが，基本的仕組みは，コンシューマ向けのシステムの仕組みの中に収

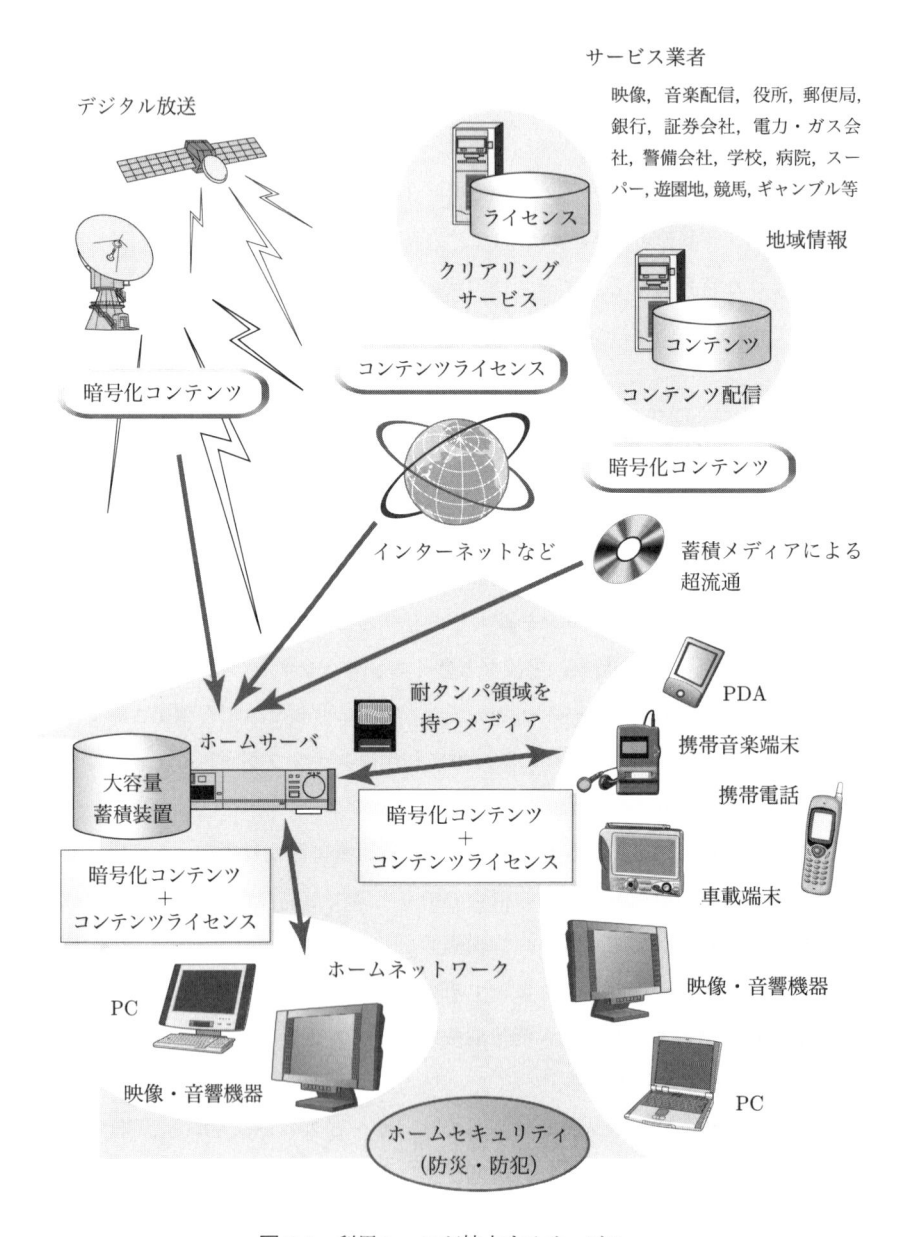

図 2-1 利用シーンが拡大するサービス

まると考えられる．このため，本章ではコンシューマ向けサービスを中心に説明を行う．

コンテンツの流れとそれぞれの役割を図 2-2 に例示する．楽曲の例では，作詞家・作曲家（**著作権者**）の作品を実演家（**著作隣接権者**）が演奏・歌唱し，レコード製作者（著作隣接権者）が CD（Compact Disc）を作成し，それを利用して放送業者・配信業者など（著作隣接権者）を経由し利用者にコンテンツが渡される．これらの関係者間では，コンテンツの利用に関する権利許諾が行われ，契約が取り交わされる．

利用者が支払った対価は，流通経路のそれぞれの関係者間で交わされた契約により分配される．

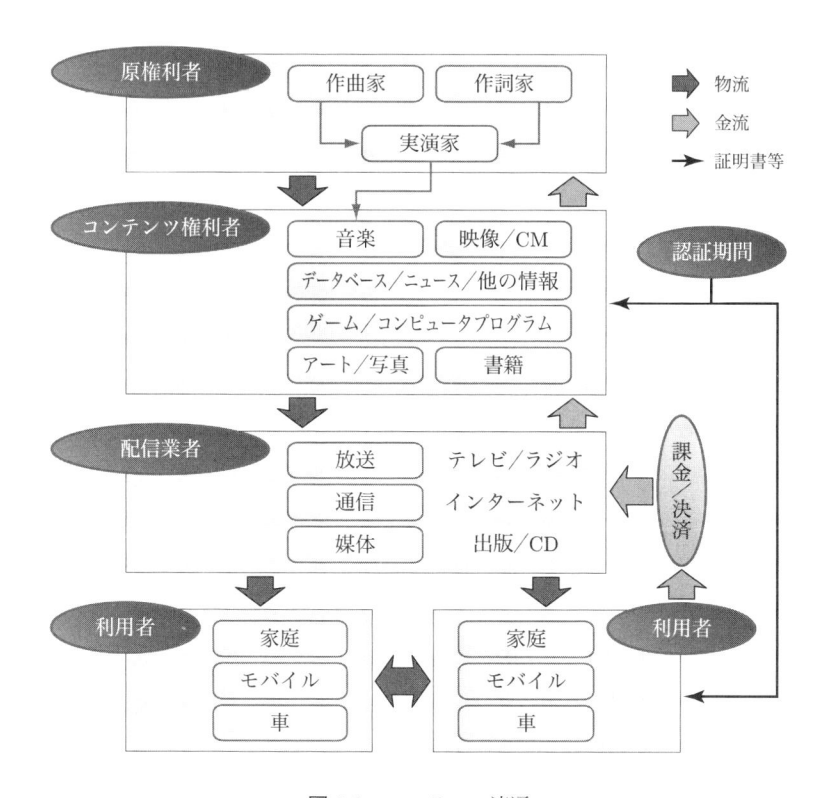

図 2-2　コンテンツ流通

このような流れが正しく行われるために，正規の権利者が有効なコンテンツを，支払い能力のある正しい利用者に適切な条件で渡す必要がある．このため，利用者の**ユーザ認証**や**機器認証**，また契約された利用条件範囲で利用することができる仕組みが必要になる．このような背景でDRMなどの技術が利用される．

利用者に対しても，購入したコンテンツをどのような条件で利用できるかを明確にする必要がある．これが**利用条件**であり，例えば3日間視聴可能であるとか，別のメディアにコピーして友人に渡せるとかがこれに当たる．

このために利用されるのがDRMである．DRMは，コンテンツの流通サービスによりそれぞれに特徴を持っている．以下で，DRMの各流通メディアによる違いを含めて紹介する．

2.2 流通メディアによるコンテンツ保護の違い

本節では，DRM技術などのコンテンツ保護，権利保護に関する技術動向を流通メディアの観点からまとめる．

コンテンツの流通メディアは，大きく，

- パッケージメディア——音楽CD，DVDなど
- 放送メディア——アナログ放送，デジタル放送
- ネットワークメディア——インターネット，携帯電話，宅内ネットワークなど

の3種類に分けることができる．

これらのコンテンツ流通メディアで用いられているコピー制御，著作権保護技術を表2-1にまとめる．

また，DRMなどによる流通制御とともに，コンテンツの出所を特定する目的から電子透かしなども必要に応じて並行して用いられている．

表2-1 流通メディアにおける主な著作権保護技術

流通メディア		著作権保護技術
パッケージメディア（CD, DVD等）	伝送路・媒体内	● 暗号化 ● DVD：CSS ● コピープロテクトCD
	再生	● 再生機器（専用プレーヤ，PC）による復号
	蓄積メディアへのコピー制御	● 世代管理 　　オーディオ系：SCMS 　　映像系：CGMS （機器で標準対応）
	接続機器へのコピー制御	● DTCP （機器で標準対応）
放送メディア（デジタル放送）	伝送路・媒体内	● 暗号化（B-CAS）
	再生	● B-CASカードによる復号
	蓄積メディアへのコピー制御	● DVDレコーダ ● CPRM （機器で標準対応）
	接続機器へのコピー制御	● DTCP （機器で標準対応）
ネットワークメディア（インターネット）	伝送路・媒体内	● 暗号化 （DRMによって異なる）
	再生	● PCやテレビ専用STBの専用ビューワによる復号
	蓄積メディアへのコピー制御	● ストリーミング型は蓄積不可 ● ダウンロード型はDRMの個別対応
	接続機器へのコピー制御	不可（超流通の場合は可能）
その他のメディア（iPod等）	伝送路・媒体内	● 暗号化 （DRMによって異なる）
	再生	● PC，iPodプレーヤなど，専用プレーヤによる復号
	蓄積メディアへのコピー制御	
	接続機器へのコピー制御	● PCでのCD-R書き込み保護（7回に制限）

〔1〕パッケージメディア

　音楽 CD では，PC によるデータの複製などを制限する技術を盛り込んだコピーコントロール CD（CCCD：Copy Control CD，音楽 CD の規格（レッドブック）からは逸脱している）が 2003 年に出現し，不法コピーの防止を試みたが，利用者からの不満が多く普及せず，現在では販売を停止している．

　なお，この CCCD 関連の問題として，コピープロテクトの技術に隠れて利用者の PC に制御プログラムをインストールするものがある．このコンポーネントは消費者が知らないうちにインストールされ，ウイルスなどの攻撃に対してコンピュータを脆弱にさせてしまう可能性があると指摘されている．

　DVD-Video の場合は，著作権保護技術として **CSS**（Content Scramble System）を採用し，コンテンツは暗号化して記録され，復号のための鍵を持たない再生機器では再生できない仕組みになっている．

　可搬媒体でのコピー制御に関しては，オーディオ系は SCMS（Serial Copy Management System）[1] によって，映像系は CGMS（Copy Generation Management System）[2] によって世代管理が行われている．

　蓄積装置と接続される機器間のデータ転送に関しては，IEEE1394 での接続では **DTCP**（Digital Transmission Content Protection）によって制御されている．今後は，IP（Internet Protocol）接続も増えると想定されており，**DTCP-IP**（DTCP over IP）の利用が検討されている．DTCP，DTCP-IP については，3.3 節を参照されたい．

　また，再生装置・蓄積装置の製造メーカは，各標準仕様を管理している機関と契約し，ライセンスを受ける必要がある．その契約においては，準拠性要件（コ

---

[1] MD などのデジタルオーディオ機器で利用されている著作権保護技術で，音楽 CD の特定の箇所に特定のデジタル信号を組み込み，この信号をデジタル録音機器が識別することにより，コピー制御を行う．1 世代のみのデジタル複製を可能とし，2 世代目以降の複製を不可能とする場合，オリジナルの音楽 CD に組み込まれた信号は「コピーワンス（1 世代のみコピー可）」という内容であり，複製によってできたデジタル録音媒体に組み込まれている信号は「コピーネバー（コピー禁止）」という内容に変更される．

[2] SCMS のビデオ版で，アナログインタフェース用のものを CGMS-A，デジタルインタフェース用のものを CGMS-D という．

ンプライアンスルール，著作権を保護するための規定）と堅牢性要件（ロバストネスルール，鍵や暗号アルゴリズム，デジタルバス上のデータの守秘）を遵守することが義務づけられる．

これによって，正当に契約したメーカが製造した機器間では，著作権を保護した状態でのコンテンツ流通を行うことができる．

〔2〕放送メディア

放送のデジタル化に伴って，放送番組をデジタルデータとして簡単にコピーすることが可能となった．このデジタルコピーでは劣化がないこと，インターネットによる不法流通の危険性があることなどが心配された．このため，2000 年の BS デジタル放送の開始時に，放送データの暗号化と受信機による復号方式である **B-CAS**（Broadcast Conditional Access System：**限定受信システム**）が導入された．さらに，2003 年末の地上デジタル放送の開始を契機に，2004 年 4 月より無料放送にも伝送路暗号がかけられ，視聴の際には B-CAS カードを受信機に装着することが必須となった．

放送を蓄積する装置（DVD レコーダ等）では，DVD 使用時に CPRM（Content Protection for Recordable Media）を採用し，コピー制御を行っている．製造メーカはパッケージメディアと同様に準拠性要件，堅牢性要件の遵守を義務づけられる．また，接続装置に関してもパッケージメディアで述べた著作権保護が適用される．

さらに次世代の放送として，大容量蓄積装置を持つ受信機向けの**サーバー型放送**が規格化された．サーバー型放送にはリアルタイム視聴が可能なストリーミング型サービスと，大容量蓄積装置に蓄積後視聴するファイル型サービスがある．サーバー型放送における著作権保護は，**ARIB**（Association of Radio Industries and Businesses：**電波産業会**）[3]の「サーバー型放送運用規定作成プロジェクト」（通称

---

[3] 通信・放送分野における電波の有効利用に関する調査研究，研究開発，標準化などの事業を行うとともに，電波をより高密度に利用するための，電波の周波数の調整などを行うコンサルティング，関連外国機関との連絡・協力，特定周波数変更対策業務などの事業を行う機関．
http://www.arib.or.jp/

「サーバー P」）で，運用規定や受信機仕様などとともに議論されている．

なお，試験放送が始まっているデジタルラジオ放送についても，コピー制御の議論が行われている．

〔3〕ネットワークメディア

ブロードバンド環境の急速な普及に伴い，大容量のコンテンツをネットワークを介して配信することが可能となった．しかしながらコンテンツを受信する PC は，OS 上に多くの応用プログラムが動作するオープン環境にあり，パッケージメディアや放送メディア対応の再生装置，蓄積装置のように，機器製造契約で著作権保護に関するルール遵守を義務づけることが困難である．

そこで，インターネットなどネットワークでのコンテンツ流通においては，DRM 技術を用いて，サーバ，伝送路上および再生装置（PC，専用 STB（Set Top Box））上での著作権保護を実現している．

インターネット上での DRM は，そのサービスの多様性から種々の方式があり，コンテンツ配信のサービスごとに異なると言ってもよいくらい多くのものがある．また，サービスへの囲い込みもあって，これらの DRM には互換性もないことが多い．

また，携帯電話では，標準化の一環としてコンテンツ保護機能の検討も行われ，携帯電話関連の標準化団体である **OMA**（Open Mobile Alliance）[1] の保護方式規約として **OMA DRM v2** が規格化された．

さらに，情報家電を利用するサービスでも，今後のサービスサーバへの接続や相互接続に備えて，コンテンツ流通の観点から DRM の標準化検討が開始された．標準化提案されている PKI ベースの DRM 規格概説が TS（Technical Specification）として承認が予定されている．

〔4〕iPod などの個別機器

iPod などの携帯音楽プレーヤでは，インターネットと PC を利用し，FairPlay などの個別の保護方式でダウンロードとコンテンツ保護を行っているものが多い．FairPlay の詳細は 2.5 節で記述する．

以下では，上記で示した流通メディアでの保護技術動向と関連する技術について，もう少し詳しく記述する．さらに，第 3 章で暗号技術を中心とした DRM 標準化の動向を，第 4 章でメタデータ活用を中心とした DRM 標準化の動向を紹介する．本章での記述の一部に関しては，そちらで詳しく解説される．

2.3　パッケージメディアにおける保護方式

この節では，DVD，音楽 CD などのパッケージメディアを利用したコンテンツ流通での保護について説明する．

パッケージメディアでは，読み出し専用の ROM メディアにコンテンツを格納して販売する．さらに，バックアップなどの目的でコンテンツのコピーを別の可搬メディアにとって利用することも多いので，記録可能な RAM メディアについての保護方式に対する考慮も必要である．このため，関連事項として記録可能メディアでの保護方式に対する解説も行う．

〔1〕メディア別保護方式

パッケージメディアで代表される可搬媒体の保護は，利用媒体によって異なる規格が利用されている．以下では，それぞれについて説明する．

なお，(4) 以下では，パッケージメディアのコピー対象ともなる可搬媒体での保護方式も併せて紹介する．

現実の機器では，これらの各種メディアが利用でき，他の機器とも連動して利用者にサービスを提供している．図 2-3 は，DVD レコーダでの保護機能の例である．

48　第 2 章　流通メディアから見た保護技術

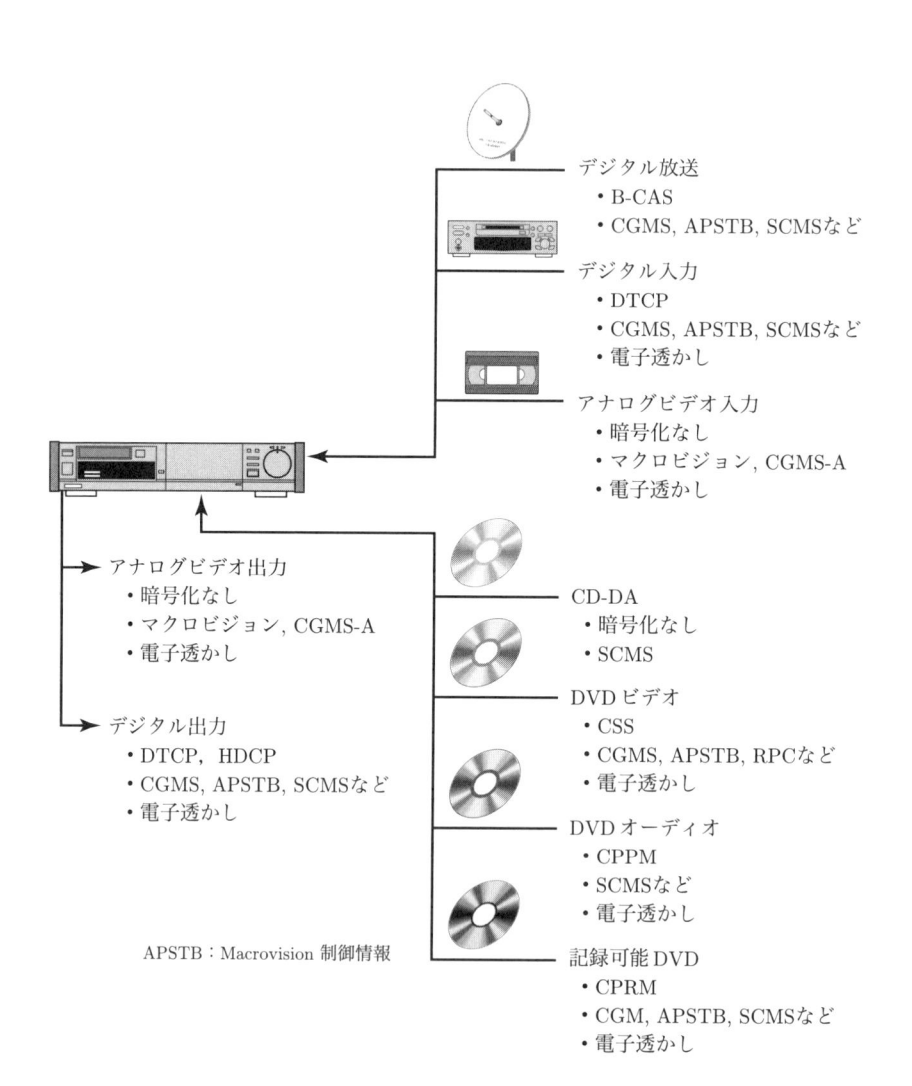

デジタル放送
- B-CAS
- CGMS, APSTB, SCMSなど

デジタル入力
- DTCP
- CGMS, APSTB, SCMSなど
- 電子透かし

アナログビデオ入力
- 暗号化なし
- マクロビジョン, CGMS-A
- 電子透かし

アナログビデオ出力
- 暗号化なし
- マクロビジョン, CGMS-A
- 電子透かし

デジタル出力
- DTCP, HDCP
- CGMS, APSTB, SCMSなど
- 電子透かし

APSTB：Macrovision 制御情報

CD-DA
- 暗号化なし
- SCMS

DVD ビデオ
- CSS
- CGMS, APSTB, RPCなど
- 電子透かし

DVD オーディオ
- CPPM
- SCMSなど
- 電子透かし

記録可能 DVD
- CPRM
- CGM, APSTB, SCMSなど
- 電子透かし

図 2-3　DVD レコーダのコンテンツ保護機能の例

(1) DVDパッケージ

DVD-Video で採用されている著作権保護技術として **CSS** があり，DVD-Audio では **CPPM**（Content Protection for Pre-recorded Media）が用意されている．

❒ CSS

CSS（Content Scramble System）[2] は，DVD-Video 用のコンテンツ保護方式であり，一般ユーザによる民生機器やコンピュータを使用した不正コピーなどのコピーを防止することを目的としている．

CSS では，コンテンツ暗号とバス認証の二つの暗号化技術が用いられている．コンテンツ暗号は，コンテンツをスクランブルするためにタイトルごとに与えるタイトル鍵，タイトル鍵を暗号化するためのディスク鍵，さらにディスク鍵の暗号化に用いるマスタ鍵によって 3 階層の暗号化処理が行われる．

マスタ鍵は，コンテンツ復号を行うデスクランブラのメーカごとに異なる鍵で，CSS 管理機構（図中の DVD CCA）で管理される．これらの鍵を用いてコンテンツおよび鍵が暗号化されてディスクに記録される（図 2-4）．

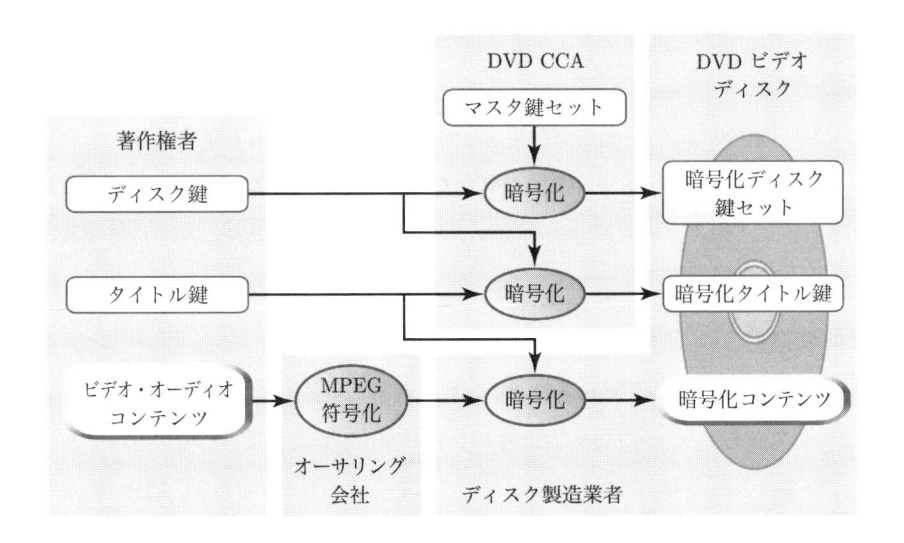

図 2-4　CSS 暗号化手順 [3]

また，PCシステムにおいては，CSS準拠でないハードディスクへの不正コピーなどを防ぐために，バス認証が行われる．PCバスを介して接続されるDVD-ROMドライブとMPEGデコーダモジュール間で，互いにCSS準拠の機器であることの証明と鍵情報の暗号化配送を行う．この仕組みによりPCバスに接続されるCSS準拠でないハードディスクなどへ不正にコピーすることを防止する．

さらに，**RPC**（Region Playback Control）により，コンテンツの再生可能な地域を指定することが可能になっている．

しかし，CSSは，1999年にノルウェーの15歳の少年が暗号鍵を解読してDeCSSプログラムを開発したことで，DVDコピーソフトがインターネット上に出回る事件が起こり，安全性に問題が投げかけられている．

❒ CPPM

CPPMは，コンテンツや鍵の暗号化・復号にC2（Cryptomeria Cipher）という暗号アルゴリズムを採用し，また**MKB**（Media Key Block：**メディア鍵ブロック**）を用いた鍵管理により，不正機器を無効化する機能が備わっている．ディスク製造時にはライセンスされたメディア鍵を使用し，ディスク再生時にはデバイス鍵とMKBから復号されたメディア鍵を使用する．CPPMについては，3.2節で詳述する．

なお，CPPMではVerance-4C Audio Watermarkと呼ばれる電子透かしも採用し，オーディオコンテンツがアナログ出力などで適切な保護が施されずに扱われた場合にも，**CCI**（Copy Control Information：**コピー制御情報**）などの情報を伝えることで盗用を防いでいる．

(2) 音楽CD

音楽CDは，通常PCでの視聴やCD-Rへの焼き付けも可能である．このため，PCでのリッピング（ripping）によりコンテンツが不正に利用されるのを防ぐためにCCCDが開発され，発売された．日本では多くのレコード会社が，CDS (Cactus Data Shield) [4]と呼ばれるMidbar Tech（現在マクロビジョン（Macrovision）に統合）のコピー防止技術を一時採用した．CDのトラック数や演奏時間などを管理

するデータ領域と誤り訂正符号を書き換える方法を用いて，PC で使う CD-ROM ドライブが矛盾した管理データを読むことで誤動作して，音楽データが読めなくなることを利用している．通常の CD プレーヤは管理データを読まないので矛盾したデータによる誤動作もなく，音楽データが読めなくなることは少ない．

それでも，音飛び防止回路を持つポータブル CD プレーヤや自動車用 CD プレーヤ，CD-R/RW の再生にも対応した CD プレーヤでは，再生できない場合がある．また，音楽を再生するプレーヤでも CD-ROM ドライブを利用した製品があり，市場で多くのトラブルが発生した．また，ユーザの利便性が損なわれるなどのクレームもあり，2002 年の導入から 2 年で多くのレコード会社が廃止を決めた．

また，最近では米国で CCCD のコピー防止機能に "rootkit"[4] タイプの XCP 違法コピー防止ソフトモジュールが埋め込まれ，利用者の同意を得ずに PC にインストールされ，作動していることが判明し，問題となっている．このモジュールにより，脆弱性を利用したウイルスに利用される可能性も指摘されている．

(3) ビデオソフト (VTR)

コピー防止のために，**マクロビジョン方式**が採用されているものがある．マクロビジョンを用いると，他のテープにダビングしても，画面が暗くなったり明るくなったりする，垂直同期に乱れが生じるなどで視聴できないような効果がある．これは，ビデオデッキの AGC (Automatic Gain Control) 回路[5]を誤動作させることによるもので，テレビなど AGC 回路を搭載していない機器には影響が出ない．

(4) 記録可能 DVD (DVD-RAM/RW)

これらの DVD には，コピー制御として **CPRM**(Content Protection for Recordable Media) が用意されている．これは，CPPM と同様にコンテンツや鍵の暗号化・復

---

4. ウィキペディアによれば，「ルートキット (rootkit あるいは root kit) はコンピュータシステムへのアクセスを確保したあとで第三者 (通常は侵入者) によって使用されるソフトウェアツールのセットである．こうしたツールには作動中のプロセスやファイルやシステムデータを隠蔽する狙いがあり，ユーザに察知させることなく侵入者がシステムへのアクセスを維持することを支援する」[5]．
5. 入力信号レベルが変化しても，出力信号レベルが一定になるよう，増幅器の利得を可変制御する回路．

号に C2 という暗号アルゴリズムを採用し，また MKB と呼ばれる 4C Entity から提供される情報を用いた鍵管理により，不正機器を無効化する機能が備わっている．ディスク製造時にはライセンスされたメディア鍵を使用し，ディスク再生時にはデバイス鍵と MKB から復号されたメディア鍵を使用する．

鍵情報，CCI，利用規則などの管理情報は暗号化され Protected Area に格納され，Protected Area へのアクセスには認証が必要となる．CPRM については，3.2 節で詳述する．

(5) SD メモリーカード

SD メモリーカード（Secure Digital memory card）では，セキュリティ仕様として CPRM for SD が使用されており，DVD-RAM などで利用されている CPRM の SD 対応版で保護されている．

(6) メモリースティック

メモリースティックにはさまざまな種類があるが，セキュリティ機能を持つものは，ソニーの保護方式である Magic Gate を利用し，データの保護を行っている．

〔2〕フォーラムによるデファクト化

可搬媒体は，データ格納の目的で利用者に直接使用されることが多く，市場での流通性や互換性が求められるが，一方，コンシューマビジネスに直結するものでもあり，共通化は難しい．

このため可搬媒体ごとにいくつかのフォーラムが互換性・接続性のために立ち上げられ，規格を作って競争が行われている．主なフォーラムには，AACS，コーラルコンソーシアム，4C Entity，5C がある．以下にその概要を述べる．

(1) AACS

AACS（Advanced Access Content System）[6] は，Blu-ray や HD DVD などの次世代光メディアの保護規格であり，IT 系メーカ（IBM，インテル，マイクロソフト），家電系メーカ（松下電器，ソニー，東芝），コンテンツホルダ（ディズニー，

ワーナー）が起こした AACS LA（AACS Licensing Administrator）で策定が進められている．

AACS は，当初次世代光メディアの保護規格から検討を行ってきたが，デジタルハイビジョンなどの次世代コンテンツを安全に，シームレスに配信して利用するための保護規格となり，次世代光メディアとその再生プレーヤに対する規格だけにとどまらず，ホームネットワークやポータブルデバイスにおけるコンテンツの保護までターゲットに入っている．詳細は 3.1 節で記述する．

(2) コーラルコンソーシアム

さまざまな音楽配信，コンテンツ配信サービスの開始に伴って，さまざまな DRM 技術が利用される状況になり，異なるサービスが利用する DRM 技術の互換性をとる動きが活発になってきた．

2004 年 10 月に発足したコーラルコンソーシアム（Coral Consortium）[7] は，機器製造業者と一部配信ベンダが立ち上げたコンソーシアムで，DRM 技術自体の標準化ではなく，DRM 技術の相互運用性を確保する標準仕様を作ることを目的としている．

コーラルコンソーシアムは 2005 年 3 月に標準のインタフェース仕様 v1.0 を公開した．今後，遵守項目やガイドラインを含む v2.0 を公開予定である．その仕様は，インタートラストが開発した NEMO（Networked Environment for Media Orchestration）[8] という DRM 互換技術をベースに策定されている．

また，DRM 技術を開発するインタートラストと，松下電器，フィリップス，サムスン電子，ソニーは，DRM 技術の共通仕様 Marlin を策定する団体 Marlin JDA（Marlin Joint Development Association）[9] を結成した．「Marlin JDA の目的は，相互に運用できる DRM システムを実現するために，DRM 技術の中核部分を定めた規格を開発すること」（インタートラスト）である．Marlin に準拠した DRM 技術が相互に互換性を保つことを目指すという．

コーラルコンソーシアムでは，異なる DRM に互換性を持たせる仕様を開発しており，Marlin ではコーラルの成果を活用するとしている．

ただ，異なるサービス間で用いられているライセンス条件の概念や意味（セマ

ンティクス）をどう解釈するかという技術的課題のほかに，現在，有力なコンテンツサービス事業者の多くは DRM 相互互換に積極的でないという実情もあり，消費者の「購入したコンテンツをいつでもどこでも楽しみたい」というニーズに応える DRM 技術互換サービスの確立への道は容易ではないようである．詳細は 4.4 節で記述する．

(3) 4C Entity

前述のように，CD に代わるメディアとして DVD-Audio が出てくるにあたり，強力な DRM が必要となった．DVD-Video の CSS が破られたこともあり，IBM，インテル，松下電器，東芝の 4 社で 4C Entity [10] が設立され，CPPM/CPRM の検討が行われた．

CPPM/CPRM の基本仕様は 4C Entity で Web 公開されている．利用する場合は，4C とのライセンス契約が必要である．CPPM/CPRM の詳細は 3.2 節で記述する．

(4) 5C

IEEE1394 や USB などの各種伝送路に対応した伝送系（家庭ネットワーク）の保護システムである DTCP は，**CPTWG**（Copy Protection Technical Working Group）[6]の分科会として，日立，インテル，松下電器，ソニー，東芝の 5 社によって規格化，共同開発された．これら 5 社は，5C（Five Companies）の通称で広く知られており，ライセンス管理は **DTLA**（Digital Transmission Licensing Administrator）[7]が行っている．DTCP については，3.3 節で詳述する．

---

[6] CPTWG は家電，映画，PC などの業界から関係各社を集めてフォーラムを開き，提案されたソリューションについて議論を行う形態で，ソリューションを決めている．DTCP やディスプレイのデジタルインタフェースである HDCP（High-bandwidth Digital Content Protection）などを定めた．http://www.cptwg.org/

[7] 5C は，法務およびライセンス業務の一切を扱う団体として，DTLA を設立した．DTLA は，DTCP テクノロジのライセンス実施と管理を行う有限責任会社である．http://www.dtcp.com/

2.4 放送における保護方式

従来からのアナログテレビ放送とデジタル放送とでは，コンテンツ保護概念は基本的に同じである．しかし，強制方式は時代とともに変化している．本節では，アナログ放送とデジタル放送の相違とデータの二次利用などについて記述する．

〔1〕アナログテレビ放送

従来のアナログテレビ放送は，コンテンツ保護仕様は入っていないため，テープやDVDに録画した映像は，物理的にコピーが可能である．

個人が後で見るためにテレビ番組を録画することやコピーをする行為は，私的使用のための複製として著作権法第30条により適用除外とされている．ただ，私的複製がどこまで許されるかが問題になり，家庭で蓄積したデータの利用で裁判となっているケースがある．

なお，楽曲の録音の保障と同様に，私的使用のための複製に対応して，映像においても著作権保障として，テープやDVDなどの媒体に補償金が付加されている．

〔2〕デジタルテレビ放送

デジタル放送では，放送開始当初からコンテンツ保護概念が仕様として取り入れられており，番組単位で保護が行われている．特に有料放送では，契約者のみが番組を見ることができるようにスクランブル処理が行われている．

今後のサーバー型放送では，新たなコンテンツ制御を利用したサービスが検討されている．

(1) BS/CSデジタル放送

伝送路上の暗号化と受信機による復号方式であるB-CASのRMP（Rights Management and Protection：権利管理保護）を採用し，有料放送ではB-CASカードを利用しスクランブルされた映像を復号して視聴する．2004年4月より無料放送もスクランブルされ，視聴の際にはB-CASカードを受信機に装着させることが

必要となった．

なお，B-CAS のコピー制御には，CCI として CGMS が利用され，以下のように設定されている．

- 00 ── コピーフリー（制約条件なしにコピー可）
- 10 ── コピーワンス（1 世代のみコピー可）
- 11 ── コピーネバー（コピー禁止）

現在の放送では，コピーワンスが設定されている．

(2) 地上デジタル放送

現放送では，BS デジタル放送と同様に，B-CAS カードを利用したコピー制御が行われている．

現在，BS/CS デジタル放送，地上デジタル放送では，コピーワンスが設定されている．このため，従来のアナログ放送の録画では可能であった個人利用の目的でも自由に私的複製ができない，また，HDD から DVD へのデータ移動時に異常があった場合にコンテンツの復旧ができないことがあるなどの問題が出ている．

また，携帯電話などの携帯機器でも**ワンセグ放送**[8]が受信できるようになり，通常のテレビ視聴とは異なるビジネスやサービスが期待されている．

(3) サーバー型放送

従来のテレビがリアルタイム視聴を前提にしているのに対し，サーバー型放送では，利用者の持つ受信機に放送コンテンツを格納し，他のコンテンツと連動させて視聴するなど，自由な時間にサービスを受けられるようになる．サーバー型放送サービスには，次の特徴がある．

---

[8] 国内における地上デジタル放送による携帯機器向け放送サービスの名称．通常のデジタル放送では，6MHz の放送波を 13 個の帯域（セグメント）に分割し，各帯域ごとに搬送波の変調方式や畳込み符号の符号化率を選択できるように規格化してある．ワンセグ放送は，このうちの 1 セグメントを利用し，通常放送（12 セグメント部）のサイマル放送となっている．

① メタデータを利用した多様な視聴——ハイライト視聴，マルチシナリオ視聴，通信・蓄積連動サービスなどを第三者に提供することで新しいビジネス展開が可能である．
② コンテンツの視聴に関する多様なアクセス制御——利用時の条件設定，蓄積時・再生時・複製時課金設定など，新しい権利処理の仕組みを提供する．
③ 放送，通信の伝送ネットワーク透過なサービス展開——蓄積後データは伝送形態に依存しないようにできるなど，放送帯域の有効利用が可能である．

これらのサービスを提供するために，サーバー型放送では，新しい高度な CAS 方式の導入を検討している．これにより，コンテンツの二次利用などを含めた活発なコンテンツ展開が予想されている．

総務省による e-Japan 重点計画では，デジタルテレビを家庭内の情報端末として位置づけ，デジタル放送の受信機能だけではなく，ブロードバンド接続機能も有し，簡便な操作で，安全に，多様なサービスを実現することを目指している．この中で，コンテンツの保護のために従来からの RMP 機能，CAS 機能を高度化し，テレビ端末を家庭内の情報ゲートウェイとして活用するために「サーバー型 CAS」機能を策定している（図 2-5，図 2-6）．

〔3〕 デジタルラジオ放送

試験放送が始まっているデジタルラジオ放送でも，コピー制御を行い，基本的にはコピーワンス，必要に応じてコピーネバーを付与する予定である．ただ，コンテンツにはスクランブル処理を行わない予定で検討が進んでいる．

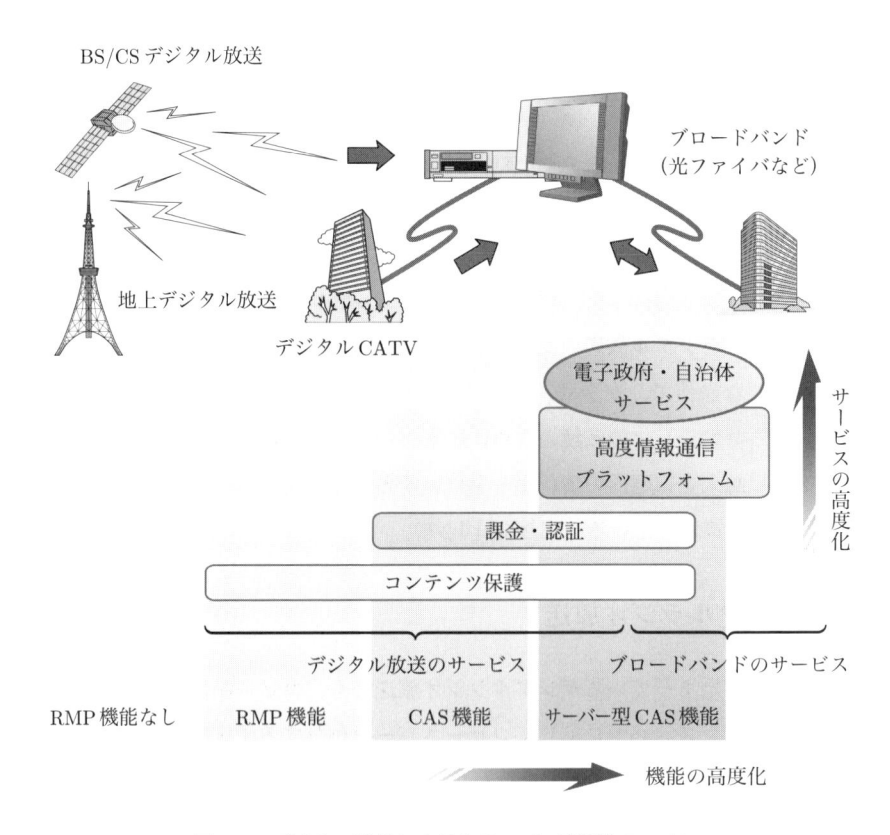

図 2-5　デジタル時代に向けたテレビの高度化と CAS

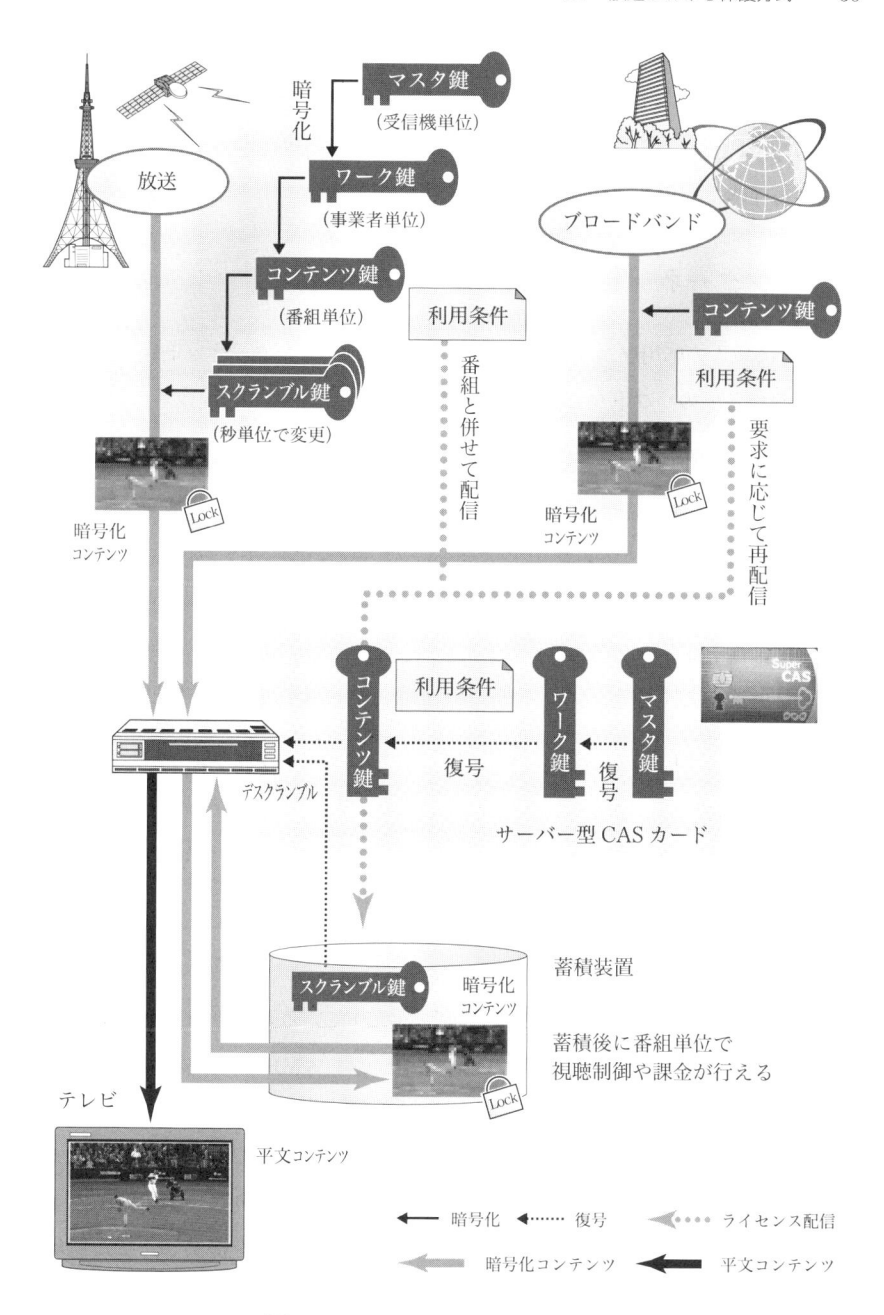

図 2-6 サーバー型 CAS 方式の概要

2.5 通信系のDRM

この節では，インターネットや携帯電話などの通信媒体を利用したコンテンツ流通での保護について説明する．

[1] インターネットでのDRM

PCでは多くの応用プログラムが利用されており，インターネット利用でも，以下のような各種のソフトウェアが使われている．

- 静止画，動画などのマルチメディアコンテンツを楽しむソフトウェア —— WMP（Windows Media Player），RealPlayerなど
- 音楽等の配信ソフトウェア／サービス —— iTMS（iTunes Music Store），MSNミュージック，MOOCSなど／BROAD-GATE 01（ハリウッド映画ダウンロード・レンタルサービス）
- ファイル交換ソフトウェア —— Napster，WinMX，Winnyなど

黎明期，過渡期では，試行錯誤の状態，あるいは個人が勝手にデータ交換する状況にあり，コンテンツ保護が行われていないこともあった．しかし，コンテンツ権利者の保護やビジネスの観点からコンテンツ価値に合った保護が必要になってきている．

(1) WMDRM 10

PCでは，OSとしてWindowsが多く利用されていることもあり，コンテンツ視聴にWMPが使われることが多い．WMPではWMRMと呼ばれるマイクロソフトの**WMT**（Windows Media Technology）固有のDRMが用いられている．WMP10は，Windows XPに標準搭載されていることもあり，上記のMSNミュージック，BROAD-GATE 01など，これを利用するサービスが多くある．

WMPについては，マイクロソフトがプラットフォームを提供し，また自身でも音楽配信サービスを行っているが，日本を含めた各国で多くの事業者がサー

ビスを行っている．無料ファイル交換サービスで名をはせた Napster 社もその一つで，2005 年に携帯プレーヤ向け有料音楽配信サービス "Napster To Go" を開始した．月額 14.95 ドルで，100 万曲以上のリストから曲数無制限で，WMDRM 10（Windows Media Digital Rights Management 10）を採用した WMP 対応携帯プレーヤに転送できる．

(2) FairPlay

アップル（Apple Computer Inc.）の iTMS では，PC での音楽視聴や iPod でのコンテンツ保護のためにアップル独自の FairPlay という保護方式を利用している．

iTMS のサービスは，プロバイダからプレーヤまで一貫したサービスであったため，ユーザに受け入れられたと考えられる．

コンテンツダウンロードの認証は利用端末で管理しており，利用者の手間は少ない．CD に焼き込む枚数には 7 枚という制限があり，1 ユーザに登録可能なマシン数も 5 台と制限があるが，個人ユースでは十分な数である．この制限内であれば，自由に CD の作成が可能であり，ユーザの利便性にマッチしたと考えられる．

FairPlay で保護された Protected AAC（Advanced Audio Coding）ファイルは，認証を受けたコンピュータでしか再生が許可されない．認証はそのコンピュータに iTunes をインストールして iTMS でアカウントを登録した時点で行われる．ユーザネームとパスワードをコンピュータに入力することによってセンターサーバに連絡が行き，認証が記録される．登録をすることで音楽が購入できるようになるだけでなく，iTunes では保護された音楽ファイルの認証情報と合致した音楽のみを再生する仕組みになっているので，ファイルの認証情報と合致しないコンピュータではファイルは再生できない．

この例でも見られるように，緩やかな制御で十分なサービスもある．いつでも強固な DRM が必要なわけではなく，コンテンツや利用形態に応じて DRM を考えるべきであり，ユーザのニーズ，利便性なども考えて適用すべきである．

[2] 携帯電話でのDRM

携帯電話および移動体網が閉環境であることや，高額なコンテンツなどを扱わないことがあり，本格的な DRM は適用されておらず，以下の程度にとどまっていた．

- 利用期限，利用期間，利用回数の指定
- 携帯電話からの書き出し可否の指定
- 特殊な暗号化などは未使用（伝送路上の暗号化を除く）

ただ，一部，PHS 端末などを用いて本格的な音楽配信を試みるサービスもあり，DRM 適用サービスを提供したことがある．

- NTT ドコモの音楽配信サービス（M-Stage Music）——EMMS [9]/OpenMG，EMDLB [10]
- DDI ポケット（現 WILLCOM）の音楽配信サービス（SoundMarker）——ケータイ de ミュージック方式（UDAC-MB）

近年，携帯電話も通信速度が上がり，オープン仕様への移行，データ交換の要望などがあり，携帯電話に蓄積されるコンテンツの保護が重要視され始めてきた．これに伴い，OMA では，OMA DRM を規格化した．

まずは，着メロ程度のコンテンツを対象とした軽いレベルの規格 OMA DRM v1 が規格化され，引き続き，携帯電話からのデータ移動も考慮した，より高度な保護規格である OMA DRM v2 が 2004 年 2 月に仕様公開された．主な特徴を表 2-2 に示す．

さらに，OMA では W3C（World Wide Web Consortium）と覚書を結び，携帯電話からの Web コンテンツ利用のための標準化を進めている．OMA DRM の詳細は，3.4 節で記述する．

---

[9] Electronic Media Management System の略．IBM の配信システムである．

[10] Electronic Music Distribution Licensing Body の略．松下電器とユニバーサルミュージック（Universal Music Group），BMG（Bertelsman Music Group），AT&T が共同開発した配信方式で，DRM はインテルの ISIS である．

表 2-2　OMA DRM v2 の主な特徴

携帯電話（3G）での保護方式	内容
配信方法	● 暗号化コンテンツは端末から端末へコピー可能 ● 利用権利だけを取得可能 ● 超流通の本格的利用に伴い問題点を明確化
利用権利のダウンロードと管理	● PKI を利用したサーバ・クライアント間認証 ● 利用権利記述のダウンロードは，専用セキュリティプロトコルである ROAP による ● 利用権利記述は，端末にバインドされる
ストリーミング利用	● 主に 3GPP 仕様に合わせることでほぼ合意
バックアップ／リストア	● SD メモリーカードなど，他の DRM 機構へのエクスポートの提案 ● 自分用のバックアップのみを許す方向で合意
グループ利用	● 携帯端末に受信した権利を利用してローカルに接続した機器でのコンテンツ利用を制限

[3] 情報家電での DRM

　家庭内にある電化製品の高機能化が進み，PC だけではなく，デジタルテレビや AV 機器がネットワーク化されるようになり，その間でデータ交換が行われるようになりつつある．

　さらに，デジタル放送，移動通信網およびインターネットの急速な普及と通信速度の高速化，情報記録媒体の大容量化により，高品位コンテンツの配信やユビキタスな情報サービスが発展し，新しい情報配信・共有サービスが拡大している．また，家庭内でテラバイトクラスのホームサーバを利用することも可能になっている．

　このような状況のもとで不正コピーや不正利用から情報を保護し，また情報の利用を適切に限定するための安全な DRM 技術を確立することが，社会的にますます重要な課題となっている．

　このため，電気および電子技術分野での国際標準化機関である IEC（International Electrotechnical Commission）では情報家電における DRM として，オープンな相

互運用仕様に従う PKI ベースの DRM "PKI-DRM" の検討を行っている．現在，PKI-DRM 概念モデル[11]の検討がほぼ終了し，今後詳細なプロトコルとデータ形式の議論に入る予定になっている．

この仕様の普及により，インターネットや携帯電話を利用した各種コンテンツの配信・共有システムやサービスにおいても，強力なコンテンツ保護強度を維持したままで，DRM モジュール間での相互接続が可能となることを目指すものである．

PKI-DRM は PKI 方式に則ったオープン性を持つ仕様である．コンテンツ保護のアルゴリズムはすべてオープンであり，学会などで検証されている．使われる証明書も X.509 で記述されている．特徴を表 2-3 に示す．

図 2-7 は，PKI-DRM の利用を示したものである．大雑把な利用シナリオを以下に示す．

① 認証機関は，PKI-DRM に適合したメディア，機器に証明書を発行する．この際に，機器やメディアは，証明書や利用ライセンスが不正に利用されないように耐タンパ性がなければならない．

表 2-3　PKI-DRM の特徴

主な特徴	備考
超流通 DRM システム	● コンテンツとライセンスの分離，利用時の適切な対価 ● 多様なコンテンツ流通形態（ダウンロード，ストリーミング，超流通）を想定
高い耐攻撃性と回復力のあるコンテンツ保護	● 強力な保護——すべての保護機能をハードウェア TRM 化 DRM 内で実行する優れた耐タンパを持つモード（ソフトウェア TRM モードもある） ● 柔軟なシステム進化——不正 DRM 失効と保護レベル制御
オープンアーキテクチャ	● PKI（X.509）ほか標準を使用 ● 全仕様のオープン化が可能——安全性の証明を学会で報告済

---

11. IEC TC100/TA8 PT62224, "Conceptual model of digital rights management for multimedia home server systems".

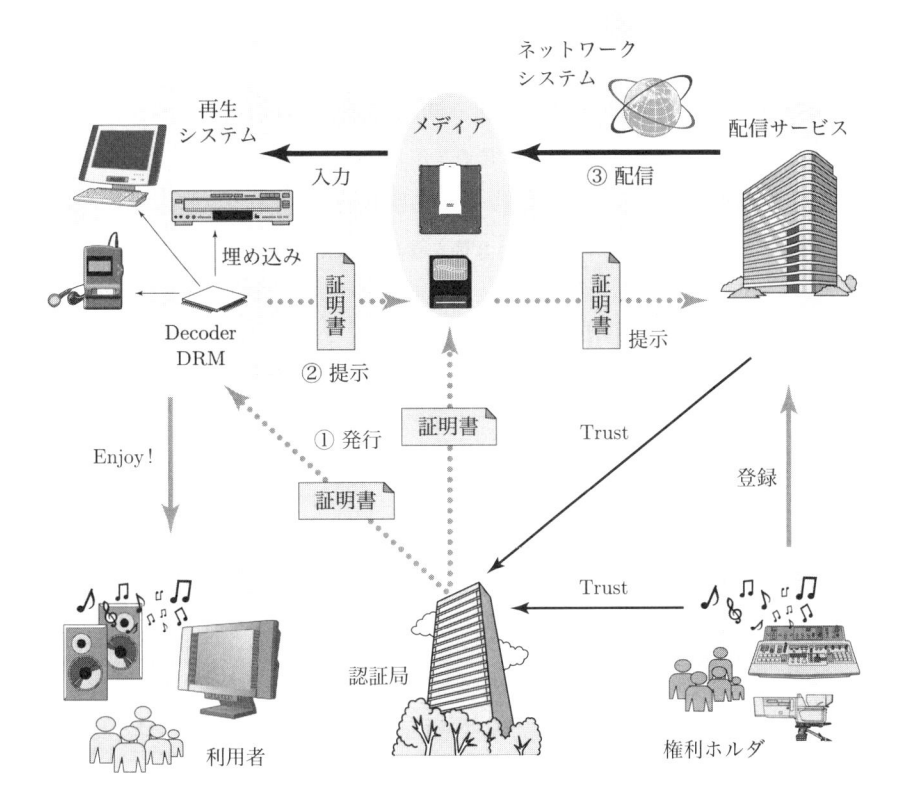

図 2-7　PKI 準拠のオープン方式

② 利用者が音楽を聞いたり映画を見たりするための要求をすると，機器からメディアに証明書を示し，コンテンツと利用ライセンスをもらって再生することができる．
③ メディアにライセンスがない場合には，配信サービス業者に正しいメディアである証明書を示し，ライセンスを取得する．一般には，このタイミングで課金が行われる．
④ 音楽や映像の権利者は，上記の仕組みが確実に遂行され，システムが安全に運用されることを信用（trust）し，配信サービス業者にコンテンツと利用ライセンスを登録することでサービスが行える状態になる．

2.6 電子透かしの利用

　この節では，コンテンツ流通やDRMに深く関連する技術として，電子透かし技術の利用について整理する．また，電子透かし技術の応用としての新しいシステム技術として，放送などにおける著作物利用状況のモニタリングシステムを紹介する．概念と技術要素については，1.3節を参照されたい．

〔1〕電子透かしの利用例

　電子透かしが実ビジネスで活用された例は数多くあるが，その一つは，DVD-Audioのコピープロテクション方式であるCPPMにおいて採用された方式である．CPPMにおいては，コンテンツに付与されたCCI（2ビットからなるコピーコントロール情報で，コピーネバー，コピーワンス，コピーフリーなどを表す），シリアルコピー管理情報，および電子透かしの状態に基いて，コピーの可または不可を判定し機器の制御が行われる．

　電子透かしの攻撃への耐性向上や処理速度の向上，視聴覚に与える影響の低減などについては，我が国でも，大学や企業の研究部門，電子情報通信学会や情報処理学会などの情報セキュリティ関連研究会などで鋭意研究が進められている．

〔2〕著作物利用状況のモニタリングシステム

　放送やネットワークにより品質の高いコンテンツ配信が容易かつ盛んになるに伴い，その配信やユーザによる利用の状況を正確に把握し，利用状況に関する情報を必要な組織や人に提供することの重要性が高まってきている．同時に，不正な利用が行われていないかの監視も今後重要な課題になってきた．

　このような現状を踏まえて，音楽使用実績データ販売，テレビ・ラジオ広告放送実績の確認，放送番組の管理（ユーザとの接触量，保護，トラッキング），ネット上のコンテンツ流通の管理（心理的抑制効果，不正流出エビデンス）などを目指した著作物利用状況のモニタリングシステムが開発されており，実用化段階に入りつつある．

現在は，放送のモニタリングシステムとして開発されている例もある．そのシステムの概要は下記のとおりである．

① 放送素材やプログラムにIDが透かしとして埋め込まれる．
② IDとコンテンツの属性情報とがデータセンターに蓄積される．
③ 放送されたコンテンツがモニタリング局で受信される．
④ 受信されたコンテンツから透かしとして埋め込まれているIDを検出する．
⑤ IDに基いてコンテンツの属性情報をデータセンターから読み取る．
⑥ コンテンツの属性情報などがレポートされる．

今後は，インターネットなどパブリックなネットワーク上での同様なモニタリングを目指して検討が進められる．インターネットに本システムを適用するためには，高速な検索エンジン，高速なコンテンツ処理，コンテンツがあるサイトに存在したことのエビデンスの確保など，多くの課題がある．同時に，コンテンツ配信に際して，何らかの透かし情報を埋め込むことの社会的コンセンサス作り，関連する法制度の検討なども重要となる．

米国では，テレビ・ラジオで実際にこの仕組みを利用したトラッキングが行われている．日本でも試行が行われており，単にデータの違法利用の検知だけではなく，具体的な放送番組の管理として，ユーザとの接触量の確認（タイムシフトでも対応可能）などに利用されつつある．

2.7　課題と展望

本章では，コンテンツ保護に関する業界の動向について述べてきた．これまでの記述でわかるように，コンテンツはその伝送媒体，格納媒体，サービスによって保護形式が異なることが多いため，特定の機器でしか利用できないなどの流通障害，あるいは変換による性能低下，精度劣化など多くの弊害を及ぼしている．

情報家電におけるコンテンツ流通促進を目指し，現在DRMの国際標準化がIEC TC100で進められているが，従来システムとの互換性など，ビジネス上の観点か

らの反対もあり，進捗ははかばかしくない．

　また，分野によっては，強固なコンテンツ保護は用いず，利便性や低価格をもとにし，適度な保護レベルでビジネスをうまく拡大しているケースもある．

　このようにコンテンツの旬を活かし一時期に大量に販売するものや，高価なコンテンツをしっかりとした保護により不正利用を防ごうとするものなど，ビジネスによりDRMの適用も異なっている．

　また，私的利用の録画・録音を前提に音楽テープ，VTRテープ，DVDなどに私的録画録音補償金がかけられており，さらに，今後PC，HDD，音楽プレーヤなどにもかけることが権利者団体で検討されている．しかし，この補償金の分配は，これら媒体の適切な利用が反映されているわけではなく，不透明だと言われている．

　DRMをうまく活用することで，これら従来のコンテンツ流通が持つさまざまな課題は，かなり改善することが技術的には可能である．上記のように各流通メディアやサービスでDRMが異なっているのが現実であるが，標準化を進めてコンテンツ流通を促進していける基盤を整備することが重要である．

　今後，ビジネス形態の改変を伴う必要があるだろうが，コンテンツクリエータの権利や利益を守り，利用者の利便性を高めた流通形態が構築できるであろう．これにより，高速な伝送路利用と合わせ，コンテンツが「超流通」的に安価で利用することが可能になることが望まれる．

参考文献

[1] OMA (Open Mobile Alliance)（http://www.openmobilealliance.org/）．

[2] 館林誠ほか：「DVD著作権保護システム」，映像情報メディア学会技術報告，画像情報記録，21, 31, 1997-5, pp.15–19．

[3] 石原淳：「DVDのコンテンツ保護」，東芝レビュー Vol.58 No.6，東芝発行，2003, p.29, 図1「CSS暗号化手順」．

[4] マクロビジョン社プレスリリース（http://www.macrovision.com/company/

news/releases/newsdetail.jsp?id=fcd2bc4a32ab09d760a512a587b38dd5）．

[5] ウィキペディア（Wikipedia）（http://ja.wikipedia.org/wiki/）

[6] AACS (Advanced Access Content System)（http://www.aacsla.com/home/）．

[7] コーラルコンソーシアム（http://www.coral-interop.org/）．

[8] NEMO（http://www.intertrust.com/main/research/papers.html）．

[9] Marlin JDA（http://www.intertrust.com/main/news/2003_2005/050119_marlin.html）．

[10] 4C Entity（http://www.4centity.com/）．

（五十嵐 達治）

第3章

暗号技術を中心とした DRM 標準化動向

この章では，暗号技術を中心とした DRM 標準化動向について述べる．具体的な活動として，AACS, CPRM, CPPM, DTCP, DTCP-IP, OMA DRM の各技術について解説する．

3.1 AACS

この節では，AACS（Advanced Access Content System）について解説する．

〔1〕AACS とは

AACS は，Blu-ray や HD DVD などの次世代光メディアの保護規格で，AACS LA（AACS Licensing Administrator）[1] で策定が進められている．AACS LA の設立メンバーはインテル，IBM，松下電器，マイクロソフト，ソニー，東芝，ディズニー，およびワーナーブラザースで，IT 系メーカ，家電系メーカ，コンテンツ保有者から構成されている．

AACS はデジタルハイビジョンなどの次世代コンテンツを安全に，シームレスに配信して利用するための保護規格であるが，現状の DVD に対する CSS（第 2 章を参照）と異なり，次世代光メディアとその再生プレーヤに対する規格だけにとどまらず，ホームネットワークやポータブルデバイスにおけるコンテンツの保護までターゲットに入っている．そのため，AACS は光メディアなどのフォーマットに依存しない形で規格化が進められている．現在準備されている仕様書は下記の 7 種類である．この節では，仕様書①～③について記述する．

① Introduction and Common Cryptographic Elements ―― すべてに共通な要素技術
② Pre-recorded Video Book ―― 読み出し専用メディア上のビデオコンテンツ保護用
③ Recordable Video Book ―― 記録可能メディア上のコンテンツ保護用
④ HD DVD and DVD Pre-recorded Book ―― HD DVD-Video フォーマットのコンテンツ保護用
⑤ Blu-ray Disc Pre-recorded Book ―― Blu-ray Video フォーマットのコンテンツ保護用
⑥ HD DVD Recordable Book ―― HD DVD Recordable Disc 上のコンテンツ保護用
⑦ Blu-ray Recordable Book ―― Blu-ray Recordable Disc 上のコンテンツ保護用

〔2〕 AACS のセキュリティ要件

　AACS は，高精細を含む映像および音声の保護を目的として，さまざまな記録メディア，伝送メディア，フォーマットに適用可能な規格になる．管理されたコピーの許可，例えば，ある条件のもとで PC の磁気ディスク装置などへもコピーが可能になる．実装技術面では，ソフトウェアのより高度な更新性要件，ハードウェアに対しては堅牢性要件の高度化が要求される [2]．

[3] AACSに用いられるセキュリティ技術

AACSでは，広く知られ評価された暗号技術である鍵長128ビットのAES (Advanced Encryption Standard) 暗号が使用される．コンテンツへのアクセスについては，ライセンスによる復号制限が施される．また，不正な機器やソフトウェアに対しては，検出のための順序鍵を持ち，個別に排除ができる[2]．

(1) 暗号技術

共通に利用される暗号技術は，**AESブロック暗号アルゴリズム**（128ビット鍵，FIPS-197 規格[1]）である．処理により，NIST 800-38A 規格[2]のECB[3]モードとCBC[4]モードを使い分ける．ハッシュ関数はSHA-1（Secure Hash Algorithm, FIPS-180-2 規格），メッセージ認証コードはCMAC（Cipher-based Message Authentication Code, NIST Special Publication 800-38B 規格），公開鍵暗号として秘密鍵160ビットの**楕円暗号ECC**（Elliptic Curve Cryptosystem, ANSI X9.62 規格[5], FIPS PUB 186-2（+Change Notice）規格）が使用される．

(2) 鍵管理技術

AACSでは木構造を持った**MKB**（Media Key Block：**メディア鍵ブロック**）が鍵管理の基本技術として使用される．各機器は253個のデバイス鍵を持ち，無効化されていない正当なデバイス鍵によりMKBを処理することによってメディア鍵を計算できる．この結果，コンテンツの視聴が可能になる．すなわち，このデバイス鍵の有効性を制御することで排除が行われる．ここで用いられるMKBは

---

[1]. FIPSとは，米国の連邦情報処理標準（Federal Information Processing Standard）の略称であり，例えばDES（Data Encryption Standard）など暗号技術も含まれる．
[2]. NISTとは，全米標準技術研究所（National Institute of Standards and Technology）であり，FIPSを認定する．
[3]. ECB (Electronic Code Book) は暗号利用モードの一種で，ある平文ブロックに対していつも同じ暗号文ブロックが出力されるモードである．誤りはブロック内にとどまる．
[4]. CBC (Cipher Block Chaining) は暗号利用モードの一種で，一つ前の暗号文ブロックと現在の平文ブロックとで排他的論理和をとった後，ECBモードで暗号化する．一般にはある平文に対して異なる暗号文が出力される．誤りは2ブロックにわたる．
[5]. ANSIとは，全米規格協会（American National Standard Institute）の略で，米国内の工業製品の規格を策定する団体である．

大きさが可変で，不正機器の数が増えても MKB を大きくすることで全数排除が可能となる．

(3) ディスクドライブの認証技術

PC ホストとディスクドライブ間でのデータ読み出し時に認証が実行される．対象となるデータは，記録済みメディアではボリューム ID と記録済みシリアル番号，記録可能メディアではメディア ID と保護領域データである．認証技術は，楕円暗号による ECDSA（Elliptic Curve Digital Signature Algorithm：デジタル署名）と ECDH（Elliptic Curve Diffie-Hellman：鍵共有），ホストとドライブがそれぞれ持つ公開鍵証明書，共有鍵によるメッセージ認証が組み合わされたものである．

[4] Pre-recorded Video Book

Pre-recorded Video Book [3] に記述される仕様に関係する組織などは，コンテンツ保有者，ライセンスを受けたメディア製造者，ライセンスを受けたプレーヤ製造者，ライセンス発行機関などである．

メディア製造者は，コンテンツ保有者からコンテンツ（タイトル）と利用条件を受け取る．一方，メディア製造者は，ライセンス発行機関から，MKB およびその中にあるデバイス排除データ，フォレンジックデータ[6]としての順序鍵ブロック（SKB：Sequence Key Block），コンテンツ排除データ，コンテンツ証明書，秘密鍵などを受け取る．これらの情報を用いて記録済みメディアが製造される．ライセンス発行機関は，プレーヤ製造者にデバイス鍵，順序鍵や鍵発行機関の公開鍵を渡す．これらの情報によりプレーヤ製造者は，ライセンスを受けた正当なプレーヤが製造できる．

メディアの製造とこのメディアからの視聴がどう行われるかを，暗号化と復号に着目して示したのが図 3-1 である．

メディア製造者は，コンテンツを暗号化するためのタイトル鍵を生成して，そ

---

[6] フォレンジックとは，セキュリティ上の不正行為や法的紛争，訴訟などに対して，電磁的記録の保全，調査・分析，および不正行為の調査・分析を行う科学的手法を言う．ここでは，不正にコピーされた情報から再生機器群を特定する手法を指す．

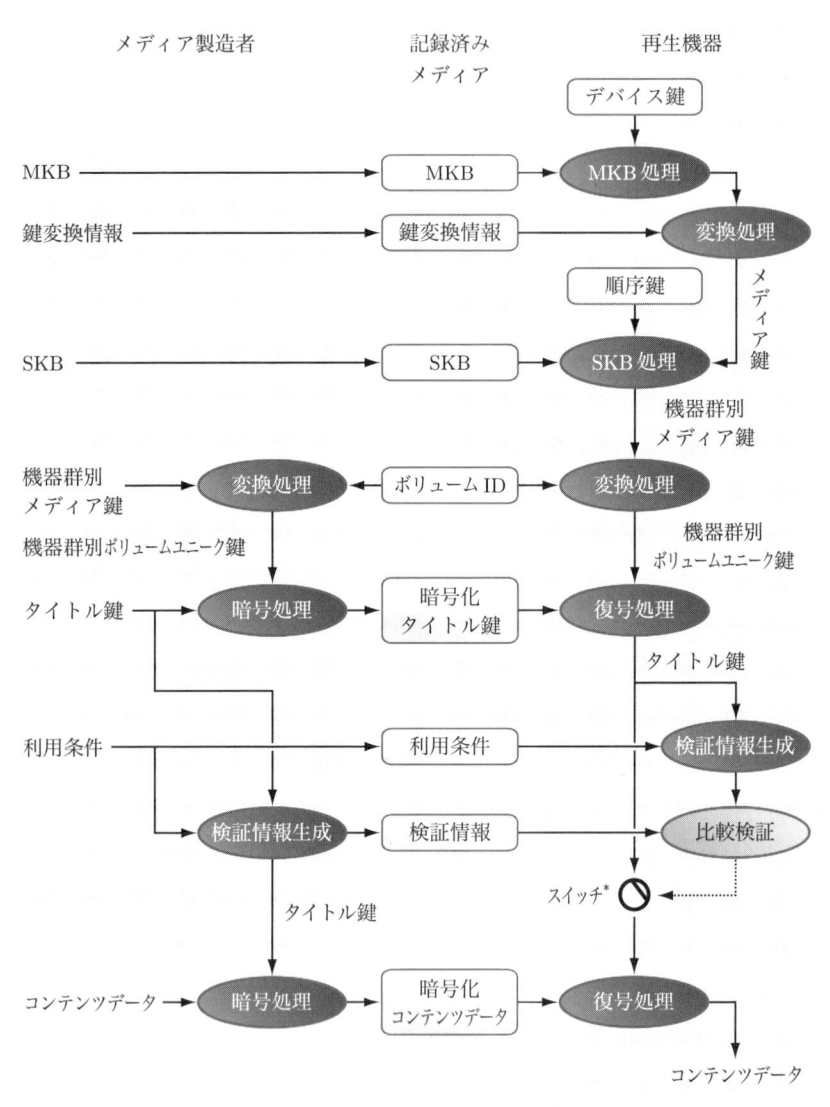

図 3-1 記録済みメディアの製造と再生のプロセス

*比較検証結果が正しいときつながる

の鍵でコンテンツを暗号化する．タイトル鍵は，利用条件，ボリューム ID，後述する機器群別メディア鍵を用いて暗号化され，暗号化コンテンツとともにメディアに記録される．メディアにはこのほかに利用条件，タイトル鍵と利用条件の検証情報，ボリューム ID，MKB，後述する鍵変換情報，順序鍵ブロック SKB が記録される．**鍵変換情報**は，ハードウェア機器から漏洩したデバイス鍵を用いて PC 用のソフトウェアデバイスを使えないようにする情報である．すなわち，ハードウェア機器用のデバイス鍵では，MKB を処理するだけではメディア鍵を得ることができない．メディア鍵を得るためには，メディア上に別に定められた方法で埋め込まれた秘密情報である鍵変換情報が読み出され，メディア鍵復号の関数に作用させる必要があるようにされている．

再生時には，再生機器に保持されているデバイス鍵と，メディアに記録されている MKB を利用してメディア鍵を生成し，メディアに記録されている暗号化されたタイトル鍵を復号し，そのタイトル鍵を用いて暗号化コンテンツを復号する．ハードウェア機器では，メディア鍵を復号するときに秘密情報である鍵変換情報の復号を必要とする．**順序鍵ブロック**は，不正（海賊版）コンテンツが出回ってしまった場合に，コンテンツや鍵の出所（プレーヤ）を特定するために導入されている．コンテンツの整数 n か所に，人には特定できないが異なることが検証できる特定情報（例えば，電子透かしの利用が想定されている）を埋め込んだ整数 m 個の同一コンテンツ部分が用意されている．そして，メディア鍵，順序鍵ブロック，およびボリューム ID から機器群別ボリュームユニーク鍵が復号される．機器群別ボリュームユニーク鍵は，上記の n か所について，m 個の同一コンテンツ部分のうちどの部分を選択して復号するかを指定する．この結果，再生されたコンテンツは，そこに埋め込まれている特定情報が機器群別ボリュームユニーク鍵に依存したものとなる．この原理を用いて不正コンテンツの出所が特定される．また，あるデバイス鍵を持った不正機器が発見された場合，MKB を更新することにより，不正機器のデバイス鍵からメディア鍵を生成することができなくなり，不正機器を排除できるようになっている．

一方，AACS では「コンテンツの検証と排除の仕組み」が用意されている．

コンテンツ検証と排除の考え方を以下にまとめる．

① メディアに固有の証明書（content certificate）が発行，格納される．
   - 証明書のないメディアは不正とみなされる．
   - 証明書には，AACS LA によるデジタル署名がつけられる．AACS LA が発行する他のデータにつけられる署名とは別の秘密鍵が用いられる．
② コンテンツ単位のハッシュ値が証明書に含まれる．
   - 再生時にハッシュ値を計算，証明書内の値と比較する．
   - 一致しなければ再生を停止する．
③ 証明書内のコンテンツ ID がコンテンツ排除リストに含まれていた場合には，再生を停止する．

〔5〕Recordable Video Book

Recordable Video Book [4] に記述される仕様に関係する組織などは，ライセンス発行機関，メディア製造者，ライセンスされたレコーダ製造者，コンテンツ保有者である．ライセンス発行機関は，レコーダ製造者にデバイス鍵，MKB を発行する．MKB は既知の排除データを含んでいる．一方，ライセンス発行機関は，メディア製造者に，アップデートされた，すなわち既知の排除データと新しい排除データを含む MKB を発行する．メディア製造者は，メディア ID を生成し，MKB とともにメディア上に記録してメディアを製造する．

図 3-2 に示されているように，コンテンツ（タイトル）と利用条件を受け取った記録機器は，コンテンツを暗号化するためのタイトル鍵を生成して，その鍵でコンテンツを暗号化する．タイトル鍵は，バインドデータ（メディア固有の乱数．他メディアからの正当な権利移動処理をサポートするために使用する），およびメディア鍵を用いて暗号化され，暗号化コンテンツとともにメディアに記録される．同時に，利用条件，タイトル鍵と利用条件の検証情報，タイトル鍵とメディア ID の検証情報も記録される．メディアにはこのほかに MKB（アップデートが必要な場合）が記録されることもある．

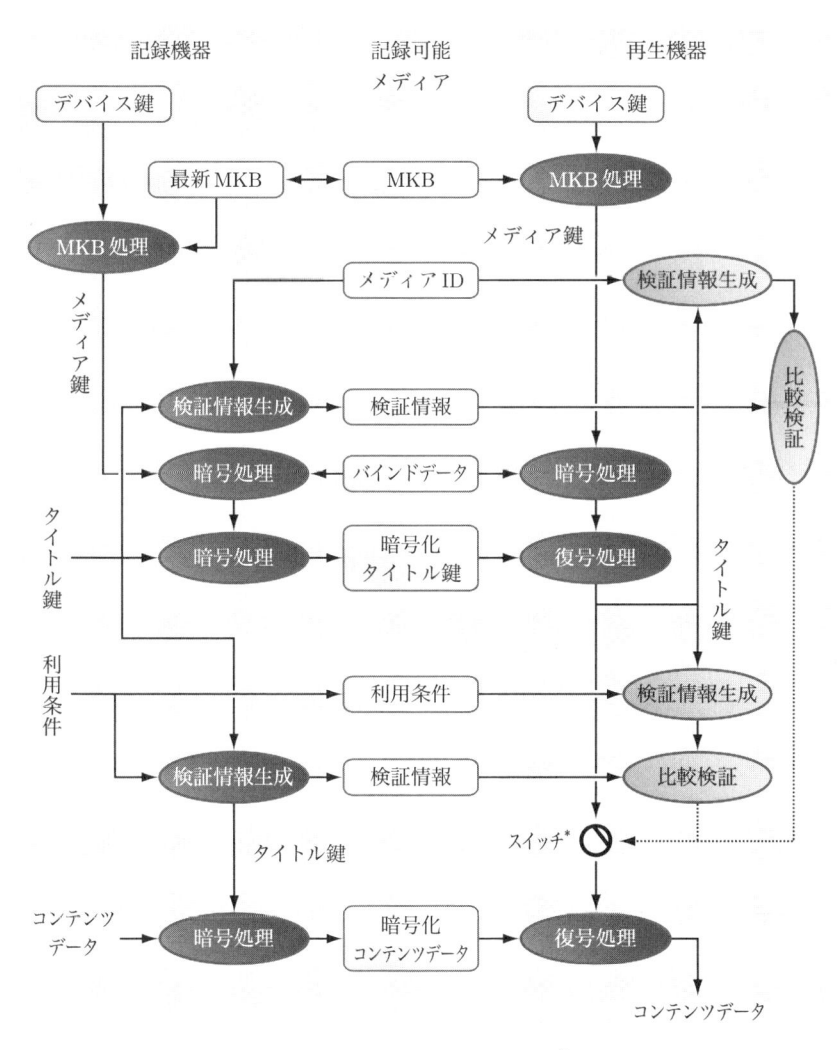

図 3-2 記録可能メディアに対する記録と再生のプロセス

再生時には，再生機器に保持されているデバイス鍵と，メディアに記録されている MKB を利用してメディア鍵を生成し，メディアに記録されている暗号化されたタイトル鍵を復号し，そのタイトル鍵を用いて暗号化コンテンツを復号する．あるデバイス鍵を持った不正機器が発見された場合，MKB を更新することにより，不正機器のデバイス鍵からメディア鍵を生成することができなくなり，不正機器を排除できるようになっている（第 1 章を参照）．タイトル鍵と利用条件の検証情報，タイトル鍵とメディア ID の検証情報はそれぞれ再生時に検証が行われ，正常と認められた場合にコンテンツの出力が許容される．

3.2 CPPM/CPRM

この節では，DVD-Audio に用いられている CPPM (Content Protection for Pre-recorded Media)，DVD-RAM や SD メモリーカードなどの DRM である CPRM (Content Protection for Recordable Media) について解説する．

〔1〕 CPPM/CPRM とは

CPPM は，DVD-Audio のコピープロテクション技術として採用された．電子透かしの利用が可能である．すでに出荷されている DVD ドライブで DVD-Audio メディアの再生を可能にするコンセプトで策定された．規格策定はインテル，IBM，松下電器，東芝により行われ，4C Entity, LLC [5] によりライセンスされている．

CPRM は，DVD-RAM/R/RW や SD メモリーカードに用いられているコピープロテクション技術である．規格策定は，インテル，IBM，松下電器，東芝により行われ，4C Entity, LLC によりライセンスされている．

〔2〕 CPPM/CPRM の共通セキュリティ要件

両者に共通なセキュリティ要件 [6,7] としては，ビットごと (bit-by-bit) コピーの防止，コンテンツの暗号による保護，システム更新性要件，CCI の完全性確保

(1) ビットごとコピーの防止

目的は，記録されたメディア以外へコンテンツを自由に複製することの防止である．実現手段は**メディアバインド**と呼ばれ，暗号化鍵をメディア固有 ID の関数として，固有 ID の異なるメディアにコピーされた暗号化鍵による暗号化コンテンツの復号をできなくすることである．このメディア固有 ID は秘匿されている必要はないが，書き換えられてはいけないという条件がある．

(2) コンテンツの暗号による保護

目的は平文データの保護にあり，コンテンツデータを暗号化管理することで実現している．コンテンツストリームへのランダムアクセスを考慮し，一般にパックと呼ばれる一定のデータ単位ごとに暗号化される．

(3) システム更新性要件

不正な機器（クラックされた機器，不正な振る舞いをする機器などが対象）を排除することが目的である．排除とは，正当な機器と不正な機器との間でコンテンツの互換性をなくすことである．実現は MKB による．

(4) CCI の完全性確保

目的は，コンテンツ管理情報の書き換え防止で，例えば，コピー禁止コンテンツがコピー可として処理されることを防止するものである．実現手段は，CCI を鍵計算に関係させることが主となる．

[3] CPPM/CPRM に共通に用いられるセキュリティ技術

ここでは両規格に共通に用いられるセキュリティ技術 [6,7] についてまとめる．

(1) 暗号技術

暗号としては C2 が用いられている．64 ビットブロック暗号で，鍵長は 56 ビットである．演算速度（ハードウェア，ソフトウェア）や安全性，回路規模などを

考慮して開発された．C2 を利用したハッシュ関数，一方向性関数も規格において利用されている．

(2) 鍵管理技術

鍵管理の基本的な考え方は，機器ごとに異なるデバイス鍵から MKB によりメディア鍵を求め，メディアごとに異なる固有 ID と一方向性関数を用いて，メディアごとに異なるメディア固有鍵を求めるというプロセスである．このメディア固有鍵がビットごとコピーの防止に重要な役割を果たしている．図 3-3 に，CPPM/CPRM における鍵管理方法を示す．

MKB（Media Key Block：**メディア鍵ブロック**．第 1 章を参照）は，メディア鍵を多くのデバイス鍵で暗号化したデータを要素とするマトリクスである．不正機器が発見された場合，新たな MKB は当該機器のデバイス鍵を取り除いた上で作成されるので，不正機器では新たな MKB によりメディア鍵を再生することができなくなる．当然の結果として，不正が発見される以前に生成された MKB を持つメディアは利用することができる．

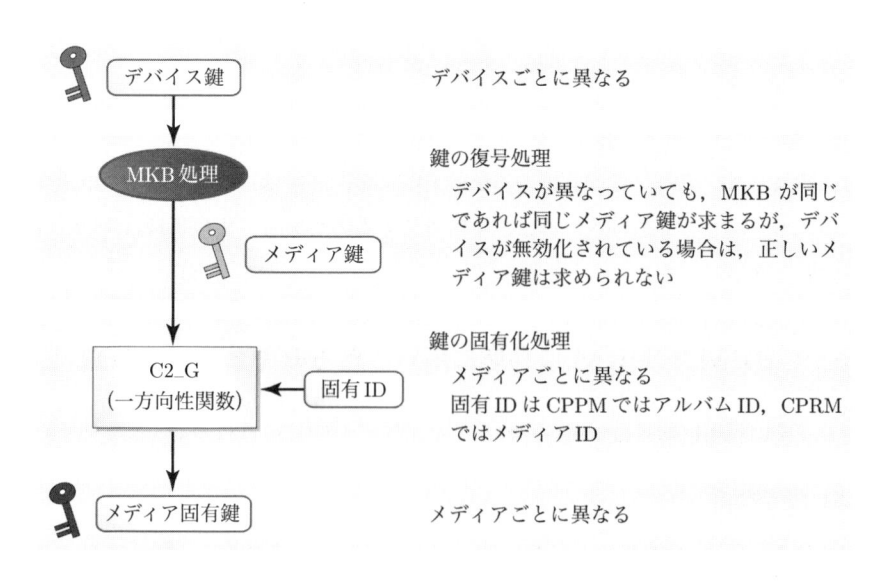

```
デバイス鍵 ── デバイスごとに異なる
    ↓
  MKB 処理       鍵の復号処理
    ↓            デバイスが異なっていても，MKB が同じ
  メディア鍵      であれば同じメディア鍵が求まるが，デバ
    ↓            イスが無効化されている場合は，正しいメ
  C2_G           ディア鍵は求められない
(一方向性関数) ← 固有 ID
    ↓            鍵の固有化処理
  メディア固有鍵  メディアごとに異なる
                 固有 ID は CPPM ではアルバム ID，CPRM
                 ではメディア ID

                 メディアごとに異なる
```

図 3-3　CPPM/CPRM における鍵管理方法

〔4〕 CPPM 規格の詳細

CPPM [8] では，上述の技術により不正機器の排除を行うほかに，PC システム用バス認証機能を持っている．これはすでに出荷された DVD ドライブで DVD-Audio メディアを再生可能とするためで，CSS [9] の PC システム用バス認証と同一である．以下，CPPM 規格の主な特徴を整理する．

(1) 電子透かし技術

CPPM では電子透かし技術として Verance-4C Audio Watermark [10] を採用しており，4C Entity, LLC からライセンスされている．暗号化されていないオーディオコンテンツから電子透かしが検出され，それがコピーフリー以外を示す情報であった場合には，オーディオの再生が禁止される．

(2) コンテンツ暗号化の仕組み

CPPM のコンテンツ暗号化の仕組みを述べる．図 3-4 は，CPPM メディアやプレーヤが保持する重要な情報の配置を示している．

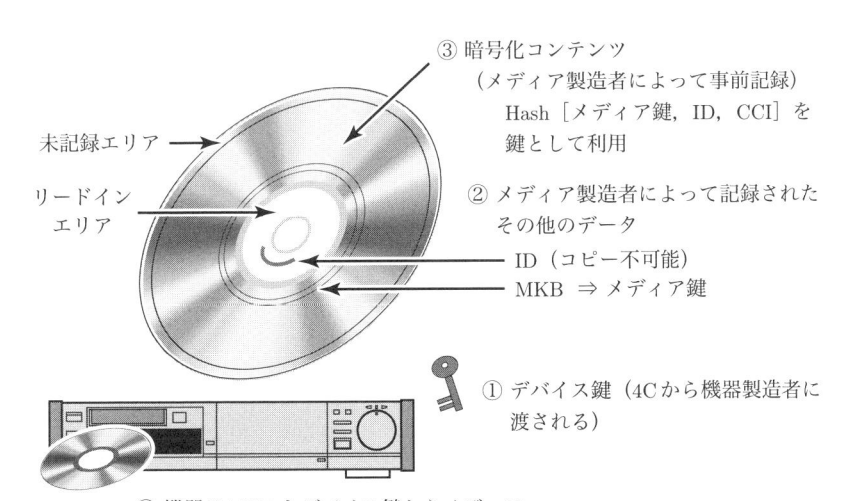

- 未記録エリア
- リードインエリア
- ③ 暗号化コンテンツ（メディア製造者によって事前記録）Hash [メディア鍵, ID, CCI] を鍵として利用
- ② メディア製造者によって記録されたその他のデータ
- ID（コピー不可能）
- MKB ⇒ メディア鍵
- ① デバイス鍵（4C から機器製造者に渡される）
- ④ 機器は MKB とデバイス鍵からメディア鍵を生成し，コンテンツを復号する

図 3-4　CPPM におけるメディアとプレーヤ上の情報の配置

デバイス鍵はライセンス発行機関からライセンスを受けたプレーヤ製造業者に発行され，個々のデバイスに一定の堅牢性要件を保って格納される．メディアのリードイン領域は書き換えできないため，コピーネバーであるべきメディアIDが記録される．MKBは，暗号化コンテンツと同じ領域に記録される．

図3-5は，DVD-Audioメディアの製造時の暗号化と鍵管理プロセス，および再生機器での復号プロセスを表現している．製造時には，MKB，アルバムID，暗号化されたオーディオデータを含む暗号化パックが記録される．このとき，暗号化パックの生成は，メディア鍵とアルバムIDを一方向性関数に作用させて得られたアルバム固有鍵に基づく．

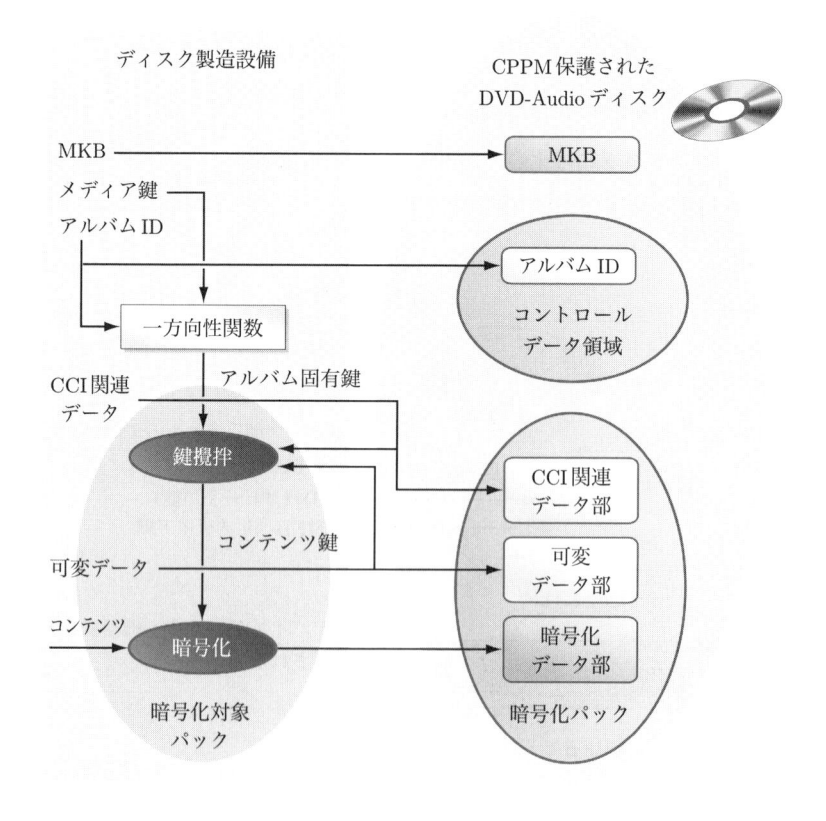

図3-5 CPPM（DVD-Audio）メディアの製造プロセス

図 3-6 は，CPPM（DVD-Audio）メディアの再生プロセスを示す．再生側では，デバイス鍵と MKB とによりメディア鍵を求め，さらにアルバム ID を用いてアルバム固有鍵を算出し，以降，暗号化パックを処理してオーディオを再生する．再生機器が PC ホストのデコーダモジュールである場合は，DVD ドライブと PC ホストモジュールとの間で相互認証を行い，相互に正当と認められた場合は，アルバム ID が暗号化されてドライブホストインタフェース上で送受信される．

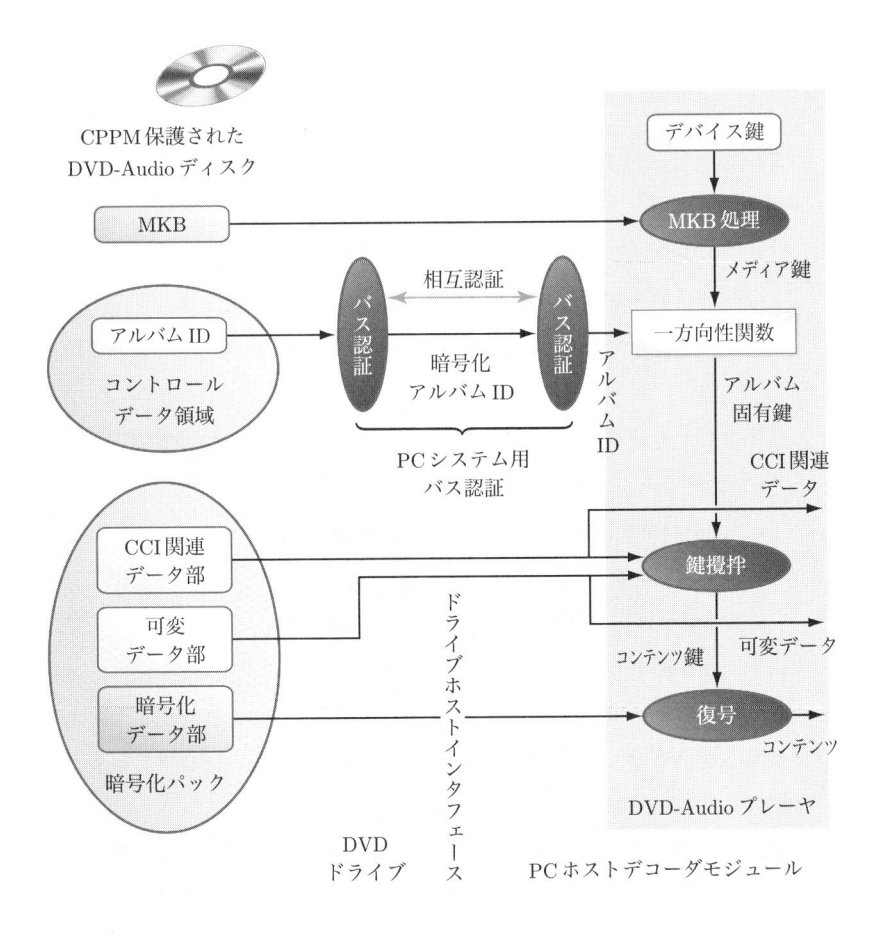

図 3-6 CPPM（DVD-Audio）メディアの再生プロセス

(3) Digital CCI

CPPMで保護されたコンテンツでは，コピー許可と回数，コピー時の音質，静止画などの関連コンテンツ，レガシーメディア（MD，CD-Rなど）へのコピー制御などのパラメータを利用することができる．これらパラメータの設定に関しては一定のルールが定められている．

(4) コピーに関するルール

CPPMではコピーに関するルールがいくつか定められている．これらについては現在も検討が継続されており，変更される可能性がある．

① 非圧縮コピーおよびレガシーメディアへのコピーを禁止する設定が可能である．
- この場合，セキュアなメディアへの圧縮コピー許可数をレコーダ1台当たり3から無制限の範囲でコンテンツ提供者が指定する．
- 非圧縮コピーを許可している場合には，コピー数制限に1を指定できる．

② 圧縮コピーの音質は以下の4通りからコンテンツ提供者が選択する．
- 2チャンネル，192Kbps以下
- 2チャンネル，ビットレートに関する制限なし
- チャンネル数の制限なし，ビットレートに関する制限なし
- チャンネル数の制限なし，448Kbps以下

③ 従来，非圧縮コピー，圧縮コピーを問わず認められていたコピーは，「保護されたコピー」に変更された．「保護されたコピー」とは，ライセンス発行機関が認めるコンテンツ保護方式であって，コンテンツがメディアまたは機器にバインドされているものを指す．

④ 機器内部接続で行うMD，CD-Rなどレガシーメディアへのコピーについては，新たに「レガシーコピーパラメータ」が新設された．これを用いてコピーの許諾を指定する．
- 上記のレガシーコピーが禁止される設定の場合には，保護されたコピーのチャンネル数は制限なしとする．

〔5〕CPRM 規格の詳細

CPRM では，CPPM と同様に不正機器の排除を行っている．PC システム用バス認証機能については，インタフェース上でのデータ改ざんを防ぐために，CSS の PC システム用バス認証にメッセージ認証機能が追加導入されている．また，CPRM を使用して入力信号を記録する場合，セキュアな入力については，CCI に従って記録する．セキュアな入力以外については，オーディオ入力の場合には電子透かし検知を行い，問題がなければ CCI に従い記録する [11]．以下，CPRM のコンテンツ暗号化の仕組みを整理する．図 3-7 は，CPRM におけるメディアと機器（レコーダ，プレーヤなど）上の重要な情報の配置を示している．

デバイス鍵はライセンス発行機関からライセンスを受けた機器製造業者に発行され，個々のデバイスに一定の堅牢性（耐タンパ性）を保って格納される．メディ

③ 記録データ
暗号化コンテンツ（Hash［タイトル鍵，CCI］を鍵として利用）

未記録エリア

CCI
暗号化されたタイトル鍵（Hash［メディア鍵，メディア ID］を鍵として利用）

エンボスリードイン

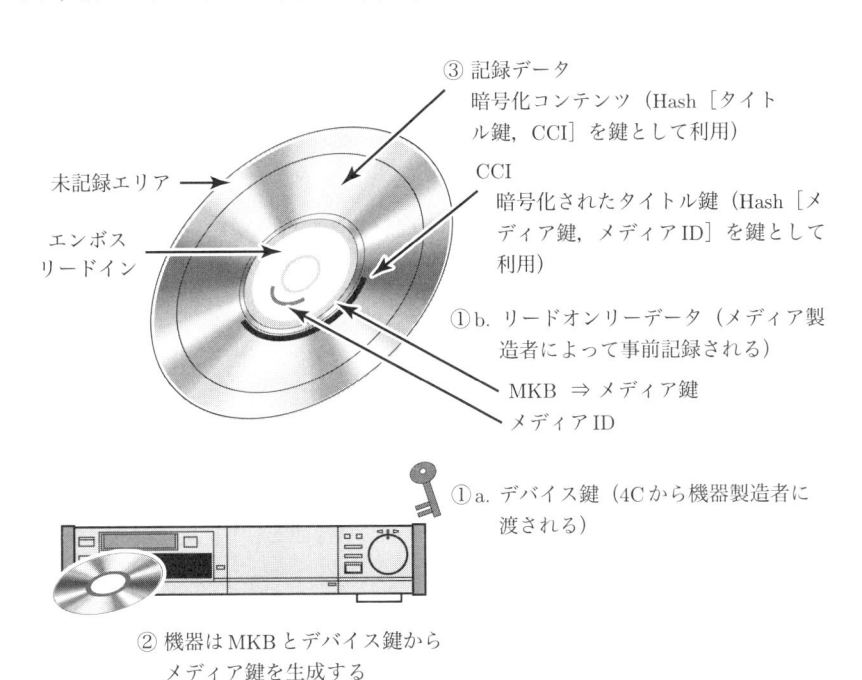

①b. リードオンリーデータ（メディア製造者によって事前記録される）

MKB ⇒ メディア鍵
メディア ID

①a. デバイス鍵（4C から機器製造者に渡される）

② 機器は MKB とデバイス鍵からメディア鍵を生成する

図 3-7　CPRM におけるメディアと機器（レコーダ，プレーヤなど）上の情報の配置

ア上のあらかじめ形成されたバーストカッティング領域は書き換えできないため，コピーネバーであるべきメディア ID が記録される．MKB はあらかじめ形成されたエンボスリードイン領域に記録される．CCI，暗号化タイトル鍵などは，暗号化コンテンツと同じ領域に記録される．

図 3-8 は，CPRM に準拠した DVD メディアの，記録時の暗号化と鍵管理プロセス，および再生時の復号プロセスを表現している．

記録時には，暗号化されたオーディオビデオデータを含む AV パック，ディスプレイおよび CCI である DCI_CCI（Display Control Information and Copy Control Information），暗号化されたタイトル鍵などが記録される．レコーダが PC ホストのエンコーダモジュールである場合には，DVD ドライブとの間で PC システム用バス認証が行われて記録がなされる．

図 3-9 に，CPRM に準拠した DVD メディアの再生プロセスを示す．再生側では，デバイス鍵によりメディア鍵を求め，さらにメディア ID を用いてメディア固有鍵を算出し，以降，タイトル鍵を復号し，AV パックを処理してオーディオビデオを再生する．

〔6〕 SD メモリーカードのための CPRM 規格の詳細

SD メモリーカードの物理仕様およびアプリケーション仕様は，SD アソシエーション [12] で定められている．CPRM は同団体の定めるいくつかのアプリケーション仕様に採用されている．SD メモリーカードでは，1 枚のカードに 16 種類の MKB が記録され，16 種類のアプリケーションに対応可能である．また，拡張 MKB 技術により，あらかじめ記録された MKB に最新の MKB を組み合わせて使用することもできる．また，SD メモリーカードの特徴として，管理情報は保護領域に記録することができる．保護領域へのアクセスには認証が必要とされており，一定のセキュリティレベルを維持できる．この機能は，鍵情報，CCI，利用条件などの格納に利用される [13]．

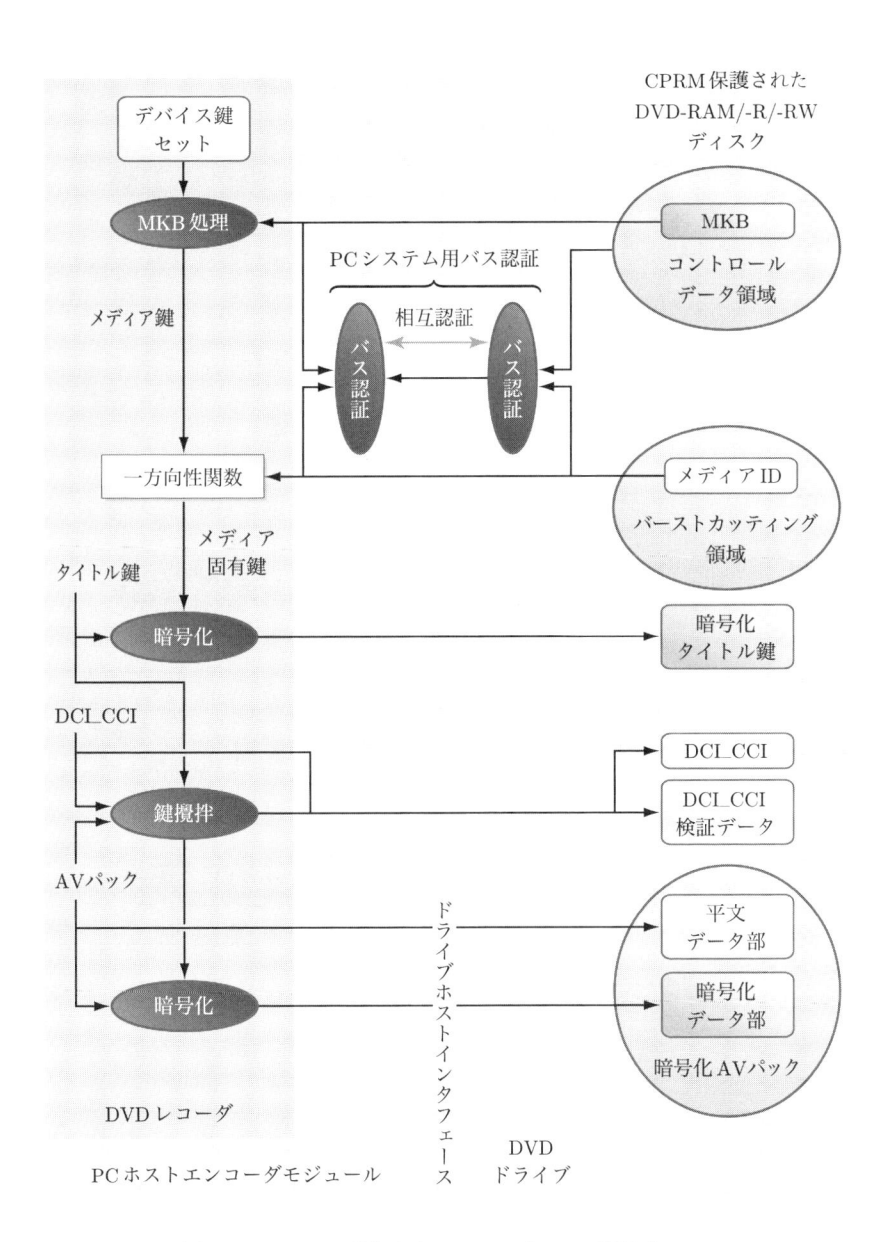

図 3-8　CPRM に準拠した DVD メディアの記録プロセス

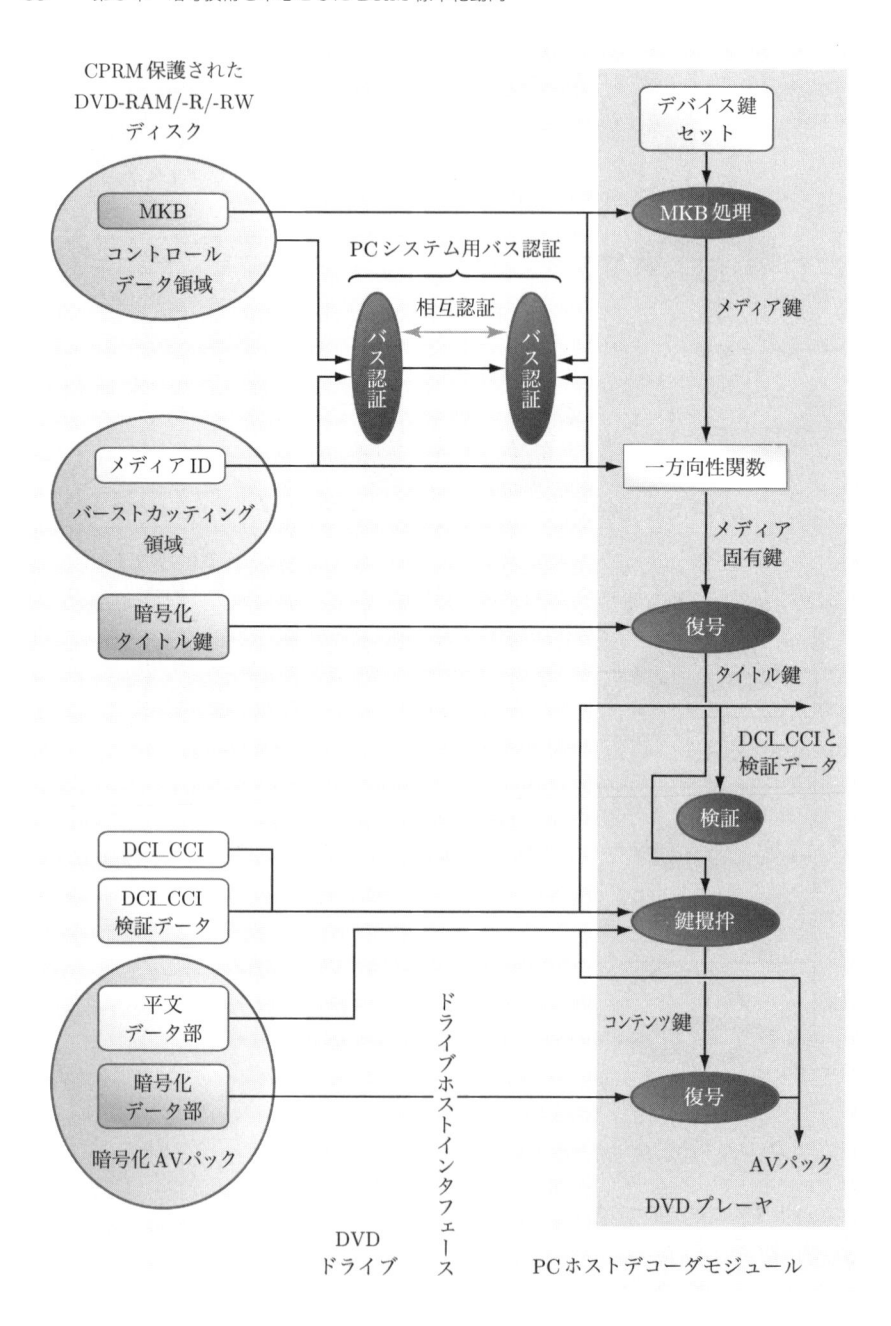

図 3-9 　CPRM に準拠した DVD メディアの再生プロセス

(1) SD メモリーカードにおける著作権保護の背景

　インターネットの発展と圧縮技術の進歩に従い，さまざまな音楽用コーデックによる音楽コンテンツの圧縮や配信，その利用が容易になった．これに伴い，インターネットを経由した不正な配布が問題となってきている．コンテンツ業界はこれに対抗して，法制度を利用した措置（業者や個人を相手どった訴訟，規制法案の強化を働きかけるロビー活動など），自主的な対抗策の検討（関連企業による業界団体の設立やそのもとでの技術仕様やルール作りなど，例えば，Secure Digital Music Initiative）などを行ってきている．SD メモリーカードにおけるコピープロテクション技術の適用は，上記の背景を鑑みて進められている．

(2) SD メモリーカードのアプリケーション仕様

　SD アソシエーションが策定している SD メモリーカードのアプリケーションには，SD-Audio，SD-Picture，SD-Voice，SD-pDocument，SD-Video，SD-PIM (Personal Information Manager)，SD-Image，SD-ePublish，SD-Sound，SD-Binding，SD-Map などがある．

(3) SD メモリーカードのアプリケーション仕様への CPRM の適用

　現在，CPRM は，SD-Audio（音楽用），SD-Video（ビデオ用），SD-ePublish（電子書籍），SD-Binding（サービス独自コンテンツ）などの仕様に適用されている．

(4) SD-Audio

　SD-Audio は，フォーマットとして AAC (Advanced Audio Coding) Audio，MPEG Layer3 Audio，WMA (Windows Media Audio) をサポートしている．また，管理機能としては，二次利用権利の払い出しと払い戻し (**Check-in/Check-out**)，ネットワークからのコンテンツダウンロード等でルール管理のある権利の移動 (**Move**)，CD リッピングやアナログ入力などのケースでルール管理のない権利の移動 (**Migrate**)，ネットワークからのコンテンツダウンロード等のケースでルール管理のあるプレビュー (**Preview**) などがある．

(5) SD-Binding

サービスごとに独自フォーマットが利用できる．ただし，下記のルールが設定されている．

① サービスごとに独自のルールを定義できる．ただし，SD アソシエーションだけではなく，4C Entity から承認を受ける必要がある．
② サービスをまたがってコンテンツを相互利用することはできない．
③ コンテンツはメディア ID だけではなく，付加的 ID にもバインドされる．付加的 ID は，サービスプロバイダが SD アソシエーションから割り当てを受ける 24 ビット部分を含む 56 ビットの ID である．サービス内容は SD アソシエーションに説明される必要がある．
④ Move と Copy 以外のコンテンツ管理はサービスごとに規定される．

(6) コンテンツ暗号化の仕組み

SD メモリーカード内の情報の論理構造は概略下記のとおりである．

① システム領域──メディア ID，MKB
② 秘匿領域（SD メモリーカードのチップ内からの読み出しのみ可能）──メディア固有鍵，乱数値
③ 保護領域（認証により SD メモリーカードのチップ外から読み書き可能）──暗号化タイトル鍵，暗号化 CCI，暗号化利用条件など
④ ユーザ領域──暗号化コンテンツ，拡張 MKB

記録時には，暗号化コンテンツ，暗号化利用条件，暗号化 CCI，暗号化タイトル鍵などが記録される．再生側では，デバイス鍵によりメディア鍵を求め，さらにメディア ID を用いてメディア固有鍵を算出し，以降，タイトル鍵を復号し，暗号化コンテンツを処理してコンテンツを再生する．保護領域に，暗号化タイトル鍵，暗号化利用条件，暗号化 CCI などを記録・再生するためには，定められた認証プロセスを経ることが必要となる．

〔7〕CPRM for Network Download

CPRM 技術を利用してネットワーク経由でコンテンツの保護された配信を行うことが可能である．

ユーザの手もとに CPRM メディアがあり，そのメディアに記録されている MKB やメディア ID に基づく関連情報がネットワーク経由でサーバに送られる．サーバは受信した情報を検証し，拡張 MKB の必要性を検証する．その結果，暗号化されたタイトル鍵，暗号化されたコンテンツ，必要ならば拡張 MKB 情報がクライアントメディアに送付される [14]．

3.3　DTCP/DTCP-IP

この節では，DTCP, DTCP-IP (Digital Transmission Content Protection, Mapping to IP) について解説する．

〔1〕DTCP とは

家庭へのコンテンツ流入の主な経路は，デジタル放送（BS，CS，地上），インターネット，パッケージメディア（DVD，SD メモリーカード）などである．流入したコンテンツが家庭内の情報家電機器などの上で妥当に利用される環境を作る活動の一つとして，デジタル伝送コンテンツ保護規格である DTCP（Digital Transmission Content Protection）[15] が策定された．規格の策定は，日立，インテル，松下電器，ソニー，東芝によって行われ，ライセンスは DTLA（Digital Transmission Licensing Administrator）[16] により行われてきた．

この規格は，現在，本体スペックである Volume 1 Revision 1.4 と，さまざまなインタフェースへの拡張としての Supplement，高度機密情報である Volume 2 から構成されている．Supplement に含まれるインタフェースは，現在のところ，USB，MOST，Bluetooth，IEEE1394 Similar Transports，IP である．本節では，上記のインターネットプロトコルに対応した DTCP 規格である DTCP-IP についても概要を整理する．

[2] DTCPのセキュリティ要件

(1) 伝送路上のコンテンツ保護

目的は，正当な機器以外でコンテンツを自由に伝送し合うことの防止である．平文データの保護と，送受信機器どうしが互いが正当な機器であることを認証できることとが重要であり，コンテンツデータの暗号化管理と機器間相互認証とを行うことで実現している．

(2) CCIの完全性確保

目的は，コンテンツ管理情報の書き換え防止で，例えば，コピー禁止コンテンツがコピー可として処理されることを防ぐものである．実現手段は，CCIを鍵計算に関係させることが主となる．

(3) システム更新性要件

不正な機器（クラックされた機器，不正な振る舞いをする機器など）を排除することが目的である．排除とは，正当な機器と不正な機器との間でのコンテンツの送受信を停止させることである．実現は，無効化リストCRLをその主要なデータとして各機器が持つシステム更新情報（SRM：System Renewability Message）の処理による．

(4) DTCPのシステム概念

図3-10はDTCPのシステム概念を示す．デジタルテレビ，DVDプレーヤ，コンピュータなど関連する機器はIEEE1394 Serial BUSによって接続され，その上でコンテンツのやりとりを行う．その際，コンテンツに付随するCCIに従った取り扱いが必要である．ライセンスを受けた正当な機器は，このケースではデバイス証明書を保有し，機器間相互認証に基づいて，相手機器の正当性を確認する．確認後，コンテンツ暗号化鍵を共有するための鍵交換が行われ，その鍵で暗号化されたコンテンツが送信機器から受信機器へ伝送されることになる．

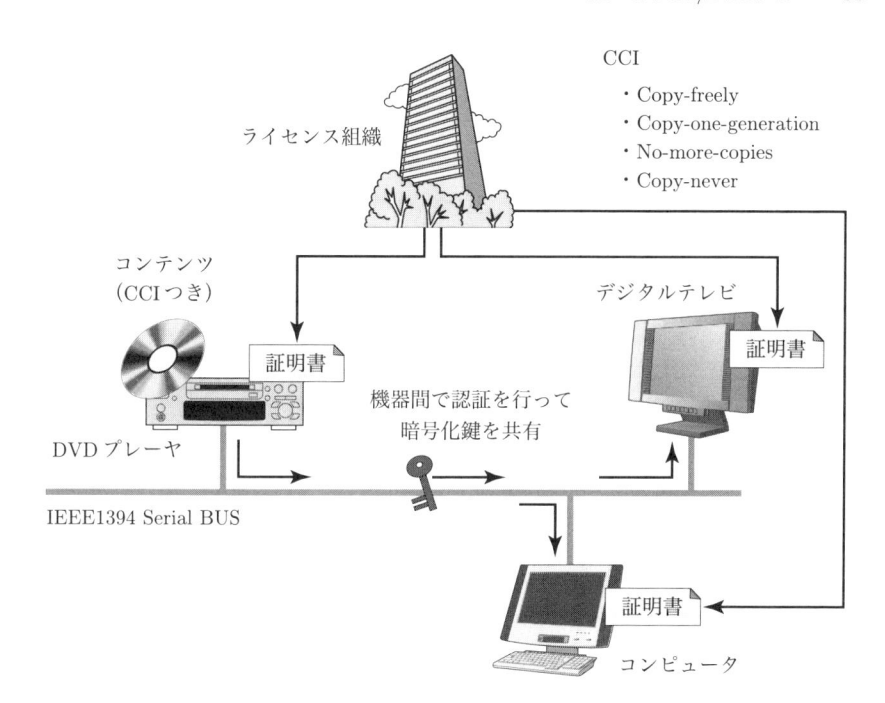

図 3-10 DTCP のシステム概念

〔3〕DTCP に用いられるセキュリティ技術

DTCP を構成する基本技術は，コンテンツ暗号化，認証および鍵交換，CCI の設定，更新性（不正機器の排除）である．DTCP の基本プロトコルを下記のとおりである．

- 受信機器から送信機器へコンテンツ要求
- 送信機器から受信機器へ CCI に依存した EMI（Encryption Mode Indicator：暗号化モード指標）を伝送
- 受信機器から送信機器へ認証要求
- 機器間認証と鍵交換
- 送信機器から受信機器へ暗号化コンテンツを伝送

(1) 暗号技術

コンテンツは送信機器によって暗号化された後,受信機器に伝送される.コンテンツ暗号化に用いられるベースライン暗号は M6 暗号の C-CBC (Converted Cipher Block Chaining) モードである.オプショナル暗号として,AES-128 暗号の CBC モードを利用できる.

(2) 認証と鍵交換技術

認証および鍵交換では,公開鍵暗号に基づく完全認証と共通鍵暗号に基づく制限認証が,コンテンツの CCI に応じて使い分けられている.

① 完全認証 (full authentication):公開鍵暗号ベース
- すべてのタイプのコンテンツをサポートする.
- 機器証明書,認証に用いるチャレンジ用乱数,暗号化鍵要素などは,すべて署名つきで交換する.
- DTLA から鍵と証明書が発行される.

② 制限認証 (restricted authentication):共通鍵暗号ベース
- Copy-one-generation と No-more-copies コンテンツのみをサポートする.Copy-never コンテンツを扱わない機器を対象とする.
- 共有の秘密情報を利用する.ただし,チャレンジ用乱数の交換により,認証ごとに異なった認証鍵を生成する.
- DTLA から機器ごとに,ある程度ユニークな秘密鍵とユニークな証明書が発行される.

完全認証のプロトコルを示す.

- 受信機器から送信機器へ,認証要求,チャレンジ用乱数と証明書を送信
- 送信機器は,証明書と無効化リストを検証
- 送信機器から受信機器へ,チャレンジ用乱数と証明書を送信
- 受信機器は,証明書と無効化リストを検証
- それぞれ,ECDH (楕円暗号による Diffie-Hellman) 鍵交換演算

- それぞれ，ECDSA（楕円暗号によるデジタル署名アルゴリズム）で署名送信
- それぞれ署名の検証
- それぞれ認証鍵を演算

なお，**拡張制限認証**と言われる認証がある．これは，完全認証をサポートしている機器が，制限認証プロトコルに加えて，相手機器の証明書の検証と**無効化リスト**（第1章を参照）のチェックを行う場合を指す．

(3) CCI の設定

CCI は四つの状態，すなわち Copy-freely（いわゆるコピーフリー），Copy-one-generation, No-more-copies, Copy-never を表す[7]．この情報はデータストリーム内に埋め込まれて伝送されるが，**EMI**（暗号化モード指標）によって安全かつ簡単にコンテンツのコピー保護の状態が指定される．

(4) 更新性要件

更新性は，個々の機器がクラックされ不正な振る舞いをした場合に，その不正機器をシステムから排除する仕組みである．すべての DTCP 搭載機器はユニークな ID を持っており（機器証明書に含まれる），その ID に従って機器が無効化される．完全認証と拡張制限認証のケースでは，無効化リストに載っている機器に対しては，鍵交換が行われない．新たな無効化リストを家庭内機器に配信する方法として，ケーブルテレビ網，デジタル放送網，新規購入機器，または新たに購入した DVD などを経由して新たな無効化リストを家庭内ネットワーク上に配信することが可能なメカニズムとされている．

〔4〕オーディオ伝送

オーディオデータ伝送に関するルールでは，DTCP を搭載するすべてのオーディオ機器が，取り扱うオーディオデータに関する CCI を理解し，正しく処理

---

[7] CCI の4状態とは，それぞれ，本文の順に，コピーフリー，コピーワンス，これ以上のコピー不可，コピーネバーを表している．

することが求められている．対象となるオーディオデータタイプは，IEC-60958，DVD-Audio，Super Audio CD とされている．

[5] DTCP 記述子

MPEG トランスポートストリーム上で，さまざまなコピー制御に関連する情報 (descriptor) を伝送する必要があり，設定された．DTCP_CCI は，DTCP 機器がコンテンツの CCI を簡単な処理で理解できるように定義された．EPN（Encryption Plus Non-assertion）は，コンテンツに適切な暗号化を施して保存すれば繰り返しコピーの制限はない状態を示し，Copy-freely のコンテンツにのみ有効で，伝送される場合，EMI は Copy-one-generation とされる．APS（Analog Protection System）は，標準映像出力に適用されるアナログ出力制御を行う．

Copy-never コンテンツに対しては一時蓄積モードが定義されている．一時蓄積がまだ行われていない場合，最低 90 分間（設定時間があればその時間内で）一時蓄積できる．一度，一時蓄積された場合，その後の一時蓄積は禁止される．

[6] DTCP で許容される記録機器

受信側機器は，記録デバイスや記録フォーマットが異なれば 1 世代コピーを同時に二つまで作成できる（例えば，同一機器内にある HDD と DVD-RAM など）．さらに，機器証明書をもう一つ持っていれば，さらにもう一つのコピーを作成できる（例えば HDD と DVD-RAM に加えて，SD メモリーカードなど）．

[7] DTCP-IP

家庭内 AV ネットワークにおける IP の利用は将来普及が見込まれるとともに，主流となるという観測もある．したがって IP に対応した DTCP 規格の策定が重要と判断されている．

IP が本来広がりのあるネットワークで利用されることを考慮して，DTCP-IP [17] では，暗号技術の強化を中心として DTCP 本体スペックが改善されて

いる．すなわち，ベースライン暗号[8]は AES-128 ビットとし，認証は公開鍵暗号に基づく完全認証だけを利用する．また，オーディオビデオデータの転送プロトコルは RTP（Real-time Transport Protocol）と HTTP（Hypertext Transfer Protocol）をサポートする．両プロトコルの上に，共通のパケットフォーマットである PCP（Protected Content Packet）を定義している．EMI は七つのモードに拡張（E-EMI）され，DTCP で定義されている No-more-copies コンテンツの Move 機能や Copy-freely コンテンツの EPN モードにも対応可能である．

DTCP-IP の特徴は，「無線インタフェース利用条件」と「コンテンツの宅外流出防止」とが追加されたことである．

前者については，無線インタフェース（IEEE802.11）の場合，WEP（Wired Equivalent Privacy）[9]もしくは DTLA が指定する後継のセキュリティ機能が働いていることの確認が必要としている．

後者については，まず，IP ヘッダの TTL（Time To Live）値[10]を制限することとしている．送信機器では，TTL 値を 3 以下に設定して送信する．また，受信機器は受信した IP データグラムの TTL 値が 3 以下であることを確認する．しかしこれだけでは不十分であって，コンテンツの宅内制限を実現するためにはより進んだ解決策が必要である．すなわち，コンテンツを DTCP で暗号化したまま遠隔地に転送する手段がほかに考えられることが問題である．DTCP 機器を使って複数人の間でコンテンツの送受信をすることは実際可能であり，特にインタフェースが IP の場合，VPN（Virtual Private Network）など既存の技術の上でカプセル化をすることができる．したがって，DTCP 送受信機器が，通信相手であり宅外においてある DTCP 送受信機器とコンテンツの送受信をできないようにするため，RTT（Round Trip Time：往復応答時間）計測という概念が検討されている．この検討はワークプラン [18] として関係組織間で合意されている．

検討の主な内容は，下記のとおりである．

---

[8]. DTCP-IP 準拠の機器で実装が必須とされている，オプションでない暗号技術．
[9]. WEP は無線ネットワーク上のデータを暗号化できるセキュリティプロトコルの一種である．
[10]. TTL 値は通過可能なルータの残り数を示す．ルータはデータを仲介するたびにこの値を減らす．

① 認証・鍵交換時に送信機器が受信機器との間のRTTを計測する．RTTの閾値は7ミリ秒とする．
② RTTの計測が成功した場合，すなわちRTTが7ミリ秒以下の場合にのみ送信機器は受信機器に鍵を送信することができる．
③ 送信機器はRTTの計測が成功した受信機器のIDを登録することができる．
④ 受信機器のIDが登録されている場合，送信機器は認証・鍵交換時にRTTを計測する必要はない．
⑤ ただし，送信機器は40時間分のコンテンツを転送した後，登録されている受信機器のIDを破棄しなければならない．
⑥ 送信機器は受信機器とのRTTの計測を行って閾値以下であった場合，受信機器のIDを再登録し，40時間のカウンタをリセットすることができる．

表3-1は，IEEE1394対応DTCPとDTCP-IPの主要スペックの比較表である．

表3-1 IEEE1394対応DTCPとDTCP-IPの主要スペック

項目	1394DTCP	DTCP-IP
ベースライン暗号	M6 C-CBCモード	AES CBCモード
認証方式の種類	完全，制限，拡張制限	完全認証のみ
認証鍵交換用コマンド	1394AV/C	TCP上に定義
コンテンツ転送方法	● 放送型 ● Point-To-Point型	● マルチキャスト（RTP） ● ユニキャスト（HTTP, RTP）
コンテンツ転送プロトコル	● 同期型 ● 非同期型	● RTP ● HTTP
DTCP専用ヘッダ	なし（IEEE1394ヘッダ中に定義）	あり

3.4　OMA DRM

　この節では，OMA（Open Mobile Alliance）[19]におけるデジタル権利保護技術規格の策定状況について概要を紹介する．

〔1〕OMAの概要

　OMAは，オペレータや端末，地域を超えた互換性のあるモバイルサービスの提供を可能にし，モバイルユーザにとって有益な技術仕様を策定することを目的としている．モバイル関連分野における世界中の主要企業が参加している．活動の特徴としては以下をあげることができる．

① 市場およびユーザからの要求に基づいたオープンかつ高品質なモバイルサービス関連仕様の策定
② ユーザにシームレスかつ互換性のあるアプリケーションやプラットフォームを提供するために，複数の互換性テストを包括したベストプラクティスおよび相互互換実験の実施
③ 技術フレームワークに関する業界共通のアーキテクチャフレームワークの作成と推進
④ 独占技術によらない，オープンで世界標準のプロトコルやインタフェースに基づいた製品やサービスを提供
⑤ アプリケーション層はベアラー（GSM [11]，CDMA [12]など）に非依存
⑥ オペレーティングシステムから独立したアーキテクチャフレームワークとサービスイネーブラ
⑦ 外部標準化団体との連携

---

[11]. GSM (Global System for Mobile communications) は，デジタル携帯電話に使われている無線通信方式の一つである．ヨーロッパやアジアを中心に100か国以上で利用されている．
[12]. CDMA (Code Division Multiple Access) は，符号分割多重接続という技術による，デジタル携帯電話に使われている無線通信方式の一つである．

[2] OMA DRM のスコープ

二つの OMA DRM 仕様が存在する．V1.0 は，コンテンツダウンロードプロトコルを拡張する形で規定されている．主として，着メロ，壁紙，Java アプリなどの低価格コンテンツがターゲットである．V2.0 は，より高価なコンテンツ，例えば，音楽，動画などを取り扱えるように機能拡張し，よりセキュアなコンテンツ配信仕様を規定している．これらにおいては，ダウンロードフロー仕様と DRM に関する仕様群が規定されている．仕様群には，著作権保護の枠組み，暗号化コンテンツの形式，利用権利記述の記述方式などが含まれる．

[3] OMA DRM V1.0

V1.0 [20] においては，コンテンツのダウンロード形式として3種類が規定されている．

(1) 外部出力禁止型ダウンロード

Forward-Lock（必須）．著作権保護を必要とするコンテンツで，暗号化されていないメディアや利用権利情報のないオブジェクトに関して，外部への出力をロックする方法である．コンテンツ部分は生データであり，暗号化されていない．

(2) コンテンツと利用権利記述のパッケージ型ダウンロード

Combined Delivery（オプション）．著作権保護を必要とするコンテンツにその利用権利記述をパッケージ化して一緒にダウンロードする方法である．コンテンツ部分は生データであり，暗号化されていない．

(3) コンテンツと利用権利記述の分離型ダウンロード

Separate Delivery（オプション）．著作権保護を必要とするコンテンツで，利用権利記述とコンテンツを分離して配布する方法である．この場合コンテンツは暗号化され，利用権利記述内に復号のための鍵が含まれる．利用権利記述はサーバからプッシュ型で配信される．利用権利記述は暗号化されていない．

(4) 超流通型ダウンロード（OMA DRM V2.0から本格対応）

Super-Distribution. 一種のコンテンツと利用権利記述の分離型ダウンロードであるが，暗号化オブジェクトは自由に配布することが可能であり，流通した先の端末から自由に利用権利記述を取得できるものである．

〔4〕 OMA DRM V2.0

V2.0 [21] は，プレミアムコンテンツ（音楽，動画，ゲーム，アプリケーション）を対象に規格化された．主なポイントについて述べる．

(1) コンテンツと利用権利記述の分離型ダウンロード

Separate Delivery. 暗号化コンテンツは端末から端末へコピーが可能である．超流通の本格的利用に伴い，問題点の明確化がなされている．利用権利記述の自動取得（silent rights retrieval），プレビューのあり方やDRMコンテンツフォーマット（DCF：DRM Contents Format，128ビット鍵AES暗号化されたコンテンツ）の完全性，セキュリティの維持などである．

(2) 利用権利記述のダウンロードと管理

利用権利記述を取得しようとする端末はPKI（第1章を参照）により認証を行う．利用権利記述のダウンロードは，ROAP（Rights Object Acquisition Protocol）により行われる．ROAPは権利配布サーバから端末へ利用権利記述を配信するための専用のセキュリティプロトコルである．利用権利記述は端末の公開鍵（1,024ビット鍵RSA）で暗号化されており，端末において秘密鍵で復号される．端末へ配信された利用権利記述は，端末にバインドされる．

(3) ストリーミング

モバイル向け動画配信のため，3GPP（3rd Generation Partnership Project）[13] と3GPPのマルチメディアファイルをサポートしている．また，3GPP PSS（Packet switched Streaming Service）もサポートしている．これは，RTSP（Real Time

---

[13] 第3世代移動体通信システムを標準化するプロジェクト，および策定された標準規格をいう．

Streaming Protocol），SDP（Session Description Protocol）を含む．

(4) エクスポート／バックアップ

暗号化されているコンテンツや利用権利記述は，利用権利記述の内容に依存して，SD メモリーカードなど他の DRM 機構へのエクスポートが可能とされている．また，端末外への記憶媒体へのバックアップも可能であるが，利用権利記述に回数制限などが含まれている場合は不可である．

(5) グループ利用

端末に受信した利用権利記述を利用してローカルに接続した機器でのコンテンツ利用を制限している．

〔5〕OMA-REL について

OMA-REL（Rights Expression Language）は，ODRL（Open Digital Rights Language）をもとに，制定された権利言語である．ODRL そのものは XML で定義された言語で，その仕様は，ODRL 表現言語（ODRL expression language）と呼ばれる，権利，許諾，制限，といった抽象的な概念を用いた，権利言語そのものの体系と，ODRL データ辞書と呼ばれる，"play" などの具体的な辞書項目の二つの部分からなる．OMA-REL は，ODRL の携帯電話用のプロファイルとして定義され，ODRL 表現言語のうち，rights, asset, permission party, constraint という要素だけを使用する．また，ODRL データ辞書を携帯用に拡張している．非常に簡素な要素だけを使用しているので，他の権利言語（例えば，MPEG-REL）への翻訳も簡単であるということが主張されている．

3.5 今後の展望

この節では，暗号技術を中心とした DRM の今後の展望について述べる．経済産業省産業構造審議会での議論においては，現在の情報通信環境を「IT 化第 2 ステージ」と表現している．これは，「第 1 ステージ」がコンピュータ中心だったの

に対して，現在，携帯電話やデジタルテレビ，DVD 機器など，ネットワーク参画型の機器が隆盛を迎えていることに対応している．今後もこのような動きは止まらないと考えられる．従来，暗号技術を中心とした DRM では，コンテンツを守るために「伝送路をセキュアにする，すなわち，伝送路にセキュリティの丈夫なパイプをかぶせてその中にコンテンツを通す」という考え方が中心だったとも言えよう．そして，特定の伝送路，機器の仕様やビジネスに大きく依存した DRM が次々と開発されてきた．しかし，伝送路や伝送路上に存在する機器のバリエーションが増大するにつれて DRM の数が増え，それらの間の連携問題がねずみ算式に増えていくことも考えられる．この点から，伝送路を守る考え方はあまり得策ではないという見方も可能である．今後は少し視点を変えて，コンテンツが自ら身を守る，コンテンツ自身が利用しようとする人や機器や環境を検証して，問題なければ利用させる，という考え方が発展すべきであると考える．いわば，受動的コンテンツから能動的コンテンツへの発展である．そのような新しい仕組みを実現する際に，新規の技術開発が必要であるが，従来の技術がまったく無力であるとも言えない．このような新規の世界を具体的に描き，今までの技術をさらに磨くとともに，要となる新規技術開発を促進する必要が感じられる．

参考文献

[1] AACS Licensing Administrator (http://www.aacsla.com/).

[2] Advanced Access Content System (AACS), Introduction and Common Cryptographic Elements (http://www.aacsla.com/specifications/AACS_Spec_Common_0.90.pdf).

[3] Advanced Access Content System (AACS), Pre-recorded Video Book (http://www.aacsla.com/specifications/AACS_Spec_Prerecorded_0.90.pdf).

[4] Advanced Access Content System (AACS), Recordable Video Book (http://www.aacsla.com/specifications/AACS_Spec_Recordable_0.90.pdf).

[5] 4C Entity (http://www.4centity.com/).

[6] CPPM Specification, Introduction and Common Cryptographic Elements, Re-

vision 1.0 (http://www.4centity.com/docs/versions.html).

[7] CPRM Specification, Introduction and Common Cryptographic Elements, Revision 1.0 (http://www.4centity.com/docs/versions.html).

[8] CPPM Specification, DVD Book, Revision 0.93 (http://www.4centity.com/docs/versions.html).

[9] DVD Copy Control Association, Content Scramble System (http://www.dvdcca.org/css/).

[10] 4C 12 BIT Watermark Specification (http://www.4centity.com/docs/versions.html).

[11] CPRM Specification, DVD Book, Revision 0.96 (http://www.4centity.com/docs/versions.html).

[12] SD Card Association (http://www.sdcard.org/).

[13] CPRM Specification, SD Memory Card Book, Common Part, Revision 0.96 (http://www.4centity.com/docs/versions.html).

[14] CPRM Specification, Network Download Book, Revision 0.90 (http://www.4centity.com/licensing/adopter/CPRM-Download-0.90.pdf).

[15] 5C Digital Transmission Content Protection White Paper, Revision 1.0 (http://www.dtcp.com/data/wp_spec.pdf).

[16] Digital Transmission Licensing Administrator (http://www.dtcp.com/).

[17] DTCP Volume 1 Supplement E Mapping DTCP to IP (Informational Version), Revision 1.1 (http://www.dtcp.com/).

[18] Work plan for Localizing Transmissions (http://www.dtcp.com/).

[19] Open Mobile Alliance (http://www.openmobilealliance.org/).

[20] OMA Digital Rights Management V1.0 (http://www.openmobilealliance.org/release_program/drm_v1_0.html).

[21] OMA Digital Rights Management V2.0 (http://www.openmobilealliance.org/release_program/drm_v2_0.html).

(遠藤 直樹)

第4章

メタデータ活用を中心とした DRM 標準化

　この章では，メタデータ活用を中心とした DRM 標準化の動向について述べる．ここで取り上げる標準化の特徴は，相互運用性を重要視した接近法ということである．相互運用性のために，権利に関するさまざまな情報を「メタデータ」として用いる．メタデータは一般にデータのためのデータとされ，コンテンツ等の特徴などを記述したデータを言う．著作権管理においては，あるコンテンツの使用方法や権利などについて記述された標準的な形式を言う．この章では，メタデータを用いた権利保護の標準化として MPEG，TV-Anytime フォーラム，DLNA，コーラルコンソーシアムを取り上げる．

4.1　MPEG-REL

　この節では，MPEG-21 の権利管理の標準化に関し，特にその権利記述言語である MPEG-REL（MPEG-Rights Expression Languages）を説明する．
　映像圧縮でよく知られている MPEG（Moving Picture coding Experts Group）

は，映像圧縮の標準化の後，マルチメディアコンテンツを利用するための枠組みの策定に取り掛かった．MPEG-7 として，マルチメディアコンテンツを記述するメタデータ仕様の策定を行い，2003 年までに ISO としての標準化を固めた．これは，それまでの映像圧縮に関する標準とはまったく異なり，コンテンツの内容について細かく記述することにより，コンテンツの検索・管理などを可能とする仕様である．それに続いて，ユーザの視点に立ってマルチメディアコンテンツの制作から消費に至るまでのマルチメディアコンテンツ流通の全体像を提案するために，MPEG-21 の仕様策定に取り掛かった．MPEG-21 では，特に，デジタルコンテンツのパッケージとしての記述方法および識別方法，コンテンツを流通させ，使用するための，著作権管理に用いる権利言語およびその辞書などを中心に規格化が進められた．

〔1〕**コンテンツの価値連鎖**

　コンテンツは，演奏家，制作者，出版社などさまざまな行程を通って，実際にコンテンツを楽しむ消費者のもとに届く．その行程には，企画，制作，調達，収集，販売などさまざまな機能が関与し，それぞれの機能が，コンテンツを消費者に届け楽しんでもらうという目的のために価値を付加していると言える．このような消費者まで至る行程の連鎖を，コンテンツの**価値連鎖**（バリューチェーン：value-chain）と呼ぶ．

　コンテンツ価値連鎖の各段階では，さまざまな権利の譲渡や利用許諾が行われる．どのような権利に関し，どのような条件のもとで利用許諾が与えられたり譲渡されるのかを記述する表現方法は，従来，音楽，映像，出版など業界ごとに，また，制作，流通，消費などの価値連鎖の過程ごとに異なっていた．MPEG-21-REL は，この権利表現を統一し，価値連鎖の上流から下流まで全業界共通の一貫した権利管理の実現を目指す．この仕様により，コンテンツを作成したときにコンテンツ制作者とコンテンツ配信者間の電子契約で利用される（いわゆる B2B の）権利記述と，そのコンテンツを流通させるときにコンテンツ配信者と利用者の間で交わされる権利保護・許諾を目的とした（いわゆる B2C の）権利記述を共通化で

きるようになる．また，コンテンツに標準的な著作権記述がつけられていれば，流通ルート上のどの段階からでもDRMを自由に切り替えたり，再利用許諾先を特定したりすることも可能となる．

この目的のために，MPEG-RELに対して，以下のような要求条件が課せられていた．

① 一般的に権利の許諾条件表現は，コンテンツ価値連鎖において下流になるほど，より複雑な記述が要求される．MPEG-RELは価値連鎖上の各段階で記述可能でなければならない．そのために，単純な権利から複雑な権利まで，広い範囲の権利記述を可能にし，また段階的に複雑化できること．
② メディア種別やアプリケーションに依存せず，すべてのコンテンツに共通して利用できること．
③ 価値連鎖上のどの参加者にも正確に表現内容が伝わるよう，一意的に解釈される，曖昧性のない表現ができること．

これらの要求条件は，全米レコード協会(RIAA)，世界レコード産業協会(IFPI)，全米映画協会（MPAA）といった世界の著作権管理団体，およびディズニーやユニバーサルミュージックといった世界のコンテンツ所有者が，策定時から積極的に関与して決定されたものである．

これらの要求条件にかなうものとして採用されたのが，コンテントガードが提案したXrML（eXtensible rights Markup Language）である．XrMLは，ゼロックスのパロアルト研究所（PARC：Palo Alto Research Center）で開発され，ゼロックスから子会社として分離したコンテントガードが，基本特許を持っている．XrMLは，その名前からもわかるように，XMLを用いた言語である．

〔2〕 MPEG-RELの基本構造

MPEG-RELは，XMLで記述される権利言語である．その言語仕様は，MPEG-21が想定するさまざま利用シナリオに対応するため，汎用的な核になる汎用的な権利記述部分，標準的なコンテンツ利用を想定した言語部分，さらに，例えば放

送，携帯電話など特定の利用シナリオに対応する拡張言語部分に分かれた定義になっている．MPEG-21 では，特に標準的な語彙や構文を定義しているが，当然さまざまな利用に向けて拡張可能である．

MPEG-REL の基本となるのは，ライセンス（license）である．ライセンスそれ自身は，許諾（グラント：grant）を格納する入れ物の働きをする．ライセンスは，誰が何に関してどういった行為をどのような条件のもとで許諾しているのかを記述する．その際，複数の許諾を記述することが可能である（図 4-1）．

許諾には，当事者（principal），権利（right），資源（resource），条件（condition）という四つの構成要素がある．

① 当事者（principal）──許諾が与えられている当事者を指定する．この要素が指定されていないと，ライセンスに記述された権利はすべての当事者に与えられることになる．典型的には，コンテンツ所有者によって，コンテンツ消費を特定の人あるいは機器に制限するために用いられる．

② 権利（right）──当事者が当該資源に対して行うことを許された行為を指定する．もし権利が指定されていなければ，当事者は何も行う権利がない（ライセンスには，必ず一つ必要な要素）．

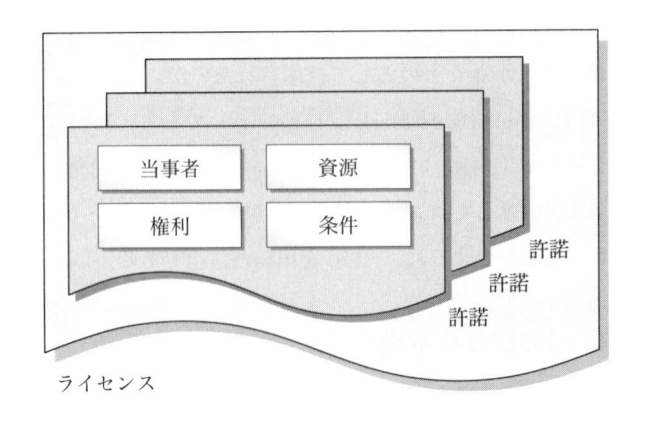

図 4-1 ライセンスの構成

③ 資源（resource）——当事者が当該権利を付与された対象となる「資源」を指定する．資源は，デジタルコンテンツ（eBook，音声，画像，映像）サービス（電子メールや B2B 取引），当事者の情報（名前，住所等）などを指す．何も指定しないと，すべてのリソースに対して当該権利が許諾される．
④ 条件（condition）——許諾された権利を行使する際の条件，義務（許諾されている期間や方法など）を指定する．条件指定がないと，無条件に権利が行使可能ということになる．

MPEG-REL は，MPEG-21 の他の多くの仕様と同様に，XML を用いて記述される．

図 4-2 にその MPEG-REL のライセンスの例をあげる．

この文書は，「当事者（User）は，2006 年 11 月 15 日午前 4:00:00 から 24 時間コンテンツ（digitalWork）を視聴することができる」という許諾を与えるライセンスである．

このライセンスは，1 個の許諾から成り立っている．ライセンスやグラントは，<license> と <grant> という要素で明示的に記述されているが，<principal>，

```
<r:license>
  <r:grant>
    <r:keyHolder licensePartIdRef="User"/>
    <mx:play/>
    <mx:digitalWork/>
    <r:validityInterval>
      <r:notBefore>2006-11-15T04:00:00</notBefore>
      <r:notAfter>2006-11-16T04:00:00</notAfter>
    </r:validityInterval>
  </r:grant>
  <r:issuer/>
</r:license>
```

図 4-2　MPEG-REL の例

<right>，<condition> といった要素が存在しないことに注意が必要である．ちょうど自然言語でも文の主語に <主語> という印をつける必要がないのと同様に，MPEG-REL でも，権利言語の文法を利用してこれらの概念を記述しているからである．

このライセンスの主体は，<r:keyHolder licensePartIdRef="User"/> という要素によって示されている．許諾されている権利は <mx:play/> である．許諾対象となっているコンテンツは，<mx:digitalWork/> という資源要素で示されている．ここでは簡単のために digitalWork という簡単な形で記述したが，コンテンツのあり場所を示す URL や，その他の識別子を用いて，対象コンテンツを詳しく規定することもできる．<r:validityInterval> という要素は，条件を表している．この例では，<mx:play/> という権利を制限する条件として，有効期間を明示している．具体的な時間表現は，<r:notBefore> 要素と <r:notAfter> 要素で表現されている．MPEG-REL では，条件は基本的に肯定条件であり，<mx:play/> 権利が肯定的に許諾される条件を示している．この例では，11 月 15 日午前 4:00:00 から 11 月 16 日午前 4:00:00 までと，具体的に時間を指定している．

<r:issuer/> 要素で，このライセンスの発行者を明示できる．これもコンテンツと同じく，識別情報を用いて明確にすることが可能である．

この例は，ライセンスの中にグラントが一つという簡単な例であるが，複数のグラントを記述したり，ライセンスをグループ化して複数のライセンスをまとめて発行するなどの方法で，複雑な権利許諾情報を表現することが可能になる．

このように，MPEG-REL は XML を用いた，文法的に明確な定義を持つ言語であり，条件の指定の仕方次第で，かなり複雑な権利情報を記述することが可能である．

4.2　TV-Anytime RMPI

　この節では，大容量蓄積装置を持った放送受信機に関する標準規格であるTV-Anytimeフォーラムにおける権利管理の仕様について述べる．

〔1〕　TV-Anytimeフォーラムとは

　TV-Anytimeフォーラムは，EBU（European Broadcasting Union：欧州放送連合），BBC，フィリップス，マイクロソフト，ディズニーなどが中心となって構成された，通信（インターネット）連携と蓄積装置を持ったテレビ受信機，いわゆるPDR（Personal Digital Recorder：個人用デジタル録画機）[1]に向けた新しいテレビ放送サービスのための標準化を行っている国際的業界団体である．1999年9月に活動を開始し，放送と通信におけるマルチメディアコンテンツの相互流通システムを目標に標準化を行ってきた．その標準仕様には，蓄積システムだけでなく，コンテンツ制作から伝送・流通ネットワーク，統合受信端末（いわゆる情報家電）までを含む包括的なモデルの提案が含まれている．「いつでも，どこでも（anytime anywhere）」視聴可能な，放送と通信を連携し蓄積を利用した総合的なコンテンツ流通標準を標榜している．

　TV-Anytimeフォーラムの仕様は，2005年以降，ヨーロッパのデジタル放送の技術仕様として，ETSI（European Telecommunications Standards Institute：欧州通信標準化機構）から発表されている．また，日本では，電波産業会（ARIB）の「サーバー型放送方式」の仕様の主要な部分として採用されている．TV-Anytime仕様がサポートしようとしているサービスについては，第2章を参照されたい．

　TV-Anytime仕様の重要な部分を大きく分けると，メタデータ（metadata）仕様，コンテンツ参照（content referencing）仕様，RMP仕様の三つになる．

　メタデータ仕様は，TV-Anytimeサービスにかかわるさまざまなメタデータに関

---

[1] DVR（Digital Video Recorder：デジタルビデオ録画機），HDR（Hard Disk Recorder：ハードディスク録画機）などとも呼ばれる．ハードディスクのような大容量の蓄積機器を備えた受信機のこと．

して，そのデータ形式，意味，伝送方法などを規格化したものである．TV-Anytime メタデータは，大きく分けると，番組に関するメタデータ (Program Description)，視聴者に関するメタデータ (User Description)，権利記述に関するメタデータ (Rights Description) に分かれる．ただし，最後の権利記述は DRM そのものに使用されるのではなく，TV-Anytime サービスを検出するために必要な権利情報を記述したものである．TV-Anytime メタデータの表現形式には XML を用いており，MPEG-7 からの影響が大きい．

　もう一つの仕様であるコンテンツ参照仕様は，コンテンツの所在とそれを指し示す識別子に関する仕様で，インターネットで使われている URL や DNS と似た仕組みを放送にも使うという仕様である．

　TV-Anytime 仕様の今一つの柱である RMP 仕様について，次項で述べる．

〔2〕 TV-Anytime における権利管理

　一般の放送にとどまらず，PDR のような蓄積視聴や，インターネットやさまざまなメディアとの連携をサービスモデルとする TV-Anytime にとって，権利の問題は特に重要な，避けて通ることのできない課題である．いかに権利を明確にし，権利を保護し，必要に応じてコンテンツ利用を制限するなどして権利が踏みにじられることがないようにするか，ということを可能にするような DRM に当たる仕組みを，TV-Anytime では RMP (Rights Management and Protection：権利管理保護) 機構と呼ぶ．そして，その守るべき権利が何なのか，視聴者は当該コンテンツに関して何をする権利があり，何に関しては許諾を受けていないのか，というようなことに関する情報を RMPI (Rights Management and Protection Information：RMP 情報) と呼んでいる．これは，一種のメタデータと言ってよいが，コンテンツを検出するためだけではなく，RMP 機構の制御にも使うことが可能である．

　コンテンツ業界には，独自の方法でコンテンツを保護・制御したいと考えているコンテンツ配給業者やサービス供給者は多い．しかし，TV-Anytime は，同一の枠組みで異なったモデルの使用を可能にするために，RMPI を含む RMP 機構と暗号システムに共通した相互運用性が重要かつ必要であると考えている．

[3] RMPIに関係する要件

これらのコンテンツに付随した権利を記述し保護するために，TV-Anytime は，RMPI および RMP が全体として以下のような要求条件を満たすべきだとした．

- コンテンツ所有者情報と利用規則を提供すること
- コンテンツ，権利情報，およびその利用規則を完全な形で，永続的に保護すること
- これらの利用規則を永続的に行使すること
- 適切な法規則などに従った視聴者の利用権（例えば，不適切な料金を課せられない）を守ること
- 適切な法規則などに従った視聴者の基本的法律上の権利（個人利用の範囲での複製権，個人情報（プライバシー）の保護など）を守ること

さらに，RMPI は，RMP と連動して柔軟なコンテンツ利用に関してのさまざまな課金方法（global micro-payments system，e マネー，クレジットカードなど）や値段が設定可能であることが求められる．これらのことを可能にするために，RMPI には少なくとも下の例にあるような権利許諾に関係した情報を含む必要がある．

- コンテンツ識別情報
- 著作権保持者
- 著作権保持者によって主張される妥当な権利
- コンテンツの利用の際に提示される条件
- 使用されているセキュリティ技術に関する情報

さらに，RMPI には，コンテンツ利用の際の権利を視聴者が正確に知ることができるよう，TV-Anytime システムが曖昧性なく解釈可能ないくつかの基本的なメッセージで表現できることが要求されている．このことは，RMPI が単なる情報の羅列ではなく，正確で厳密な記述法と明確な意味を備えた体系的情報，つまり一種の権利言語であることを意味する．また，その際，コンテンツ参照やメタ

データなど TV-Anytime の他の技術要素と整合性のとれたものであることも要求される．RMP システム全体は，コンテンツと RMPI の両方の恒久的で安全な管理のためにセキュリティツールをサポートすることが求められている．

〔4〕RMPI の具体例

このような要求に応えるものとして，2005 年 6 月に，TV-Anytime フォーラムは RMPI を仕様化した．現在，仕様化されたのは，RMPI のうち特にマイクロ－基本（micro-basic）というプロファイルで，一番単純なサービスを想定している．この仕様は，現在 ETSI TS 102 822-5-1 として欧州の標準技術仕様規格となっている．

TV-Anytime RMPI の重要な概念は「領域（domain）」というもので，これは保護されたコンテンツの受け渡しをサービス事業者によって許諾された機器の集合を指す．RMPI の権利は常に明示的に表明され，暗示的に示唆されるということはない．個人に対してではなく，RMP システムに対して権利が許諾される．権利を行使する際に，権利と一緒に表明された条件が成立しているかどうかを確認する．これらの条件が満たされなければ，権利は行使できない．また，RMP では，コンテンツそのものではなく，コンテンツの使用を管理することに重点を置く．それゆえに，コピーという概念は存在しない．なぜなら，そもそもコンテンツ利用は許諾された視聴者のみが RMPI で表現された条件のもとで同一ドメイン内でコンテンツに自由にアクセスできるものなので，ドメイン内のコピーは基本的に意味をなさない．その代わりに，ドメインの外でコンテンツを使用するためのエクスポートという権利が定義されている．

以下に RMPI で定義されている許諾可能な権利の例をあげる．

- Play（再生）——— TVA-RMP ドメイン内でコンテンツを直接認識可能な方法で表示する権利
- Analogue Export（アナログエクスポート）——— 視聴可能な仕方でコンテンツをアナログシグナルとして（TVA-RMP ドメイン外へ）出力する権利（例えば，S-Video 端子を使ってビデオレコーダやテレビにコンテンツを送る）

- Digital Export Standard Definition（SD）——コンテンツを標準解像度（SD）のデジタルシグナルとして（TVA-RMP ドメイン外へ）出力する権利
- Digital Export High Definition（HD）——コンテンツを高解像度（HD）のデジタルシグナルとして（TVA-RMP ドメイン外へ）出力する権利

これらの権利は，地域や時間といった条件に関する記述とともに，コンテンツの使用許諾に関する管理に用いられる．TV-Anytime フォーラムでは，この RMPI をコンテンツに結び付けたり送信したりするためのバイナリ符号化の方法を定義している．また，メタデータとともに権利を人間にも理解できるように送るために，XML データとして表現する仕様も規定している．

4.3　DLNA

ここでは，DLNA について概観する．

〔1〕DLNA とは

DLNA（Digital Living Network Alliance：デジタル生活ネットワーク連合）は，2003 年 6 月にヒューレット・パッカード，インテル，マイクロソフト，ノキア，松下電器，フィリップス，サムスン電子，ソニーなど 17 社により設立された DHWG（Digital Home Working Group：デジタル家庭ワーキンググループ）が，2004 年 6 月に改名した標準化団体である．「音楽，写真，動画といったデジタルコンテンツが家電，PC，モバイル機器間でシームレスに共用される，相互運用性の高い家庭内外のネットワーク（有線・無線を問わずに）の世界の実現」を目的に，2006 年 3 月現在，約 280 社が参加している．

〔2〕DLNA のアプローチ

DLNA は，複数の会社の製品が存在する家庭内でのホームネットワークのための規格を目指している．そのために，家電機器のみならず，PC やモバイル製品な

どの間でネットワーク相互接続を可能にし，家庭内の音楽ファイル，デジタル画像，ビデオクリップなど，さまざまなデジタルコンテンツを家庭内の機器間で共有するための，共通フォーマットとプロトコル規格の策定を推進することを目的としている．製造会社が異なる機器間での相互接続性を確保するために，既存の公開された業界標準規格をもとに設計ガイドラインを開発し，新しいプロトコルの開発は行わない方針である．

　製品がDLNA設計ガイドラインに準拠すること，およびDLNA認証試験の要件を満たすことを検証するDLNA適合検証を実施することにより，市場での信頼性を確保し，安定したマーケットの拡大を目指している．DLNAロゴ認証プログラムが2005年9月に発足し，世界各国で3か月に一度接続テストイベントが実施され，2006年3月現在で約30台ほどの機器が正式なDLNA認定機器とされている．

〔3〕DLNA準拠の内容

　DLNAは，ホームネットワーク機器相互運用ガイドライン第1.0版（Home Network Device Interoperability Guidelines v1.0）という形で，運用・開発ガイドラインを公にした．2006年3月には，ホームネットワーク機器相互運用拡張ガイドライン（Home Networked Device Interoperability Extended Guidelines）が発表された．

　ガイドライン1.0で規定されているDLNAの基本要求シナリオは，以下のものである．

- テレビのリモコンを使ってDMS（Digital Media Server：デジタルメディアサーバ）に蓄積されているビデオコンテンツを選び，テレビで見る．
- ステレオのリモコンを使ってPCに蓄積されている曲を選択し，ステレオで再生する．

これらのユースケースを分析し，技術的要求を洗い出した結果，アーキテクチャのフレームワークとして，ネットワークアーキテクチャとDLNA機器クラスを定義している．

(1) ネットワークアーキテクチャ

これは，コンテンツ共有のための必須プロトコル群であり，5階層で定義される．

① メディアフォーマット（Media Format）――相互接続性と機器共生のためのコンテンツフォーマットの定義

② メディア伝送（Media Transport）――コンテンツの伝送と再生制御方法の定義

③ メディア管理（Media Management）――コンテンツの検索と選択，管理方法の定義

④ 機器検出・制御（Device Discovery & Control）――ネットワーク上の機器検出と制御方法の定義

⑤ ネットワーク接続（Networking & Connectivity）――機器間の物理的な接続手段と基本的な TCP/IP プロトコル群の定義

ネットワークアーキテクチャ各層のプロトコルや仕様として現在広く利用されており，コスト面でも優位性が高く，各種のネットワーク上でアプリケーションの利用が可能なものであるという観点から，次のような技術とフォーマットを採用している（表4-1）．

① メディアフォーマット――画像の必須フォーマットとして JPEG が指定されている．また，オプションとして GIF, TIFF, PNG というフォーマットが規定されている．音声では LPCM（Linear Pulse-Code Modulation：線形パルス符号変調方式）が必須になり，MP3, WMA9, AC-3（Audio Code number 3：音声符号3），AAC, ATRAC3plus がオプションである．ビデオでは MPEG-2 が必須で，AVC（MPEG-4）がオプションである．しかし，携帯機器用には AVC が必須となっている．

② メディア伝送――HTTP 1.0/1.1 が必須プロトコルとなっている．

③ メディア管理――UPnP AV 1.0 が必須である．

④ 機器検出・制御――UPnP デバイスアーキテクチャ 1.0 が必須である．

⑤ ネットワーク接続――IPv4 群が必須となっている．有線では 802.3i,

表4-1 DLNAで採用した技術とフォーマット

階層	必須	オプション
メディアフォーマット	画像：JPEG 音声：LPCM ビデオ：MPEG-2	画像：GIF，TIFF，PNG 音声：MP3, WMA9, AC-3, AAC, ATRAC3plus ビデオ：MPEG-1, MPEG-4, WMV9
メディア伝送	HTTP 1.0/1.1	
メディア管理	UPnP AV 1.0	
機器検出・制御	UPnP デバイスアーキテクチャ 1.0	
ネットワーク接続	IPv4 プロトコル群 有線：802.3i，802.3u 無線：802.11a/b/g	無線：Bluetooth

802.3u，無線では802.11a/b/gが必須である．

2006年3月に発表されたホームネットワーク機器相互運用拡張ガイドラインでは，携帯移動機器，プリンタ，新たなオプションの伝送方法や，フォーマットなどを含むように拡張がなされ，多くの製品や機能を提供することで消費者の選択の幅を広げる方策がとられている．

この拡張で，基本的な利用シナリオに加えて次のようなサービスが提供可能になった．

- デジタルカメラから，PCあるいはテレビで視聴するために画像をアップロードする．
- 携帯電話を使ってPCから音楽ファイルを移動視聴する．
- テレビ上でメディアサーバにある写真を見た後で，ネットワーク上にある印刷機器で印刷をする．

(2) 機器クラス

ガイドライン v1.0 では，コンテンツのやりとりをする機器の基本クラスを，大きく DMS と DMP（Digital Media Player：デジタルメディアプレーヤ）に分けている．この二つのクラスは，物理的な属性ではなく，機器上に搭載した特定の役割を果たす機能（の集まり）により分類されており，その役割に必要な技術要素群を保有する．

① DMS ── メディアサーバ機器，HTTP サーバ，メディアコンテンツを提供する（PC，ハードディスクレコーダ，STB，放送チューナなど）．
② DMP ── メディアサーバ制御ポイント，HTTP クライアント，メディアコンテンツを選択し，制御し，再生する．

2006 年の拡張版では，これらに加え，以下のような機器クラスが追加された．

- DMR（Digital Media Renderer：デジタルメディアレンダラ）
- DMC（Digital Media Controller：デジタルメディアコントローラ）
- DMPr（Digital Media Printer：デジタルメディアプリンタ）
- M-DMS（Mobile Digital Media Server：移動デジタルメディアサーバ）
- M-DMP（Mobile Digital Media Player：移動デジタルメディアプレーヤ）
- M-DMU（Mobile Digital Media Uploader：移動デジタルメディアアップローダ）
- M-DMD（Mobile Digital Media Downloader：移動デジタルメディアダウンローダ）
- M-DMC（Mobile Digital Media Controller：移動デジタルメディアコントローラ）
- M-NCF（Mobile Network Connectivity Function：移動ネットワーク接続機能）
- MIU（Media Interoperability Unit：メディア協調ユニット）

上で見たように，DLNA ガイドラインの仕様は，すでにある標準規格や汎用プロトコルを組み合わせたものである．新たに作られたプロトコルはない．例えば，伝送規格は Ethernet か IEEE802.11 無線 LAN を利用する．通信プロトコルは

TCP/IP．制御メッセージの交換やファイル転送には HTTP を使い，メッセージは XML で記述して SOAP（Simple Object Access Protocol）で交換する．動画のデータ形式は MPEG-2 で，静止画は JPEG といった具合である．この上でガイドラインは，必ず使えるフォーマットをそれぞれのメディアごとに少なくとも一つは指定している．

〔4〕 UPnP

　DLNA ガイドラインで中核になっているのは，UPnP（Universal Plug and Play：汎用プラグアンドプレイ）の仕様である．端末にアドレスを割り当てたり，自動認識する部分には UPnP device architecture で規定されたプロトコルを使う．持っているファイルの一覧情報を提供し，データを送り出すサーバには UPnP メディアサーバ（UPnP media server）の仕様を使う（図 4-3）．

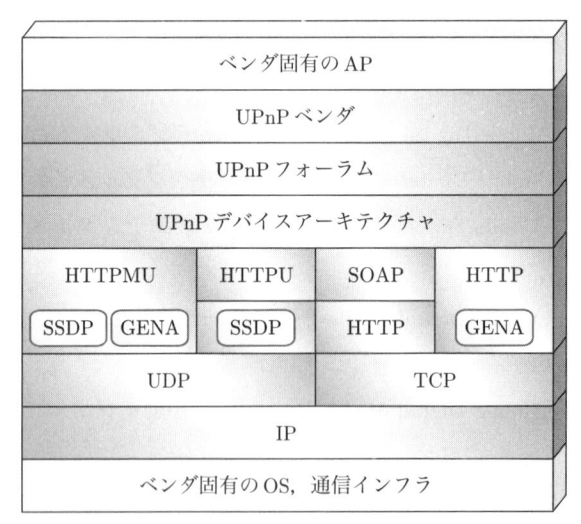

HTTPU：HTTP over unicast UDP
HTTPMU：HTTP over Multicast UDP
SSDP：Simple Service Discovery Protocol
GENA：General Event Notification Architecture

図 4-3　UPnP メディアサーバのデバイス記述の例

UPnPは，DLNAだけで用いられるものではないが，その中核をなす仕様である．Ethernetや無線LAN，IEEE1394（over IP）ネットワーク上にあるさまざまな機器を接続するだけでネットワーク上での利用を可能とする．PC上で1992年以降共通規格となっているPnP（Plug and Play：プラグアンドプレイ）の汎用版と言える．PnPは，ある機器がPCに接続されると自動認識され，必要なドライバなどが設定される．これと同様に，UPnPによって機器がネットワークに接続されると，自動認識され，ユーザが複雑な設定をすることなしに使用することができるようになる．

それぞれの機器がどのような機能を持っているかといった情報や，ある機器が他の機器をコントロールするためのメッセージなどは，原則としてXML文書の形でSOAPを用いてやりとりされることになっている．また，機器どうしの通信は，原則としてすべてHTTPで行うこととなっている．

〔5〕DLNAでの著作権保護

DLNAでは，著作権保護は特にコンテンツ保護と呼ばれている．現在，技術的な作業は終了しており，知的財産権に関する審査を行っている．2006年の中頃には，その結果についての発表がなされる予定である．DLNAのコンテンツ保護方式は，商業用コンテンツのためのリンク保護（link protection）を定義している．これにより，著作権保持者とコンテンツ供給者の権利を保全する．このコンテンツ保護方式は，確立された広く受け入れられ用いられている技術に基づくことになっている．よく知られている技術については第3章を参照されたい．コンテンツ保護方式により，DLNAネットワーク内で個人が作成したコンテンツだけではなく，商用コンテンツも流通することが可能になる．

4.4 コーラルコンソーシアム

この節では,コーラルコンソーシアム(Coral Consortium)について解説する.

[1] コーラルコンソーシアムとは

2004年10月に発足したコーラルコンソーシアムは,ヒューレット・パッカード,インタートラスト,松下電器,フィリップス,サムスン電子,ソニー,20世紀フォックスが立ち上げたコンソーシアムである.DRM技術自体の標準化ではなく,DRM技術の相互運用性を確保する標準仕様を作ることを目的としている.さまざまな音楽配信,コンテンツ配信サービスの開始に伴って,さまざまな著作権管理技術が利用される状況になり,異なるサービスが利用するDRM技術の互換性をとる動きが活発になってきた.

コーラルの仕様は,コンテンツ所有者,デバイス製造者,技術提供者,サービス提供者などの,コンテンツとメディアの消費の価値連鎖に参加するさまざまな業態に統一的なソリューションを提供する.現状使用しているDRMを変更せずに使用でき,後ほど説明する役割(role),サービス,インタフェース,ツールなどを提供することにより,相互に乗り入れが不可能なシステム間の橋渡しを行う.消費者向けDRMの相互運用を可能にするオープン規格である.

ここではコーラルの参照モデルとして考えられているNEMOを中心に述べる.

[2] NEMOの概要

NEMO(Networked Environment for Media Orchestration)は,その名前のとおり,ネットワーク環境でのコンテンツの管理を目指すシステムである.コーラルの標準は,これを参照モデルとして規定されていくことが想定されている.

NEMOのアプローチは,コンテンツの制作から消費に至るまでの一貫した標準が確立されるまで,コンテンツ保有者や権利者たちが新サービスを開始するのを制限するというのではなく,複数の事業者がすでに存在するDRMを使いながら,消費者にとっても有益なさまざまなサービスをいち早く始めることを目指してい

る．そのために，コピー制御ということ以上に，サービスインタフェースの使用に関するポリシー管理に重点を置いている．また，すでに述べた DLNA 仕様と同様に，独自の仕様を規定するのではなく，すでに存在する規格を最大限利用する．

NEMO が目指すのは，端的に言うと，さまざまなデジタルコンテンツを，簡便かつ合法的にネットワーク上で流通させることを可能にするということである．そこで P2P という用語を合法的なコンテンツ流通の基本概念を表現するのに用いている．消費者がしばしば不正な方法で得ている以上の満足を，合法的な形で与えることができれば，権利保持者やサービス事業者との間の利害が一致することが期待できる．見方を変えると，これまで，消費者が不正な方法を用いてネットからデジタルコンテンツを取得することが多かったとしたら，それは，消費者にとって魅力的な形でサービス提供者がサービスを与えてこなかったのだと言えよう．消費者の最も単純な欲求は，自分が買ったコンテンツを，好きな機器で，好きなように移動して楽しみたいということだろう．NEMO は，ネットワークに基づいて権利管理の相互運用性を高めることにより，これを実現しようとしている．

NEMO は，サービスという概念を中心に定義されたアーキテクチャとなっている．セキュリティ，トラスト（trust：信用度）管理，ポリシー管理などを含む，分散型アプリケーション構築のための枠組みである．ネットワークを基本とした考え方であり Web サービスの考え方を多く取り入れている．

NEMO で言う「サービス」は，サービス提供者によって提供される，明確に規定された何らかの機能と定義されている．この意味では，例えば，携帯電話端末内での音声認識機能もサービスであり，Web 上の e ショップ機能（その中には，閲覧，認証，決済などさまざまな機能が包含される）もサービスと言える．NEMO での典型的なサービス提供者は，携帯電話端末，PMP（Portable Media Player：携帯メディアプレーヤ），ハードディスクレコーダ，HGW（Home GateWay：ホームゲートウェイ）などの家電製品，ケーブルテレビ会社や携帯電話会社などのネットワーク事業者，コンテンツ提供者などである．

それゆえ，当然，サービスの定義，サービスの検出，サービスへのアクセス管理などが重要なことになる．また，権利管理という観点から見ると，さらにサービ

スの提供者と取得者の間の**トラスト**，サービス提供に関するポリシーなどが，明示的に定義されることが重要になる．

(1) メディア流通における NEMO

NEMO では，メディア流通サービスに次の4階層を想定する．

- コンテンツ制作，パッケージ化サービス
- Web によるコンテンツ収集・流通サービス
- HGW サービス
- 家電機器

これらのサービス層は，権利管理，サービス検出，サービスオーケストレーション，ユーザインタフェースの複雑度，その他のサービス属性などの観点から，非常に異なった要求条件を持っている．

最初の二つの層は，どちらかというと伝統的な Web サービスに近い性格を持っているが，残りの二つは「個人論理ネットワークモデル」と言えるものに近い．HGW が，ある意味でこの二つのタイプの層の中継点となっている．その一方で，家電機器はこれらの層のどこにでも現れうる．そのため，効率化のためにできるだけ実装を特殊化したいという要求がある一方で，全体に対応できる一般的な枠組みも必要となる．例えばサービス検出を例に考えてみると，比較的変化のない中央集約的な Web サービスの場合は UDDI（Universal Discovery, Description, Integration）のようなものが適当かもしれないが，より変化の大きい個人ネットワークの場合は UPnP などのほうが適当と言える．このことは，検出に関する標準を複数用意する必要があることを意味している．

また，特に権利管理がコンテンツの卸，集積，小売という価値連鎖にまたがって用いられる場合を考えると，複雑で多様な権利と義務が介在していることが予想される．このことから，非常に表現力のある複雑な権利言語の使用，高度なコンテンツ管理と権利処理，包括的な**トラストモデル**[2]などが必要になる．

---

[2] ある取り決めのもとで，何について，誰を，どの程度信頼するかという信頼度を決定するための評価モデル．

その一方で，家庭ネットワーク内の場合，上で述べたのとは違ったトラストモデルが必要になる．特に消費者から見てわかりやすい利用規則が必要になる．機器どうしの場合，家庭ネットワーク内では，簡単で単純なトラストモデルでやりとりをし，HGW を超えて WAN（Wide Area Network）に出た場合は，より複雑で包括的なトラストモデルを利用する必要がある．この際，移動機器を含む複数の機器間でコンテンツを共有するための管理を自動的に行うことが複雑になるので，NEMO の権利管理は，端末間流通を可能にしつつ，複数の権利管理サービスを可能にする多様性を持つ必要がある．

(2) NEMO の代表的な使用シナリオ

このような NEMO が想定する代表的な使用シナリオを述べる．NEMO には，インターネットなどの外部ネットワークと接続した状態で使用するオンラインモデルと，ネットワークから切り離されたオフラインモデル，およびこの両者の折

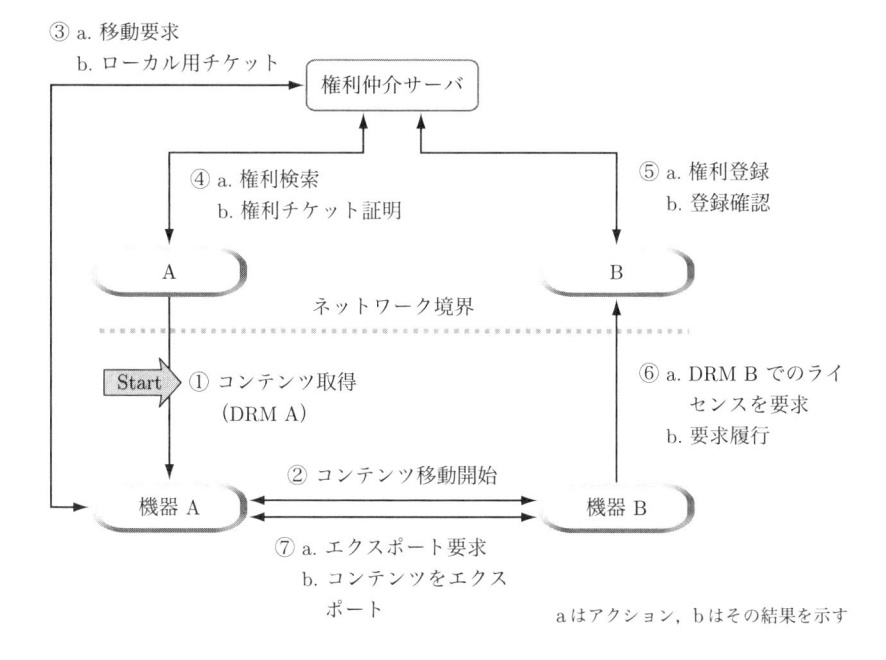

図 4-4　NEMO の使用シナリオ（折衷モデル）

衷型の三つの基本的なシナリオがあるが，ここでは代表として折衷型を説明する．

① コンテンツ取得（DRM A）——機器 A 用の DRM が施されたコンテンツを事業者 A から取得する．
② コンテンツ移動開始—— DRM B に対応した機器 B に，コンテンツを移そうとする．
③ 移動要求——機器 A 内のコーラル準拠プログラムがコンテンツ移動要求を受けると，権利仲介サーバにアクセスする．
④ 権利検索——権利仲介サーバは事業者 A に問い合わせを行い，現在存在している権利と権利チケット証明を受け取る．
⑤ 権利登録——権利仲介サーバは事業者 B にアクセスし，DRM B に権利を登録する．
⑥ 移動先権利要求——機器 B は事業者 B にアクセスし，フォーマット B での権利許諾を要求する．事業者 B はライセンスを送付する．
⑦ エクスポート要求（コンテンツエクスポート）——権利仲介サーバは機器 B に権利チケットを送付し，機器 B はこのチケットを使用して機器 A から直接当該コンテンツを取得する．

このようなシナリオを可能にするために，NEMO では Web サービスで標準化されているさまざまな技術を取り入れることにより，相互運用性の高い規格を実現しようとしている．

上のシナリオからもわかるように，特にコンテンツ流通にとって重要な権利保護サービスは，ネットワークを無視しては考えることができなくなっている．また，現在，消費者にとって最も関心のあるコンテンツ流通の場は，音楽ダウンロードと P2P でのコンテンツ共有であり，このどちらもネットワークが本質的な役割を占めている．PC，携帯電話，ハードディスクレコーダ，携帯ハードディスクのどれもが，ホームネットワーク，あるいはインターネットを介在させてコンテンツの流通を行う．消費者にとっても利便性が高いのは，ネットワークを介在させた流通であると言える．逆に，ネットワークにおいてこそ権利保護方式の相互運

用性が特に重要となる．ネットワーク上の他の機器と相互運用できない権利保護方式を持っている機器やサービスは，消費者にとっては，不便以外の何物でもなく，しばしばビジネス的に失敗する可能性をはらんでいる．そのためにも NEMO のような枠組みは重要かつ自然と言え，NEMO が Web サービスの枠組みを積極的に用いるのは合理的と言える．

(3) NEMO の論理モデル

　抽象的なレベルで NEMO における最も単純な構成は，あるノードがもう一つのノードにサービス要求を行い，それに対するレスポンスを受け取ることである（図 4-5）．

　「ノード」は NEMO に参加しているさまざまなサービス主体やデバイスを抽象的に表現した言い方で，サービス提供者やサービス享受者の両方の役割を持ちうる．より具体的には，CD プレーヤやハードディスクレコーダなどの家電製品，メディアプレーヤなどのソフトウェア，あるいは検索エンジンなどさまざまな実装形態が考えられる．また DRM ライセンス提供者やコンテンツサーバなどもノードとみなされる．

　図 4-5 のように，相互にやりとりをすることを NEMO では，P2P と呼ぶ．ここでの P2P は，一般に言われる消費者の端末どうしをつなぐ「ピア・トゥ・ピア」ではなく，単に，相互にアクセスをする通信を指している．通信を一般的化した抽象的な表現と考えてよい．このような考え方では，いわゆる「サーバ・クライアント」モデルも P2P となる．ここでの P2P のやりとりのうち片方はサービス提供者（サーバ），もう片方がサービス享受者（クライアント）という「役割」を持った通信モデルであるとみなせ，サーバもピアであり，クライアントもピアで

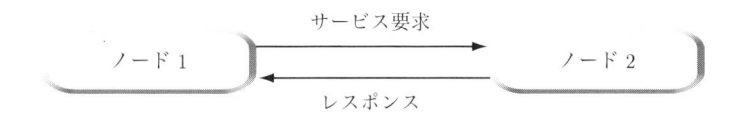

図 4-5　NEMO ノード間の相互作用

あるからである．

　抽象的には，NEMO はこれらの（P2P での）やりとりをするノードの集まりによって構成される．

　なお，NEMO のノード間のサービス要求とその応答のデータは，XML によって記述されることになっている．

(4) 役割

　NEMO において，役割（role）とは，あるノードが提供するサービスの集合によって定義される．ここで言う役割は固定されたものではなく，いろいろな条件のもとで，NEMO ノードがさまざまな役割を同時に果たすということがありうる．現在のところ，NEMO では役割を完全に定義しきっているわけではないが，以下のようなものが基本的なものとして考えられている．

① クライアント（client）――最も単純な役割で，自分で提供するサービスはなく，他のノードのサービスを利用するだけのノードである．

② 承認者（authorizer）――要求を行っている当事者が，ある特定の資源に，所与の条件のもとでアクセスが可能であるかどうかを決定するポリシー決定ポイント（policy decision point）として働く．

③ ゲートウェイ（gateway）――サービス要求ノードがサービス提供者を検出できなかったり，プロトコルの不一致や処理能力不足のために直接やりとりができない場合に，そのサービスを要求しているノードとサービス提供者ノードの間を仲介する役割である．この場合，ゲートウェイは認証やトラストに関する処理をサービス要求ノードから委譲される場合もあるし，単なるルータとして働く場合もある．

④ 編成者（オーケストレータ：orchestrator）――この役割は，ゲートウェイの役割をさらに特化したものである．例えば商取引や分散状態管理のように，複数のサービス提供ノード間で複雑な調整が必要な場合に，サービス要求ノードの代わりに複数のサービス間を調整しながら仲介する役割である．

(5) NEMO のサービス記述

NEMO では，NEMO が提供するサービスを，OASIS（Organization for the Advancement of Structured Information Standards：構造化情報標準促進協会）で定義されている WSDL（Web Service Description Language：Web サービス記述言語）を用いて記述する．WSDL については，付録 A の A.2 節を参照されたい．

(6) プロファイル

プロファイルとは，WSDL によって定義された，概念的に相互に関連したデータ型とインタフェースである．現在 NEMO には，コアプロファイルと DRM プロファイルがある．コアプロファイルは，NEMO の根本的な機能に必要な基本的データ型とサービスメッセージを定義している．

これらのプロファイルで定義されているデータ型やサービスは抽象的なもので，実際に使用される際にさらに特定化される必要がある．コアプロファイルは他のプロファイルが定義に用いる基本となる．

コアプロファイルで定義しているサービスには，以下のようなものがある．

① 認可（authorization）——ノードがサービスを利用する際の認可に関するサービス
② ピア検出（peer discovery）—— NEMO ノードを検出するためのサービス
③ 通知（notification）——あるノード（の集合）に対してメッセージを通達することに関するサービス
④ サービス検出（service discovery）——サービス提供者ノードによって提供されているサービスを検出することに関するサービス

さらに，DRM プロファイルでは，以下のサービスを定義している．

⑤ 供給（provisioning）——家電端末やソフトウェアが DRM を使用しているある特定のコンテキスト内に参加するために必要な，ポリシーや証拠などを供給するサービス
⑥ 許諾（licensing）—— DRM ライセンスを取得するためのサービス

⑦ 会員化（membership）——あるドメインの会員になるための証拠を取得するサービス

(7) NEMO アーキテクチャ

これらの道具立てをまとめて，NEMO アーキテクチャが構成される．図 4-6 は，NEMO のアーキテクチャの概要を示す．

ここで重要なのは，次の二つの要素である．

☐ サービス適合層（SAL：Service Adaptation Layer）

サービス提供者がサービスを公開し，要求およびレスポンスを処理し，種々のサービスを編成するのに必要な共通層である．WSDL で記述されたサービスインタフェース層，XML 文書を処理するメッセージ処理層，個別サービスアプリケーション層の 3 層からなる．

☐ サービスアクセスポイント（SAP：Service Access Point）

さまざまな検出プロトコル，名前解決プロトコル，伝送プロトコルに対応するために必要な共通 API（Application Programming Interface：応用プログラムインタフェース）である．これにより，ノードがサービス要求を行い，返答結果を受け取ることが可能となる．

(8) 認可とトラスト

NEMO では，WSDL でのサービス記述の中に，認可を与えるノードを指定できる．サービス要求を受け取った場合，サービス提供ノードはサービスを提供する前に，WSDL で指定された認可提供ノードに対して認可要求検索をかける．サービスアクセスに関して認可が得られて初めて，サービス提供ノードは，サービス要求に対してサービス提供を行う．この認可サービスがあるので，どのノードも承認者としての役割を担える．

あるノードがサービスにアクセスしようとしたとき，そのノードが，要求しているサービスに，どのような条件のもとでアクセス可能かどうかを決定する必要がある．このようなアクセス許諾は，サービス要求ノードとサービス提供者の間

NEMO ピア（サービス使用者）

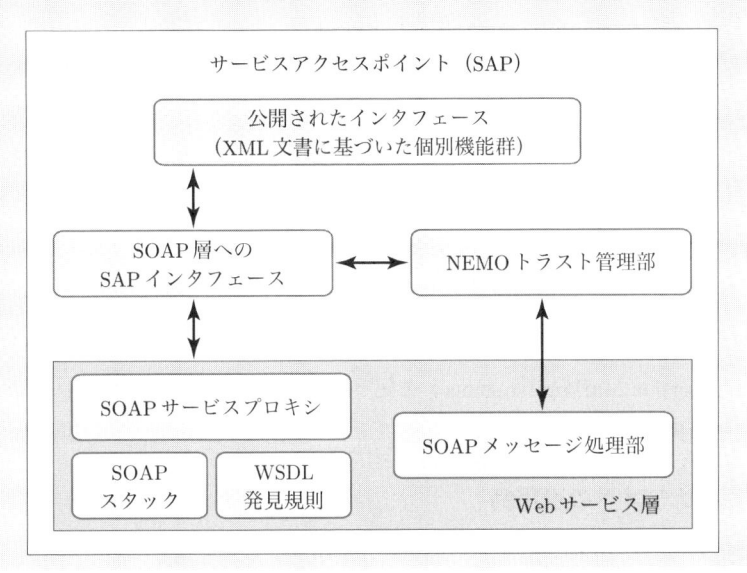

```
サービスアクセスポイント（SAP）
  公開されたインタフェース
  （XML文書に基づいた個別機能群）

  SOAP層への          NEMOトラスト管理部
  SAPインタフェース

  SOAPサービスプロキシ
  SOAPスタック  WSDL発見規則    SOAPメッセージ処理部
                                Webサービス層
```

NEMO ピア（サービス提供者）

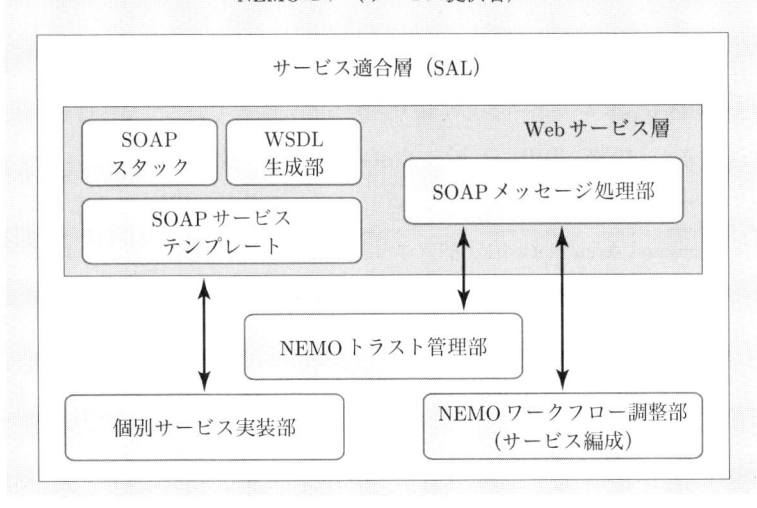

```
サービス適合層（SAL）
  SOAPスタック  WSDL生成部     Webサービス層
  SOAPサービステンプレート     SOAPメッセージ処理部

              NEMOトラスト管理部

  個別サービス実装部    NEMOワークフロー調整部
                        （サービス編成）
```

サービス呼び出し

図 4-6　NEMO アーキテクチャ

のトラストコンテキスト情報，および要求されたサービスのインタフェースに対するアクセスポリシーに基づいて決定される．

一方，トラストそのものの確立に関しては，トラストの意味がノード間で大きく異なることが予想されるので，NEMO 自体は，ノード間のトラスト確立機構を特に指定してはいない．その代わり，トラスト関係を確立するのに必要な標準的ツールを提供している．サービス提供者が，サービス要求ノードの満たすべき条件や証拠に関するポリシーを含む情報を交換する方法を提供している．

また，NEMO では，特にポリシー記述言語を規定していないが，Web サービスとの整合性のために，ポリシー，証拠，言明を運ぶための言語として SAML (Security Assertion Markup Language) を使っている．SAML については，付録 A の A.2 節を参照されたい．

(9) 使用シナリオへの適用例

ここでは，NEMO 仕様を適用した現実的な適用シナリオを見る．

ユーザは新しい MP（Music Player：音楽再生プレーヤ）を購入し，DRM で保護されたコンテンツを再生しようとする．購入した MP はこのコンテンツの DRM をサポートしているが，この消費者に対して特化される必要がある．MP は，UPnP，Bluetooth をサポートしており，X.509 も備えている．MP は NEMO に対応しているが，機器の制限により，NEMO のすべての機能ではなく，いくつかのサービスメッセージの処理しかできない．しかし，NEMO に対応したこのユーザの PAN（Personal Area Network：個人エリアネットワーク）に入れる．PAN には，インターネットコネクション，Bluetooth，NEMO-SAP に対応した HGW がある．

ユーザは，ネットからある楽曲をダウンロードし，それを MP で聴こうとする．MP はこれをユーザに特化するための処理を開始する．まず，MP は UPnP サービス要求を開始し，PAN 上の HGW を探す．HGW のサービスを検出した後，MP がサービスに接続するために必要な情報が MP に返却される．MP は個人化サービス要求メッセージを作成し，HGW に送る．このメッセージには，MP の認証のために X.509 証明書が添付されている．

HGW はこのメッセージを受け取るが，PAN 内ではサービス要求を満たすことができないので，他のサービス提供者を探す必要がある．しかし，まず最初に，自分が受けるメッセージはすべて電子署名がなければならないというポリシーを持っているので，MP の要求を拒否し，「認可失敗」という返事と，その理由となったポリシーを返す．

MP はこの拒否の返事を受け取ると，そのポリシーに記述された理由に従い，新たに電子署名つきのメッセージを作成し直し，要求を再度行う．HGW はこの要求を受諾する．

しかし，HGW は，PAN 内ではリクエストに応えられないことを知っているので，サービス検出を開始する．HGW 自身は SAP の実装がどのプロトコルをサポートしているかを知らないので，汎用的な属性に基づき，MP の要求に応じたサービス検出要求を，SAP を通じて作成する．SAP は，UDDI レジストリと通信するために必要な情報を持っているので，HGW の要求を受け付けると，それを UDDI の問い合わせ形式に変換し，問い合わせを行う．UDDI レジストリは，DRM の個人化を行うサービスを知っているので，その結果を応答として返却する．SAP はこれらの結果を受け取り，必要なサービス提供者情報を持った適切なフォーマットの応答メッセージを作成して，今度は HGW に返却する．HGW はこのサービス検出検索の応答メッセージからサービス提供者情報を抜き出し，MP の最初の要求に従い，MP に代わって個人化のための新しい要求メッセージを作成する．

この要求メッセージは，SAP に送られる．サービスインタフェース記述に参照されている WSDL で，個人化サービスを公開しているノードと通信する．SAP はそのサービスを受け，その結果を HGW に返却する．HGW はその応答メッセージを MP に渡し，MP はそのメッセージのペイロード部分を使って DRM の個人化を行う．個人化が行われた結果，MP はローカルにもリモートにも，コンテンツサービスや，検索，ライセンス，その他さまざまなサービスにアクセスができる．このことによって，例えば，ユーザが旅行中であっても，家にいるのと同じようなサービスを受けることが可能になり，論理的には，ホームネットワークの中にあると言える．

[3] NEMOとWebサービスセキュリティ

NEMOは，上で述べたように，ネットワーク，サービス検出プロトコル，ポリシー記述，トラスト機構などに関し，複数の組み合わせを可能にしており，特にある実装方式を推奨しているわけではない．しかしながら，ノード間のメッセージがXMLで符号化されることや，シナリオからわかるように分散型サービス指向アーキテクチャを標榜していることなどから，Webサービスで用いられる標準的技術への言及が多い．Webサービスについては，付録AのA.2節を参照されたい．

4.5　今後の展望

MPEG-21は，マルチメディアコンテンツの制作から流通，消費に至るまでのマルチメディア全体を鳥瞰する「ビッグピクチャ」を与えるために，他の標準ですでに決められたものも含めて，多くのツールを提供してくれた．これは，もともとは，21世紀に多くの人が共通に使うことができるマルチメディアフレームワークを構築することを主眼にしてきた．しかし実際のところ，MPEG-21を実際に使うことを表明しているサービスは，まだない．理由はいくつかあるだろうが，一つには，ツールボックスとして一般的なマルチメディアフレームワークは，結局個々のサービスで使用する際に特化する必要があり，それは新しい標準を作成することになってしまうということがある．もう一つは，実ビジネスの世界が，MPEG-21の成熟を待つことなく先に進んでしまったということである．さらに，MPEG-21の特許プールのライセンスに関する不透明さということがある．これらは，技術としてのMPEG-21の妥当性を必ずしも否定するものではないが，著作権管理という実ビジネスに非常に近い標準にとっては難しいという意見はある．それを証明するかのように，MPEG-21の提唱者であるキャリオーネ（Chiarilione）自身が新しい団体を立ち上げ，さらに権利に関する標準を考えようとしている．その動向はまだ確定していないが，これからが注目される．

上のような問題はあるが，MPEG-21の技術が提供しているツールは，実際，他

の標準に影響を与えており，そこで議論された内容は，そのままこの章で述べられたことに多かれ少なかれ反映されている．そういった意味で，MPEG-21 の技術，およびその背景となった思想の重要性は否定できないと思われる．

現実の使用場面で，実際にこれらの仕様が想定したように機能するかどうかは，まだ未知数のところがある．また，実際のビジネスの場合には，相互運用性とは裏腹に，責任をどう分担するのかという問題があり，権利管理や，ポリシーが破られたときの責任をどう価値連鎖の中で分担するかが課題となりそうである．

TV-Anytime の RMP は，放送というかなり閉じた世界での権利管理に関し一石を投じたものとなっている．RMPI は明らかに MPEG-21-REL の影響を受けており，MPEG-21 の精神を引き継いでいる．ただ，相互運用性という面での配慮がもっと必要だったと思われる．TV-Anytime の仕様は，欧州の仕様となっているので，これからの発展が期待される．

MPEG-21 が想定していた相互運用性を重視した権利管理の理想は，コーラルに受け継がれているように見える．また，DLNA は UPnP を通じてコーラルとも相互運用できる仕様に見える．どちらも，特に自前の仕様を決めるのではなく，すでに存在する規格を利用するという点で，同じような標準を無駄に作り直すことのない合理的なアプローチだと言える．

コーラルを形成している中心メンバーの社が構成しているもう一つのコンソーシアムに，Marlin JDA がある（第 2 章を参照）．これは業界団体と言えるが，Marlin で実装されたものは，そのままコーラルの仕様に準拠することになるという，一種の参照モデルになっている．Marlin が NEMO と同じ仕様であるかどうかは今後の検討次第だが，このような業界団体によって実際に使われる可能性があるということは，コーラル仕様の標準として重要な要素であると言える．

参考文献

[1] William B. Bradley and David P. Maher, "The NEMO P2P Service Orchestration Framework", Proceedings of the 37th Hawaii International Conference on System Sciences — 2004.

[2] MPEG (http://mpeg-21.itec.uni-klu.ac.at/cocoon/mpeg21/).

[3] The TV-Anytime Forum (http://www.tv-anytime.org/).

[4] DLNA (http://www.dlna.org/).

[5] Coral Consortium (http://www.coral.org/).

〈川森 雅仁〉

第5章

コンテンツ流通システムの実際

　昨今，ADSL や FTTH などブロードバンド環境の一般家庭への普及の勢いには，目覚しいものがある．それに足並みを合わせるように，デジタルコンテンツの圧縮技術やセキュリティ技術も向上することで，さまざまな配信技術が登場し，デジタルコンテンツ流通の技術的側面から見た障害は徐々に払拭されつつあるように見える．一方，インターネット上のデジタルコンテンツ流通において WinMX [1]，Winny [2]，Gnutella [3]，Kazaa [4]，LimeWire [5]，Morpheus [6] などの P2P ファイル交換ソフトウェアで，無断送信が禁止されている映像や音楽ファイルを消費者が無料で交換し，著作権法に違反するという違法行為が横行し，社会問題となっている．今後のインターネットにおけるコンテンツ流通においての著作権保護技術，あるいはその運用方法に関して，まだまだ模索されている点もはらんでいることも事実である．

　この章では，音楽配信や映像配信における DRM の実施例を紹介し，その中で，P2P 不正ファイル交換の防止策や，個人目的以外の CD 大量生産の抑制策，あるいは完全コピーの抑制策をいかにして施しているかを述べる．さらには，次世代

のコンテンツ配信のコンセプト構築を検討するプロジェクトを例にあげながら，コンテンツ配信における新しい流通システム像についても触れることとする．

5.1　コンテンツ配信モデル

　国内外でさまざまなコンテンツ配信が行われ，そのマーケットに活気が生まれつつある．その中で，特に成長著しいコンテンツ配信モデルにフォーカスして，DRMをどのように活用しているかについて触れることとする．以下に，国内外の音楽および映像配信における代表的なDRM実施例について述べる．

〔1〕音楽配信におけるDRM実施例── Mora

　我が国における代表的な音楽配信の実施例として，PC向けにインターネットを活用した音楽配信を行うMora（モーラ）[7]というサービスがあげられる．Moraはレーベルゲートが運営する日本発の音楽配信サービスである．以下にMoraの特徴（2004年12月調査）を示す．

- シングル1曲158円から
- アルバム1枚525円から
- ファイルの45秒試聴
- ダウンロードされたコンテンツに歌詞とジャケット写真が付随
- ライブラリ：レコード会社40社，約100,000の楽曲
- オーディオ形式：ATRAC3 132Kbps
- DRM：OpenMG
- 転送回数：3回もしくは無制限
- CDへのコピー数：1曲につき10回まで
- 転送できるプレーヤ：OpenMG対応機器

　Moraは音楽ダウンロードサービス対応のSonicStage [8]を使用する統合された音楽配信サービスである．インターネットでの新しい視聴スタイルの確立を目指

して 2004 年 4 月から配信が開始され，現在若年層にメジャーな若手アーティストのシングルタイトルを中心とした 10 万曲を超える楽曲ライブラリを有している．Mora の提供する音楽配信サービスは，1 曲単位あるいはアルバム単位で楽曲を販売するダウンロード型の配信モデルを採用している．消費者は日本の主要レコード会社から提供された楽曲のライブラリから好みのアーティストを検索して，興味のあるタイトルを試聴してから購入する．購入単価はジャケット写真と歌詞がついて 1 曲あたり 100 円台から 300 円台であり，シングル CD よりも低価格で購入することができる．楽曲はすべて ATRAC3 の圧縮方式でエンコードされている．購入後にダウンロードされた楽曲ファイルは，自動的に SonicStage マイライブラリ内の購入フォルダに追加され，消費者は実質的に自身でダウンロード購入した音楽を所有することができる．

Mora ではソニーが開発した OpenMG [9] と呼ばれる DRM が使用されている．OpenMG はファイルの転送保護，転送回数制限を行うために ATRAC3 [10] ファイルの暗号化に利用されており，Mora から販売されるデジタルファイルはすべて OpenMG により保護されている．

Mora で設定されているコンテンツの利用条件は SDMI [11] に準拠しており，消費者は購入した楽曲によってはポータブルプレーヤへの転送回数に制限を受け，デジタルコンテンツを自由に所有することはできない．コンテンツ配信側は利用条件の設定により，コンテンツの著作権を保護し，権利者の要件にかなう形でのサービスを実現できる．これにより Mora には日本の主要なレコード会社が参加し，楽曲数も約 10 万曲を超え，国内最大級の規模となっている．図 5-1 は OpenMG の著作権保護の仕組みを表している [12]．

次に OpenMG がこのような利用条件においてどのようにセキュリティ対応しているかを，P2P 不正ファイル交換の防止，CD 大量生産の抑制，完全コピーの抑制という三つの視点から解説する．

(1) P2P 不正ファイル交換の防止

P2P ファイル交換ソフトウェアを通じた不正ファイル交換を防止するため，OpenMG で保護された ATRAC3 ファイルは MagicGate [13] と呼ばれる認証方

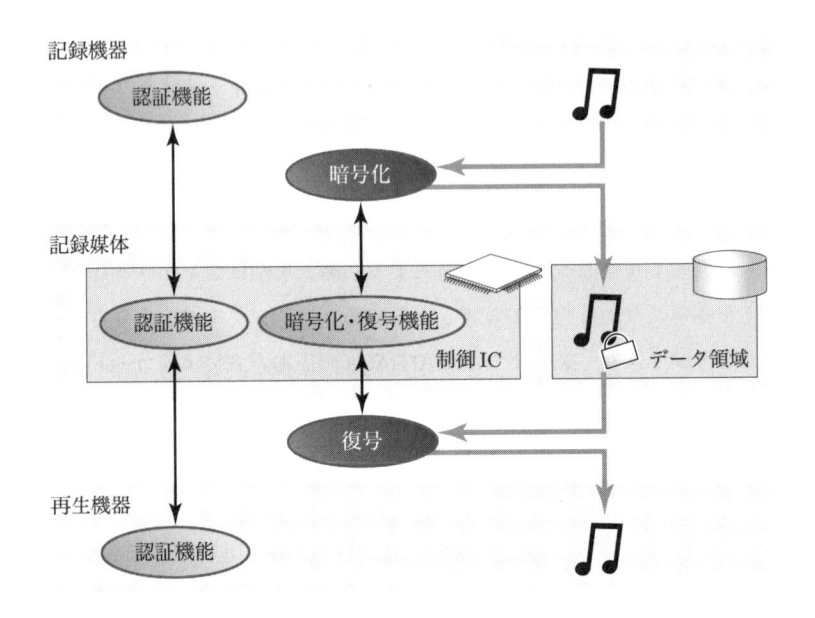

図5-1 OpenMGの著作権保護の仕組み

式で認証された再生機器でしか再生が許可されない．認証は消費者のPCにSonicStageをインストールしてMoraサイトでアカウントを登録した時点で行われる．登録することで楽曲が購入できるようになるのと同時に，購入された楽曲ファイルがそのPCに個別化され，他の機器では再生できなくなる仕組みになっている．このような認証システムにより，OpenMGはP2Pファイル交換ソフトによるファイル交換の問題に対応している．

(2) 個人目的以外のCD大量生産の抑制

SonicStageではOpenMGで保護されたATRAC3ファイルから音楽CDを作製する回数を制限することができる．保護されたATRAC3ファイルから音楽CDを作製できるのはSonicStageのソフトウェアのみで，今のところ他のソフトウェアにこの機能はない．個人目的以外のCD大量生産を抑制するために，Moraでは音楽CDを作成できる楽曲を提供楽曲の一部に絞り，さらに音楽CDの作製回数を

10 回に制限している．この仕組み自体で CD 作製を完全に止めることはできないが，CD 大量生産に対する大きな抑制になっている．

(3) 完全コピーの抑制

Mora の OpenMG で保護された ATRAC3 ファイルは，MP3 などの他の形式へ変換する方法が提供されていない．これにより間接的に音楽の不正流通を食い止め，権利者の要件に対応している．

〔2〕音楽配信における DRM 実施例 —— iTMS

米国における代表的な音楽配信の実施例として，アップルが自社の携帯音楽プレーヤ iPod [14] とポータルアプリケーション iTunes [15] を活用して音楽配信を行う iTMS（iTunes Music Store）[16] というサービスがある．以下に iTMS の特徴（2004 年 12 月調査）を示す．

- ペイ・パー・ダウンロード（最低購入数の制限やサブスクリプションはなし）
- ファイルの 30 秒試聴（128Kbps）
- ワンクリック購入（ユーザ性の高いインタフェース）
- 1 トラック$0.99，1 アルバム$9.99
- ダウンロードされたコンテンツにはコンテンツのメタ情報が付随
- 五大メジャーレコード会社から提供された 200,000 の楽曲
- オーディオ形式：AAC 128Kbps
- DRM：FairPlay
- iPod へのコピー数：無制限
- CD へのコピー数：無制限（CD を 10 枚以上コピーした時点で，順序を変えるなどしてプレイリストを改変しなければならない．）

iTMS は，無料でダウンロードが可能な iTunes と統合された新しいコンテンツ配信サービスである．米国レコード業界自らの事業である Pressplay [17]，

MusicNet [18] などのような拘束的なサブスクリプション型[1]のサービスとは対照的に，アップルのサービスはダウンロードごとに支払う方式を採用している．五大メジャーレコード会社（ユニバーサル，ワーナー，EMI，ソニー，BMG）から音楽が提供され，消費者は，非常に上手に整理された 200,000 の楽曲ライブラリを閲覧することができる．楽曲ライブラリはすべて 128Kbps **AAC** [2]の圧縮方式でエンコードされている．アマゾン（Amazon.com）流のワンクリック購入で，ユーザは音楽を 1 トラックにつき $0.99，もしくは 1 アルバムにつき $9.99 で手軽に購入することができる．ダウンロードされた楽曲ファイルは，自動的に iTunes ライブラリ内の指定フォルダに追加される．消費者は自由に自身で購入作業を行い，ダウンロードした音楽を手軽に所有することができる．

iTMS では，**FairPlay** [19] というアップルの DRM が使用されている．FairPlay は制限つきの Protected AAC に組み込まれており，iTMS から販売されるデジタルファイルはすべて FairPlay により保護されている．iTMS で設定されている使用ルールは非常に寛大で，消費者は DRM の制限を感じることなく，購入した楽曲をほぼ自由に使用できるようになっている．この使用ルールにより，消費者は購入したデジタルコンテンツを気軽に所有することができる．アップルの CEO **スティーブ・ジョブズ**がこのような寛大な使用ルールのもとでの音楽流通を五大レコード会社に納得させることができたことが，ビジネス的な成功を導いた大きな要因と言える．

次に，FairPlay がこのような使用ルールにおいてどのようにセキュリティ対応しているかを，P2P 不正ファイル交換の防止，CD 大量生産の抑制，完全コピーの抑制という三つの視点から解説する．

---

[1]. 毎月一定の使用料を払うことによって，そのサービスに登録されているすべての音楽を PC などの端末機器上で検索，再生できる権利を得る仕組み．

[2]. Advanced Audio Coding の略で，音楽データを小さく圧縮するための音楽圧縮フォーマットの一つである．

(1) P2P不正ファイル交換の防止

Gnutella，Kazaa，LimeWire，MorpheusなどのP2Pファイル交換ソフトウェアを通じたP2P不正交換を防止するため，FairPlayで保護されたProtected AACファイルは，認証を受けた消費者のPCでしか再生が許可されない．認証はそのPCに**iTunes**をインストールし，iTMSでアカウントを登録した時点で行われる．ユーザネームとパスワードをPCに入力することによってセンターサーバに連絡が行き，認証が記録される．登録をすることで音楽が購入できるようになるのと同時に，iTunesや**Quicktime** [3]で，保護された音楽ファイルの認証情報と合致した音楽のみを再生できる仕組みになっている．

ファイルの認証情報と合致しないPCではファイルは再生できない．センターサーバはユーザの認証情報をトラッキングしている．iTMSで購入された音楽ファイルの使用ルールでは，1ユーザにつきPC 3台を認証することができる．メニュー内で簡単にPCに権限を付与したり，無許可を設定したりすることができる．異なるPCで音楽を再生したい場合は，使用していたPCを無許可にすることでセンターサーバの認証情報が更新され，新たなPCに権限付与することができるようになる．このような簡単な認証システムにより，保護されたAACファイルをP2Pファイルネットワーク上で再生することができなくなり，P2P不正交換が防止される．たとえProtected AACファイルを交換したとしても，交換先のPCは認証されたPCではないため，再生できない仕組みになっている．iTMSのFairPlayは，非常にシンプルなモデルでレコード業界のP2P不正交換問題に対応している．

(2) 個人使用目的以外のCD大量生産の抑制

iTunesでは単に消費者保有の音楽CDリッピングされたAACファイル，そしてFairPlayで保護されたProtected AACファイルのどちらにもCDのコピー数に制限がない．AACファイルをCDにコピーすることができるのはiTunesのソフ

---

[3] アップルが開発した，パソコン上で動画や音声を再生するための技術．インターネットにおいても動画や音声を配信する際の技術の一つとして有名である．

トウェアのみで，今のところ他の CD ソフトウェアにこの機能はない．コピー数に制限がないので，消費者の求める自由度や所有満足度を十分満たしていると言える．個人目的外の CD 大量生産を抑制するため，iTMS で購入されたファイルが含まれる**プレイリスト**からは 7 回のみ CD にコピーすることができる．それ以上コピーをしたい場合は，プレイリストの順序を変えなければ新たなコピーができない仕組みになっている．これは 7 枚以上の CD にコピーしたい一般の消費者にとって些細な不都合だが，不正な CD の大量生産を試みるものにとっては大変都合が悪く，大量生産に非常に大きな労力と時間がかかることになる．この仕組みはかかる労力と時間で大量生産を抑制することだけにとどまらず，不正な AAC CD のコピーの特定がしやすくなることでも抑制をかけている．このシステム自体で不正大量生産を止めることはできないものの，CD 大量生産に対する大きな効力になっていると言える．

(3) 完全コピーの抑制

iTMS の FairPlay で保護された AAC ファイルは認証されたコンピュータでのみコピーが許可されている．Protected AAC ファイルから作られた CD は購入された CD とさほど音質が変わらないが，P2P 交換のために MP3 にエンコードし直そうとした場合，音質は極めて劣化する．これはすでにエンコードされているファイルを再びエンコードすることにより，音質の劣化が強調されるからである．iTunes では AAC から MP3 へのダイレクトなトランスコーディングは禁じられている．iTMS では，FairPlay などで保護されていない MP3 などのファイル形式を禁じたり，劣化させたりする仕組みにすることで完全コピーを抑制し，それにより間接的に音楽の不正流通を食い止め，レコード業界の要件に対応している．

〔3〕映像配信における DRM 実施例 —— PRISMIX.TV

我が国における代表的な映像配信の実施例として，PC 向けにインターネットを活用した映像配信を行う PRISMIX.TV というサービスがある．PRISMIX.TV [20] はエイベックスネットワークスが運営する日本最大のビデオクリップ配信サービ

スとなっている．以下に PRISMIX.TV の特徴（2004 年 12 月調査）を示す．

- 再生期限：5 日または 10 日
- 月 315 円で 3 クリップ
- ライブラリ：500 タイトル
- オーディオ形式：WMV 数 Mbps
- DRM：WMDRM
- 転送回数：無制限
- CD へのコピー数：無制限
- 転送できるプレーヤ：無制限
- 視聴ライセンス：PC にバインド

PRISMIX.TV は映像ダウンロードサービス対応の **WMP**（Windows Media Player）[21] を使用する統合された映像配信サービスである．「音楽を"見る"」をキーワードに新しい映像視聴体験の提供を目指し，**WM9**（Windows Media 9）[4] シリーズの「プレミアムサービス」に対応している．2003 年 2 月 20 日に配信が開始され，ビデオクリップが 1 か月につき 3 コンテンツまでストリーミングにより視聴できるレンタルビデオ型モデルを採用している．消費者は，エイベックスネットワークスから提供される，若年層にメジャーな若手アーティストのビデオクリップを中心とした 500 タイトルを超える映像ライブラリを利用することができる．映像ライブラリはすべて **WMV**（Windows Media Video）の圧縮方式でエンコードされている．好みのアーティストを検索して，興味のあるタイトルを視聴してからレンタルするスタイルで，ユーザはビデオクリップが 1 か月につき 315 円で 3 コンテンツまで視聴できるほか，1 コンテンツ当たり 105 円の追加料金で 1 タイトル単位に視聴することができる．レンタルされたビデオクリップは期間内であれば何度でもオンデマンドに視聴することができる．

PRISMIX.TV では **WMDRM**（Windows Media Digital Rights Management）[22]

---

4. マイクロソフトが提供するデジタルメディアプラットフォーム Microsoft Windows Media 9 シリーズのことを指す．

というマイクロソフトの DRM が使用されている．WMDRM は WMV もしくは WMA に再生回数や有効期限を設定することが可能で，PRISMIX.TV で提供されるデジタルファイルはすべて WMDRM により保護されている．

PRMISMIX.TV で設定されている使用ルールはビデオレンタルを意識したもので，消費者はレンタル店からビデオを借りて視聴するようにレンタル料金を支払い，一定期間の視聴権利を購入する．この使用ルールにより，消費者は視聴するデジタルコンテンツを所有するのではなく，視聴権利を所有することになる．デジタルコンテンツはダウンロードにより取得するため，消費者は自分の購入した視聴権利が有効であればいつでも視聴することができる．

図 5-2 は WMDRM における著作権保護の仕組みを表している．

次に，WMDRM がこのような使用ルールにおいてどのようにセキュリティ対応しているかを，P2P 不正ファイル交換の防止，CD 大量生産の抑制，完全コピーの抑制という三つの視点から解説する．

(1) P2P 不正ファイル交換の防止

WMDRM で保護された Windows Media ファイル（WM ファイル）は，ライセンスを保持するコンピュータでしか再生できない．ライセンスを取得するためにはそのコンピュータが WM9 により個別化され，他のコンピュータと識別する GUID（Global Unique ID）の割り当てを受ける必要がある．

ライセンスには暗号化されたファイルを復号するための鍵が GUID でハッシュ[5]をかけられて埋め込まれている．したがって，他のコンピュータからライセンスをコピーしても別のコンピュータではライセンスに含まれる鍵を取り出すことはできない．WMDRM では，このような方法で P2P でのファイル交換は自由に行えるようにしながら，再生時に制限をかけることにより P2P ファイル交換環境での不正を無効化している．

---

[5] ハッシュ関数のハッシュのことを指す．ハッシュ関数によって生成されるハッシュ値は，通信の暗号化や，認証・デジタル署名などに応用されている．

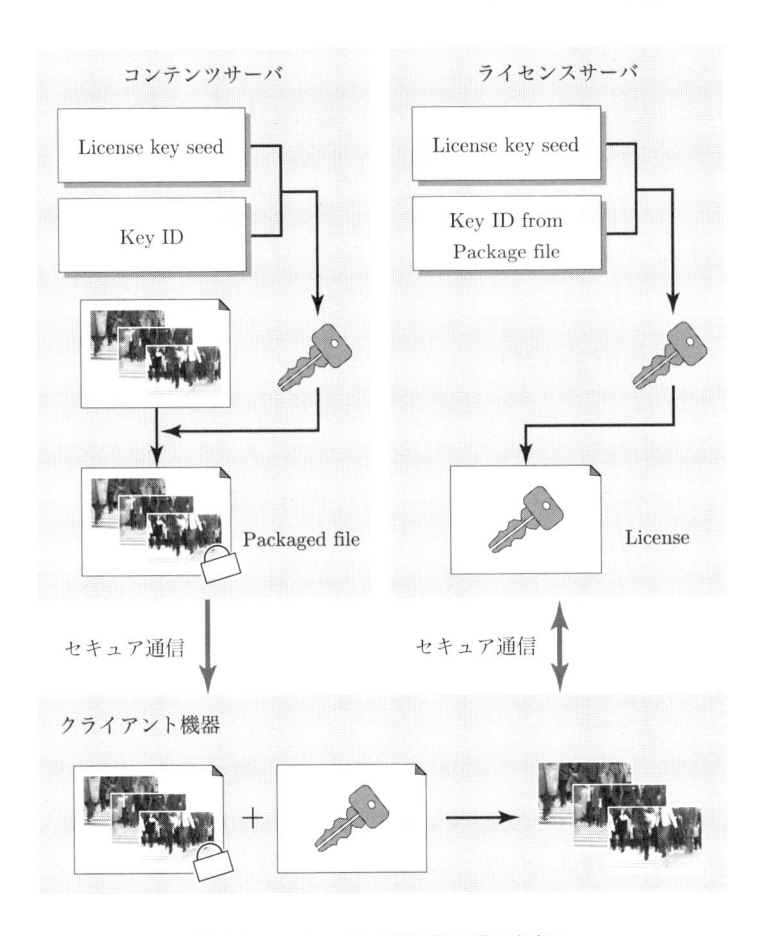

図 5-2　WMDRM の著作権保護の仕組み

(2) 個人使用目的以外の CD 大量生産の抑制

　WM9 では WMDRM で保護された WM ファイルの CD へのコピー数に制限はない．保護された WM ファイルはライセンスを保持するコンピュータでしか再生できないため，暗号化されたコピーがいくら生成されてもライセンスがないコンピュータでは再生ができないからである．WM9 ではコピー数に制限がないので，消費者の求める自由度や所有意識を十分満たしている．

(3) 完全コピーの抑制

WM9 では保護された WMA から MP3 への直接的な変換が禁じられているため，WMA ファイルは P2P ファイル交換のために MP3 にエンコードし直すことを防いでいる．WM9 では，このような仕組みにすることで間接的に音楽の不正流通を食い止めている．

5.2　権利許諾管理

これまで OpenMG，FairPlay，WMDRM を利用した著作権保護の実践例を解説してきた．この例からもわかるように，著作権の保護技術は，本格的に業界に浸透しつつあると言える．

そのような状況の中で，著作権保護を技術的に解決しただけではコンテンツ流通が円滑に成長しないことも明らかになっている．その大きな要因の一つに，コンテンツ流通が多様化したために，バックヤード側では新たな権利処理業務を行う必要が出てきたが，ルールやその業務フローが確立していないため権利処理がスムーズにできないということがある．元来，ルール化された一部を除いて，利用者と権利者において電話や FAX などで個別交渉を行うという煩雑な権利処理業務が主流である．新たなコンテンツ流通のスピードに対応するためには，この業務を革新的に改善する必要がある．システム面からの方法論として，まず権利処理業務の権利という概念を細分化し，許諾という単位に置き換えながら，その業務をシステム化し，業務効率を向上させるということがある．これが権利許諾管理の基本概念である．今後は著作権保護の仕組みと権利許諾管理の仕組みとの連携がコンテンツ配信の発展を占う重要な鍵になると考えられている．

この節では，これからコンテンツ配信において必要となる**権利許諾管理**の仕組み [23,24] やその周辺の動向について解説する．

〔1〕権利許諾管理システム

　コンテンツの利用者は，コンテンツを配信する際に，その権利者との間で配信を行うための許諾を得る必要がある．通常，コンテンツには複数の権利者が存在するため，すべての権利者から許諾を取得する必要がある．

　また，コンテンツの利用者はコンテンツを利用した後で権利者にコンテンツの利用報告を行う必要がある．コンテンツ権利者の多くはコンテンツの二次利用に関する許諾の窓口を権利団体に委託しているため，利用報告も権利団体に行うのが一般的である．今後は，権利団体だけでなく**著作権等管理事業者**にもその窓口は広がりつつある．

　これらの許諾業務はこれまで権利者，権利団体も含めた著作権等管理事業者間，あるいは著作権等管理事業者と配信事業者間で行われてきた契約業務であるため，配信事業者と消費者の間の著作権保護システムとの直接連携は行われず，人手の処理だけで十分であった．コンテンツの利用者が限られていた時代であれば問題にはならなかったが，インターネットにおけるコンテンツ配信がより一般的になり，多種多様な著作権保護の技術によって膨大な量の運用がなされることにより，許諾を申請する利用者が増大し，その処理業務や事務コストは無視できない水準にまで高まることが想定される．また，その配信のログがある程度正確に取得されるようになると，権利者が著作権等管理事業者に対して，許諾ごとの正確な利用報告を求めるようにもなりつつある．このトレンドの行き着く先は，権利管理事業者でとどまらず，配信事業者，消費者まで含めた正確な許諾管理を権利者が求めていく流れになることは間違いないと思われる．

　この要求に応えるためのシステムソリューションとして考え出されたのが，権利許諾管理システムである．このシステムにおいては，扱うコンテンツにユニークなIDが付与され，そのコンテンツの利用が許されている利用形態などの許諾情報を電子的に管理し，その許諾情報ごとに，そのコンテンツが利益を生んだ場合の分配先の権利者情報や分配率も同時に管理するのである．このシステムを軸に，許諾に基づいたコンテンツ運用の監視を行うことで，正確な利用ログ情報の取得だけではなく，権利者，著作権等管理事業者などの上流側の意思に基づいた，消

費者も含めた利用者のコンテンツに対するアクセス制御管理も可能になると思われる．

権利許諾管理システムの基本的な考え方は，以下の四つの柱によって構成される．

① 権利者の意思を尊重すること
② 多数の権利者に分散帰属している権利処理を，スピーディかつ円滑で公正に行えるシステムであること
③ 多種多様なコンテンツが国境を越え，さまざまな流通経路が想定されるグローバルな流通に対応できるシステムであること
④ コンテンツの種類，配信手段にかかわらず取引が発生した時点での権利処理を即座に行うための最新の情報を最新に管理する「第三のステーション」的機能を有すること

このシステムを完全化するためには，多種多様な著作権保護の仕組みと許諾管理の仕組みを連携させるような基盤技術が必要となる．その基盤技術としての**共通コード**や許諾そのものを電子的に扱う**許諾コード**[6][25] などが注目されている．

〔2〕共通コード

デジタル時代の著作権協議会（CCD）[26] では，前述の問題を解決するための要素として，共通コードの ID 体系を，権利者団体が主体となって構築している．その成果は 2005 年 3 月に「CCD ID モデル」として公開された．**CCD ID モデル**は，権利者とその著作物に共通の ID を付番するためのルールを定めている．これらは，コンテンツの権利許諾業務を電子的に取り扱うための鍵となる共通コードとして利用されることが期待されている．

図 5-3 は CCD ID 共通事業者 ID コードを表している．事業者を一意に特定するための共通事業者 ID 体系は，デジタルコンテンツの流通にかかわる関係者を，コ

---

[6] 1998 年に電通の飯田尚一により発案された．2001 年以降は，メロディーズ＆メモリーズグローバル（MMG）に引き継がれ，業界での標準化を目指している．

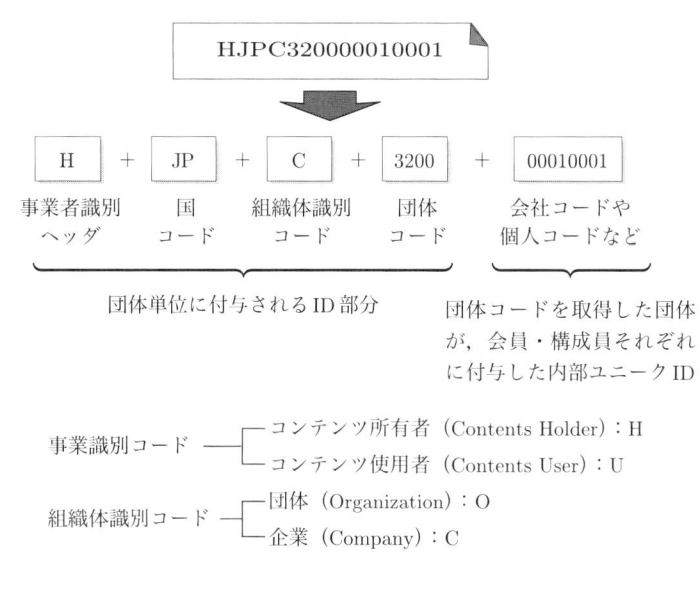

```
                    HJPC320000010001
                          ↓
    H    +   JP   +   C   +  3200  +  00010001
  事業者識別    国      組織体識別    団体      会社コードや
   ヘッダ     コード    コード     コード    個人コードなど
  ⎣_____⎦  ⎣_____⎦
     団体単位に付与されるID部分         団体コードを取得した団体
                                    が，会員・構成員それぞれ
                                    に付与した内部ユニークID


  事業識別コード ─┬─ コンテンツ所有者（Contents Holder）：H
               └─ コンテンツ使用者（Contents User）：U
  組織体識別コード ─┬─ 団体（Organization）：O
                 └─ 企業（Company）：C
```

図 5-3　CCD ID 共通事業者 ID コード

ンテンツホルダとコンテンツユーザに分類し，これらの関係者および所属する団体，会社，個人を一意に特定できる ID を付番する．ID から，団体だけでなく，団体を構成する法人会員や個人会員など，コンテンツ流通にかかわるさまざまなプレーヤを特定できる．

〔3〕許諾コード

　許諾コードとは，著作物であるコンテンツに対してどのような許諾がなされているかを文字列で明示したものである．もう少し突っ込んだ言い方をするなら，「あるコンテンツが，誰から誰にどのような条件で許諾されているかということを，機械に対しても指し示すことが可能もの」である．ここで言う条件内容には，コンテンツの利用目的や，ストリーミングあるいはダウンロードなどの使用形態，期間や期限あるいは視聴の回数や，利用されるテリトリーとして国などが項目としてあげられる．これらの情報をすべて文字列で表現し，コード化することで，コンテンツ流通上のさまざまな局面で，人間だけではなく機械が条件を判別でき

るようなアプリケーションを想定している．

　許諾コードは，1998年7月，電通で考案された．その後メロディーズ&メモリーズグローバル（MMG）に引き継がれ，現在，**電子情報技術産業協会（JEITA）**において標準DRMの一環として，グローバルスタンダードを目指した検討が積極的に行われている．現実の物品流通においては，POSコードというものが標準化されて普及し，欠くことのできない存在として定着しているが，デジタルコンテンツ流通においても，そのコンテンツの荷札，あるいは電子的な契約書になりうる，許諾コードのような画期的なものが必要とされている．図5-4にMMGが国際標準に提案している許諾コード概念図を示し，図5-5に許諾コードのフォーマット，図5-6にその例を示す．

　先に述べた著作権保護技術とこのような許諾コードなどが密接に連携することによって，権利許諾業務も含めた一つのシステムとしてコンテンツ流通プラット

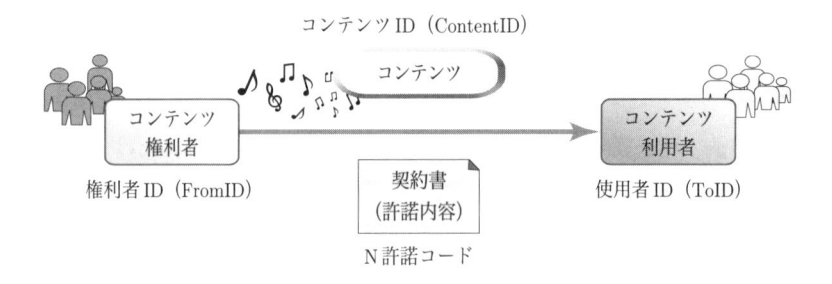

図5-4　MMG許諾コードの概念図

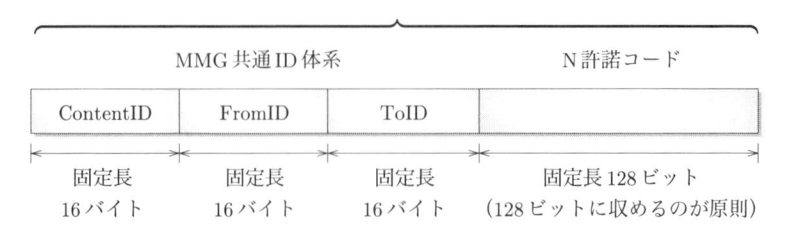

図5-5　MMG許諾コードのフォーマット

5.2 権利許諾管理　153

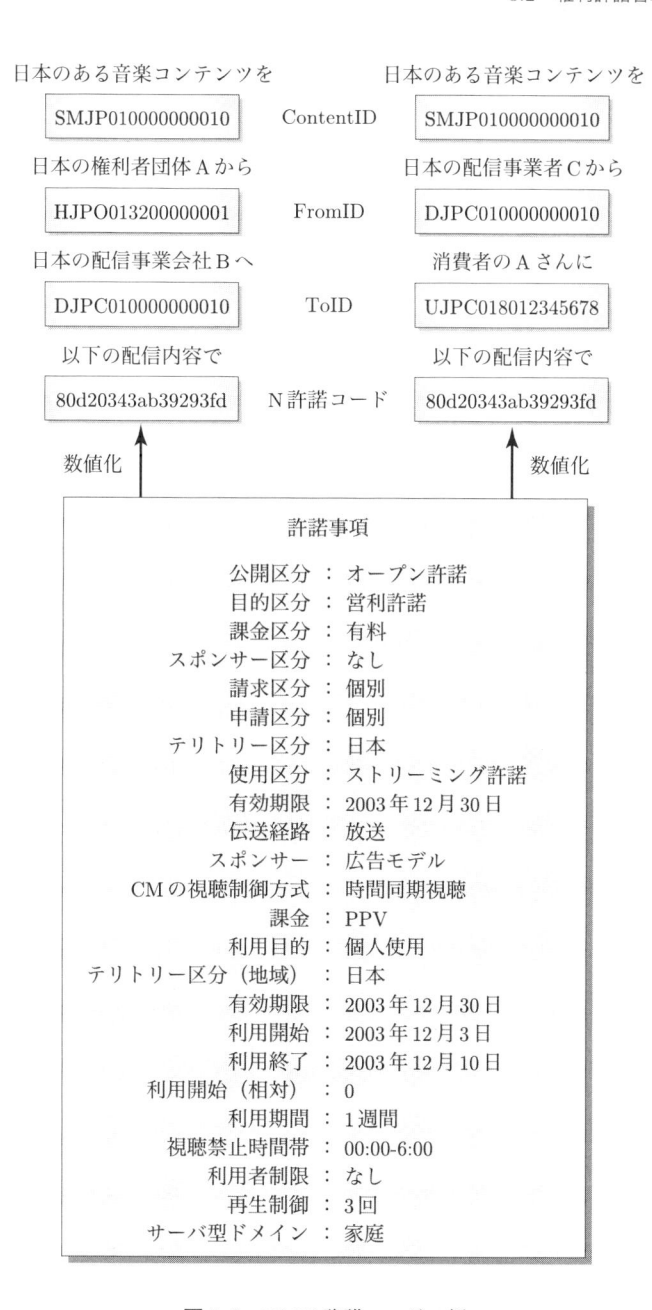

日本のある音楽コンテンツを　　　　　　日本のある音楽コンテンツを
　[SMJP010000000010]　ContentID　[SMJP010000000010]
日本の権利者団体Aから　　　　　　　　日本の配信事業者Cから
　[HJPO013200000001]　FromID　[DJPC010000000010]
日本の配信事業会社Bへ　　　　　　　　消費者のAさんに
　[DJPC010000000010]　ToID　[UJPC018012345678]
以下の配信内容で　　　　　　　　　　　以下の配信内容で
　[80d20343ab39293fd]　N許諾コード　[80d20343ab39293fd]

　　　↑数値化　　　　　　　　　　　　　　　↑数値化

```
                許諾事項

            公開区分 ： オープン許諾
            目的区分 ： 営利許諾
            課金区分 ： 有料
          スポンサー区分 ： なし
            請求区分 ： 個別
            申請区分 ： 個別
          テリトリー区分 ： 日本
            使用区分 ： ストリーミング許諾
            有効期限 ： 2003年12月30日
            伝送経路 ： 放送
            スポンサー ： 広告モデル
        CMの視聴制御方式 ： 時間同期視聴
              課金 ： PPV
            利用目的 ： 個人使用
       テリトリー区分（地域） ： 日本
            有効期限 ： 2003年12月30日
            利用開始 ： 2003年12月3日
            利用終了 ： 2003年12月10日
         利用開始（相対） ： 0
            利用期間 ： 1週間
          視聴禁止時間帯 ： 00:00-6:00
            利用者制限 ： なし
            再生制御 ： 3回
          サーバ型ドメイン ： 家庭
```

図 5-6　MMG 許諾コードの例

フォームが完成し，本当の意味で上流から下流までの効率的なコンテンツ運用が実現することが期待される．図 5-7 に共通コードを用いた権利許諾業務と著作権保護システムの連携の概念図を示す．

〔4〕志プロジェクト

志プロジェクト [27] は業界関係者らが中心となって権利者，著作権等管理・配信事業者，端末メーカの有志が集まり，2001 年に発足したプロジェクトである．「良貨で悪貨を駆逐する」をキーワードに，コンテンツ流通の要素群（多種多様な利害関係者，メディア，配信形態，機器，アプリケーション，ビジネスモデル）を取り巻く環境においてコンテンツを一意的に特定することと，権利者の許諾意思

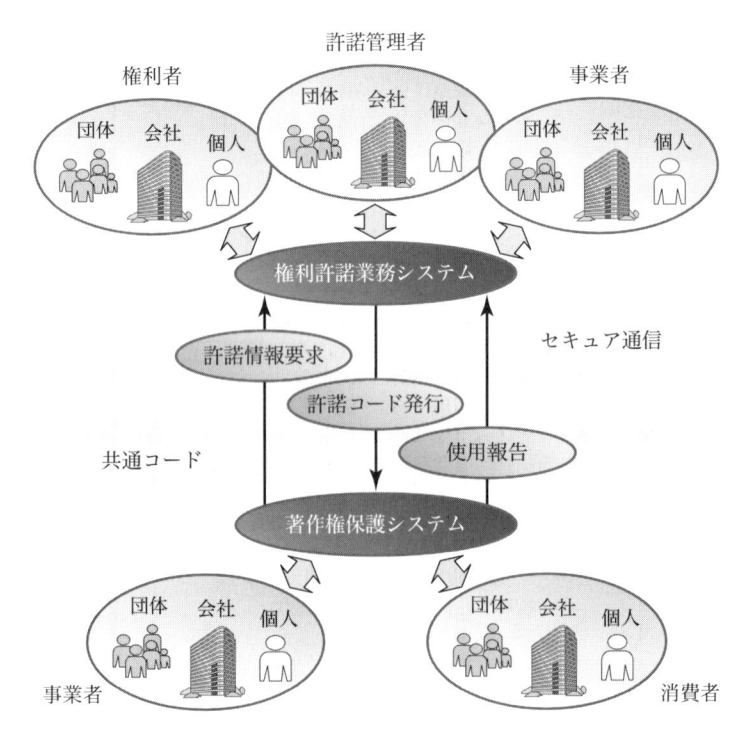

図 5-7　共通コードを用いた権利許諾業務と著作権保護システムの連携の概念図

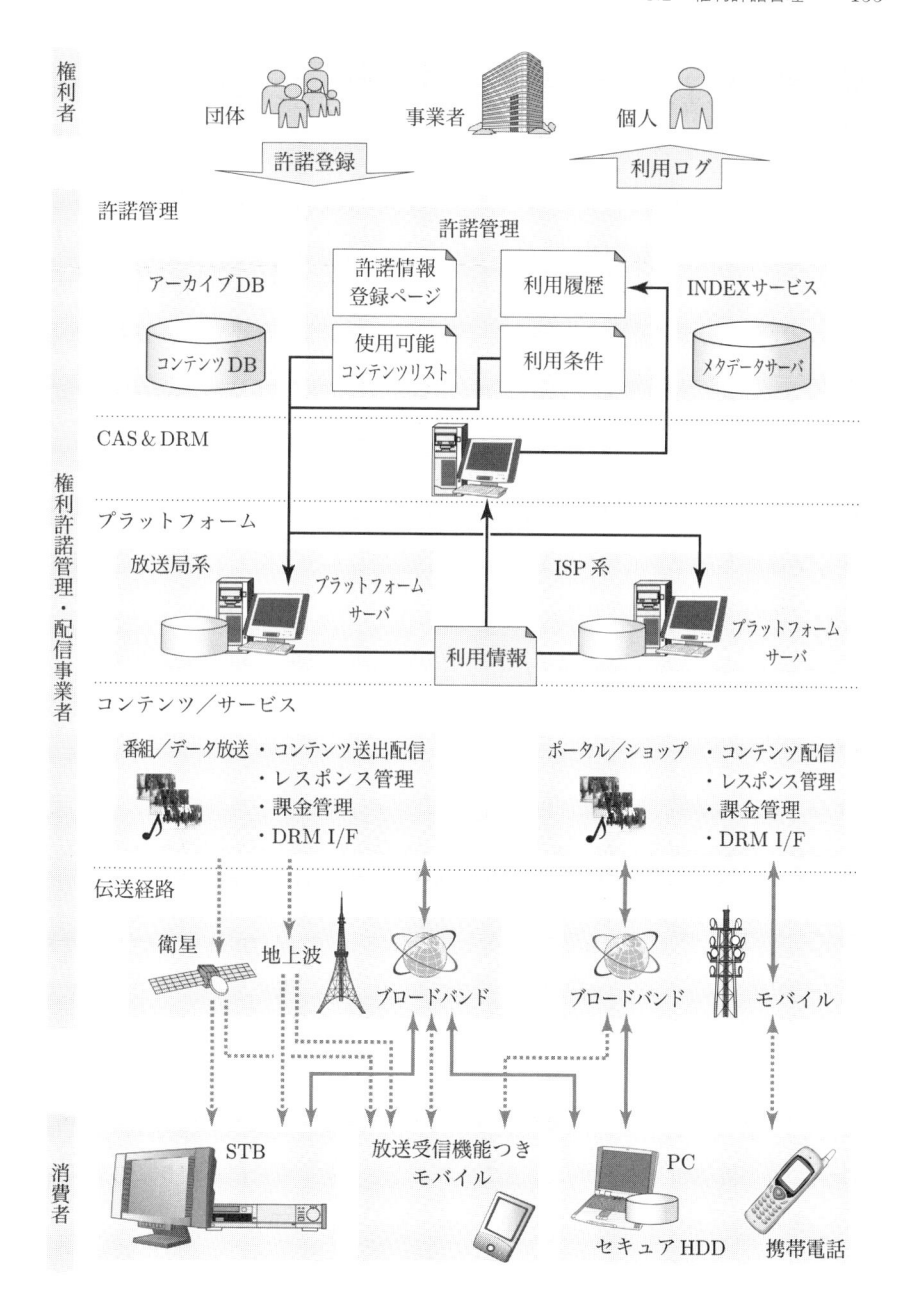

図 5-8 志プロジェクトにおけるコンテンツ流通の概念モデル

として許諾コードを用いることで，共通的な定義・保護・実行を終端間で実現可能な，コンテンツ流通運用モデルの検討・構築を行っている．図 5-8 は志プロジェクトにおけるコンテンツ流通の概念モデルを表している．

この試みは，これまで技術的に可能であってもビジネス的には実現が困難であった公正なコンテンツ流通プラットフォーム（堅牢な著作権保護機能を持ち，かつ自由な許諾設定ができるシステム）の議論を一歩進めたものと言える．つまり，コンテンツ流通の発展を導くためには，権利者，著作権等管理・配信事業者だけではなく，堅牢なシステムを作るハードウェアベンダにもレベニューシェア[7]の報酬をインセンティブとして与え，権利者，消費者双方にとって公正なハードウェアの開発を促すべきだというビジョンが示されている．

志プロジェクトのビジョンは今後のコンテンツ流通のビジネスモデルのあり方に対して重要な含意を示唆しており，新しい流通システム像のあり方を模索する上で，今後の進展が期待される．

5.3 最後に

本章では，音楽配信，映像配信における著作権保護技術の実践例を解説してきた．これらの例からもわかるように，著作権の保護に関しての技術的な課題は，この数年で権利者の満足を得るに足る発展を遂げている．このような技術の発展に呼応しながら，これまでインターネットのコンテンツ配信に慎重だった権利者も，iTMS などのコンテンツ配信サービスの成功により，その意識に変化が見えてきた．さらに，映像コンテンツのブロードバンド配信に関する利用促進を図るため，放送局制作のテレビドラマをブロードバンド配信する場合の著作権関係団体への使用料額のガイドラインが整備されるなど，権利者，著作権等管理者と配信事業者の間の許諾がスムーズに運用されるようなルールや仕組み作りにも着手されつつある．

---

[7] 複数のビジネスパートナーと共同で開発したサービスから得られる，ユーザからの事業収入を，サービスを提供した複数のビジネスパートナー間であらかじめ定められた配分方法で分配すること．

コンテンツ業界は，新たなコンテンツ配信フィールドの全体俯瞰を捉え，トータルにシステマティックな権利処理を行うために，必要な検討を行い始めつつある．しかしながら，コンテンツ権利処理業務の電子化を実現するための課題は，技術，法，商習慣，ビジネス，業界フォーマットの策定など多層にわたっている．関係業界は，これらをしっかりと階層化した上で検討を重ね，権利者，著作権等管理・配信事業者，端末メーカ，そして消費者らのすべての要件を満たす，著作権保護技術も含めたスマートなプラットフォーム基盤が構築されない限り，来るべきコンテンツ配信ビジネスの裾野は大きく広がらないと思われる．将来，このような基盤が各所に本格的に導入されることで，本当の意味でのコンテンツビジネスプラットフォームが構築され，その結果，あるべきコンテンツの e-MarketPlaces が実現する日も訪れよう．このようなプラットフォームは，日本に限らず，海外においても必要性が高く，日本発のコンテンツを安全に，グローバルなビジネスを展開することを助けるに違いないと信じる．

参考文献

[1] WinMX (http://www.winmx.com/).
[2] Winny (http://www.geocities.co.jp/SiliconValley/2949/).
[3] Gnutella (http://www.gnutella.com/).
[4] Kazaa (http://www.kazaa.com/).
[5] LimeWire (http://www.limewire.com/japanese/content/home.shtml).
[6] Morpheus (http://morpheus.com/).
[7] Mora (http://mora.jp/index.html).
[8] SonicStage (http://mora.jp/help/help_ss.html).
[9] OpenMG (http://www.sony.co.jp/Products/OpenMG/index.html).
[10] ATRAC3 (http://www.sony.co.jp/Products/ATRAC3/).
[11] SDMI (http://www.sdmi.org/).
[12] 「平成14年度コンテンツ配信技術の調査研究報告書」，財団法人情報処理相

互運用技術協会発行，2003 年 3 月．

- [13] MagicGate（http://www.memorystick.com/jp/lifestyle/music/tech02.html）．
- [14] iPod（http://www.apple.com/ipod/）．
- [15] iTunes（http://www.apple.com/itunes/）．
- [16] iTunes Music Store（http://www.apple.com/itunes/store/）．
- [17] Pressplay（http://www.pressplay.com/）．
- [18] MusicNet（http://www.musicnet.com/）．
- [19] FairPlay（http://www.apple.com/support/itunes/authorization.html）．
- [20] PRISMIX.TV（http://www.prismix.tv/）．
- [21] WindowsMedia（http://www.microsoft.com/japan/windows/windowsmedia/）．
- [22] WM-DRM（http://www.microsoft.com/windows/windowsmedia/drm/default.aspx）．
- [23] 飯田尚一・中西康浩・藤本剛一ほか：「コンテンツ権利許諾情報管理システム『メロディーズ』＆『メモリーズ』について」，2000 年，電子化知的財産・社会基盤 9-3．
- [24] 飯田尚一・中西康浩：「コンテンツ権利許諾管理ビジネスの可能性」，2002 年，電子情報通信学会－信学技報．
- [25] 木下信幸・中西康浩・吉岡誠：「許諾コードによる権利記述について」，2003 年，電子化知的財産・社会基盤（EIP）20-13．
- [26] デジタル時代の著作権協議会（http://www.ccd.gr.jp/）．
- [27] 吉岡誠：「超流通の実現に向けて」，2003 年，電子化知的財産・社会基盤，No.021-001．

（中西 康浩）

第6章

コンテンツ流通市場における DRM

　インターネット，携帯電話，各種デジタル放送において，不正利用を防止して正規流通を図る各種の配信技術の登場によって，コンテンツ流通の障害は徐々に払拭されつつあり，各業界でコンテンツ流通が始まっている．また，実際のコンテンツ流通ビジネスを促進させる国や業界団体の施策も進められ，一時は障害となっていた権利者，著作権等管理者と流通事業者の間の許諾問題も改善されつつあり，権利者，流通事業者，消費者の利害関係を調整しつつ，コンテンツ流通ビジネスをいかに成功させるかという段階に入った．

　この章では，各々のコンテンツ流通市場で DRM 技術がどのように機能しているのか，データの種類が DRM をどう選ぶのかについて述べる．

6.1　コンテンツ流通を支えるサービスインフラ

　コンテンツ流通にかかわるサービスインフラの環境としての放送，通信は，ともに大きく変わっていこうとしている．CS デジタル放送から始まったデジタル化は，BS デジタル，110度 CS デジタル，地上デジタル，衛星モバイルと続き，そし

て現行の地上波が UHF 帯の 470〜770MHz 帯へ引っ越しを終える予定の 2011 年を待たずして，前倒しで VHF 帯の空きチャンネルを利用して地上デジタルラジオの本サービスも開始される．しかも，多くの放送は多チャンネル化によって家庭向けだけではなく，移動中の電車やバス，自動車，携帯電話などへの放送が可能であり，音声・映像だけではなくデータ放送など多彩なサービスが提供できるとしている．さらには，電波で送る映像・音声・データ放送に加え，ブロードバンド上の映像を利用したり，メタデータを活用して放送，通信，ホームサーバのそれぞれのコンテンツをシームレスに組み合わせたり，携帯電話と連携して情報提供サービスを行ったりするなど，放送と通信が連携したクロスメディア型のサービスの比重が高まるとしている．ブロードバンドも ADSL 回線，CATV 回線に加え，光ファイバ回線が急速に拡大しており，高速無線，電力線通信も加わる．しかも，通信料金は定額が主流になる動きがある．

　IT 技術に関しても，今までと同様の競争が続く限り進歩は速く，2015 年には CPU が 100GIPS を超え，HDD も 2007 年には 3.5 インチタイプで 1TB（1,000GB），2015 年には 100TB を超え，DVD 並みの映像で映画 2 万本（4 万時間）が蓄えられるようになる．メモリカードも 2015 年には 200GB になり，映画 40 本（80 時間）または 5 万曲の音楽が入る．2015 年には，通信速度も固定向けが 100Gbps，移動通信（基地局から端末）が 100Mbps 以上と予想され，P2P 技術も普及するとされている．ネットワークが太くなると，ただでさえ持て余していた個人の CPU の能力や記憶容量を共有して，ペタ領域の超大なデータベースを作ることも可能になる．当然ながら行き交うデータは暗号化されている．いずれにしても，蓄積という環境，コピーという環境は肥大化し，止まることはないと予想される．

6.2　音楽市場における DRM

　レコードやラジオの発明によって，モーツァルトの時代では宮廷の王様ですら頻繁には聴けなかった音楽が大衆にとっても身近なものになった．技術の発展に伴って消費者も音楽産業も恩恵を得てきたことは間違いない．

音楽市場も，従来からのCD販売，演奏会，ライブ実演，ラジオ番組，テレビ番組，衛星の音楽専用チャンネル，有線放送に加えて，インターネットによる音楽配信やライブ放送，携帯電話での着信音サービス，携帯電話への音楽配信，衛星モバイル放送，地上デジタルテレビ番組，デジタルラジオ番組での楽曲利用やデータ放送の一つとしての音楽配信など，新しい流通市場の広がりによって，いつでもどこででも好きな音楽が聴ける環境ができつつある．

この節では，音楽市場はどのようなDRMを選んだのか，DRMはどのように機能しているのかを述べる．

〔1〕 CD & DVD-Audio

CDは，本と同様に再販指定著作物であり，小売価格を決める権利はレコード会社が持っている．レコード会社を中心とする音楽事業者は，新曲の制作および新人アーティストの育成に投資を行い，加えてテレビやラジオなどでの宣伝やプロモーションに資金を注ぎ込み，利幅の大きいアルバムCDを数多く売って投資を回収するモデルで事業を進めてきた．PCによる音楽CDのコピーの氾濫は，このビジネスモデルの崩壊を引き起こそうとしている．そこで導入されたのが第3章で述べた**コピーコントロールCD**であるが，市場で多くのトラブルが発生した結果，2002年の導入から2年で多くのレコード会社が廃止を決めた[1]．このほか，**セキュアCD**と呼ばれる専用プレーヤソフトを内蔵したCDがある[2,3]．PC（Windows XP/2000だけが対応）にセキュアCDを入れると，専用プレーヤソフトが立ち上がり，音楽CD部分の再生だけではなく，CD-Rの作成や，PCのハードディスクへのコピーも制御する．この方式は，コピーコントロールCDと同様に，クラッカに対して強くはないが，コピー制御の回避に関しては，著作権法における技術的保護手段の規制の対象になり，回避するソフトの利用は処罰の対象になると思われるので，法律に任せている．

元来，個人利用の範囲内であればCDのコピーは可能であったわけで，それがまったくできないのでは消費者の反発も大きい．世界中の低価格・低機能の音楽プレーヤで利用でき，しかし万能なPCでは利用を制限するという難題は，CDの

開発時には想定されていなかった問題だけに，技術だけで解決するのは難しく，法律に助けを求めるのが妥当である．

その点，**DVD-Audio** は開発の当初からコピー防止を考慮している [4]．DVD-Audio は音楽用 DVD で，記録容量が CD の約 7 倍ある DVD を活用して 5.1 チャンネルサラウンドによる記録や，超高音質での音楽収録が可能となっている．DRM としては CPPM を採用している．

CPPM はコンテンツ保護仕様の策定プロセスを公開し，アルゴリズムの評価を外部の専門家をはじめ広く一般から募ったことが特徴的で，そのことで比較的早く新技術として高い評価を受けた．ただ，CD プレーヤは市場に数億台も普及しており，超高音質というだけでは CD に置き換わるのに困難があり，普及には時間がかかるという見方が多い．

CD に代わる次世代の音楽記録メディアとしては，ほかにソニーとフィリップスが提唱している **Super Audio CD** [5] もある．DVD-Audio との互換性はない．音声信号も広く普及している PCM ではなく DSD（Direct Stream Digital）という方式を採用し，120dB のダイナミックレンジと 100kHz 以上の周波数特性を実現している．

DRM は暗号化と特殊なピット形状を用いており，対応プレーヤ以外では再生できない．DVD-Audio と競合するとはいうものの，高級オーディオ製品という位置づけが強く，プレーヤは DVD-Audio と Super Audio CD の両方を再生する機種が多い．

〔2〕インターネットによる音楽配信

手軽な圧縮技術である MP3 の普及に伴い，コンテンツ配信は音楽から始まった．Napster のような無料ファイル交換サービスも生まれ，それに対抗するように大手レコード会社による有料の配信サービスも始まったが，結局のところ，サービスプラットフォームは WMP，アップルの iTMS，ソニーの OpenMG の 3 方式に絞られてきた．

アップルの iTMS の成功は，Napster の登場以降，混迷を極める音楽業界と幾

多の音楽配信サービスの失敗を横目に，音楽ファンのニーズを汲み取り，ユーザが望む形の音楽配信モデルを検討し，また，五大メジャーレコード会社を説得して，実現できたところによるという見方が多い．アップルは，権利者の要求を受けてコンテンツ保護を強めるよりも，ユーザの利便性を高めたほうがユーザおよびマーケットは拡大すると権利者に説明したと思われる．

　一方，日本国内では，大手レコード会社が共同で出資したレーベルゲートで音楽配信はスタートした．当初ソニーの配信方式だけを扱っていたが，現在はWMDRMを採用した"Music Drop"と，ソニーのDRMであるOpenMGを採用した"Mora"の両方をサービスしている．したがって，現在はOpenMGを採用した配信サイトは，日本ではMoraと1999年から行っているソニーの音楽配信サービス"bit music"の2か所となっている．

　これらのコンテンツ配信システムは，個々のコンテンツにユニークな鍵でコンテンツを暗号化し，復号する鍵を利用者に販売する形式をとっている．個々の利用者に向けて利用者固有の鍵でコンテンツに暗号をかければ，復号鍵を盗まれても他人は使えないので安全だが，配信するたびに個々に暗号化する手間が大変なので行われていない．復号鍵はコンテンツに対しユニークだが，ユーザに対しては共通だから，復号鍵をユーザに盗まれないセキュアな環境が必要になっている．

　逆に言うならば，セキュアな環境であれば暗号化されたコンテンツがコピー配布されても，復号鍵はコピーできないので安全とも言える．そこで，暗号化されたコンテンツを無料ファイル交換サービスを活用して二次配布（超流通）し，楽曲の宣伝とアーティストへの報酬支払いの両方を行うサービスモデルも米国で登場した．友達に曲を送り，友達がその曲を購入すると，送った人に20%の手数料が支払われる．曲の権利者は，楽曲が売れるたびに50%を受け取るという仕組みで，DRMにはWMDRM 10が採用されている[6,7]．

〔3〕携帯電話による音楽配信

　携帯電話への音楽配信は，1999年11月のDDIポケット「ケータイ de ミュージック」が最初である．ほぼ同時期にNTTドコモのM-stage musicも始まった．

表 6-1 にサービスの内容を示す．

2000 年時点では，PDC 方式や cdmaOne 方式を採用した携帯電話と比較し，高速（64Kbps）で通信料の安い PHS 方式を採用したが，それでも 1 曲 300 円に通信料を加えると 500 円程度と高く，端末数も少ないので，売上が見込めないことからレコード会社からの楽曲の提供も少なく，したがって魅力的サービスにならないためユーザ数も伸びないという悪循環になり，2004 年秋にはサービスを終了した．

2004 年 11 月から au が始めた「着うたフル」は，データ通信料を音声通話料と分け，実質ビット単価を大幅に下げて音楽配信料を安くしたことや，端末数が多く見込めることからレコード会社からの楽曲の提供も増え，それが好循環となり，端末数，楽曲ダウンロード数が伸び，ユーザの支持が得られた．同様のサービスは NTT ドコモ，ボーダフォンからも行われている．

「着うたフル」の圧縮方式は HE AAC (High-Efficiency Advanced Audio Coding) と呼ばれ，利用端末以外には持ち出せず再生もできないので，高度な DRM は搭載

表 6-1 携帯電話向け音楽配信

項目	DDI ポケット		NTT ドコモ	
64Kbps 可能エリア	全国 1,600 市町村		350 市町村	
サービス	Sound Market		M-stage music	
DRM	ケータイ de ミュージック UDAC	EMMS	EMDLB ISIS	EMMS/Open MG
対応機種	三洋 RZ-J90 京セラ PS-C1	東芝 DL-B01	松下 P711m	シャープ SH 712m
普及台数	35 万台（2002 年春）	—	—	—
サービス開始	2000 年 11 月	2001 年 4 月	2001 年 1 月	2001 年 4 月
楽曲数	1,500	1,300	1,000 前後	
サービス終了	2004 年 10 月			

していない．ダウンロード曲数が増えて内蔵メモリがオーバフローした場合には外部メモリにバックアップできる．多くの端末では miniSD が使用でき，そのときの DRM は CPRM である．ソニー製の端末では MG メモリースティック Duo が使える．いずれも番号が異なる端末では再生できないよう，端末番号にバインドしている．

ただ，市場では iPod などの大容量の携帯音楽プレーヤが普及を始めているので，小容量で低機能の携帯電話向け音楽配信のままでは先行きが不明だという観測もされており，大容量のメモリを積んで，CD からの転送も可能な携帯音楽プレーヤの機能を設けている携帯電話も市場に出始めた．

携帯電話への音楽配信は日本が先行したが，米国でもアップルが iPod の機能を内蔵した携帯電話をモトローラと共同開発したので，世界でも潮流になる可能性がある．また，携帯電話も第 4 世代ともなると 100Mbps となり，その時点では内蔵メモリも 1GB を超えるので，そのときを見据えたサービスが求められている．消費者が求めているものは利便性であり，家庭内の複数の蓄積装置や再生装置間のコピーや移動，再生に消費者が窮屈さを感じてしまうようでは技術の発展の意味はない．「コントロール漬け」にして退路をふさぐような方向ではなく，新しいビジネスを加速させる技術が求められている．

［4］セキュリティ計画書

コンテンツ配信で最も重要な事項は，コンテンツホルダからコンテンツが潤沢に供給されるかであって，コンテンツホルダにとっては，コンテンツを提供することで利益が出るのか，コンテンツが不法にコピーされ財産が消失するようなことはないのかが最大の関心事である．そこで，サービス提供者は事業という観点から考えて，コンテンツホルダを含めたステークホルダに対して採用するセキュリティシステムを説明し，場合によっては説得するための計画書を提示しなければならない．それがセキュリティ計画書である．情報を扱う会社であれば（情報を扱わない会社など皆無であろうが），セキュリティ管理者を決め，セキュリティポリシーを決め，情報の扱い関しては手順書レベルまで詳細に決める．このセキュ

リティポリシーや手順書をステークホルダに対してわかりやすく説明する資料がセキュリティ計画書である．ところが，サービス提供者はコンテンツを集めたいがために，コンテンツホルダが受け入れやすいようユーザの利便性を犠牲にして計画書を書いてしまうことが多い．しかし，アップルの成功例でも見られるように，いつでも強固な DRM が必要なのではなく，コンテンツや利用形態に応じて DRM を考えるべきであり，ユーザのニーズや利便性などを考えて，むしろコンテンツホルダを説得する計画でなければならない．

　サービス提供者は誰なのか，流通事業者の役割と責任は何なのか，ユーザから見たメリットは何なのか，ユーザの支持が得られるのか，保護対象はコンテンツそのものだけなのか，ユーザの個人情報も含まれるのか，対象となる不正行為は不正コピーなのか，改ざんなのか，盗聴なのか，破られたときの被害の度合いはサービス会社が補償できる範囲なのか，個人情報が漏洩した場合，頼みもしない DM が届くようになる程度なのか，それとも覚えのない請求書が届くようになるのか，鍵が破られるのはよくあることなのか，滅多にないことなのか，破られたとなぜわかるのかなど，サービス提供者はいろいろな疑問点を正確に説明できなければならない．

　図 6-1 は，某携帯電話向け音楽配信サービスで作られたセキュリティ計画書（内容は簡略化して示してある）である．この計画書を雛型にして複数の音楽配信サービスでも同様な計画書が作られた．コンテンツプロバイダ，配信サーバ，通信キャリア，受信端末，メモリカード，再生機器，デコーダ LSI それぞれが導入している保護手段，コンテンツ保護手段の内容（保護手段の強度評価など），契約，鍵，証明書などの発行が必要な場合，その発行機関名，発行機関内での管理体制，配布方法など，発行機関より供給を受ける事業者名とその中での管理体制，万一保護手段が破られたり不正なハードウェア，カードなどが供給されたときの対策，対策の実施手順および実施方法とコンテンツプロバイダへの対応，対策実施責任機関名および責任者名などが明記されている．

6.2 音楽市場における DRM

前処理（電子透かしの挿入、圧縮ほか）暗号化、暗号化、サーバ、配信、受信端末、再生機器、メモリカードなどの各段階でのセキュリティ計画

段階名	A. 基本仕様概略	B. 導入している保護手段	C. 万一保護手段が破られたり、不正なハード、カードなどが供給されたときの対策	D. 対策実施責任機関名および責任者名	E. 備考
I コンテンツプロバイダ	楽曲データの圧縮・暗号化を行い、暗号化した楽曲データ、コンテンツ鍵、ライセンス販売条件などを配信サーバへ供給する（付属書）	コンテンツ暗号化仕様など（付属書）	コンテンツ暗号化に伴う対策ほか	暗号化作業を行うコンテンツホルダ、コンテンツホルダの委託を受けた暗号化作業機関	
II 配信サーバ	メモリカード─配信サーバ間のライセンス配信プロトコルの実装と、楽曲に対するライセンス配信サーバ記録機能（付属書）	証明書確認、証明書無効化リストの発行などの業務（手順書）	メモリカード証明書確認、証明書、証明書無効化リストの運用ほか（手順書）	配信サーバ運営事業者およびコンテンツホルダ	法的な面も含む責任範囲については、コンテンツプロバイダ、配信サーバ運営事業者間の契約による
III 通信キャリア	通信路を提供する接続サービスのみ実装、課金代行管理をする（付属書）	課金管理（付属書）	問題発生時の窓口となり問題解決に当たる	問題発生時のコンテンツホルダへの受付対応窓口	法的な面も含む責任範囲については、コンテンツプロバイダ、通信キャリア間の契約による
IV 受信端末	ライセンスの移動・コピーを行う暗号通信路の仲介処理	コンテンツのセキュリティ保護については該当しない	コンテンツのセキュリティ保護については該当しない	コンテンツセキュリティ保護については該当しない	
V メモリカード	耐タンパ構造仕様など（付属書）	耐タンパ構造でのメモリカードに関する保護手段（付属書）	証明書無効化リストの運用により、保護手段が破られた機器からのアクセスに対してはライセンスの出力を行わない	メモリカード製造会社およびコンテンツホルダ	
VI 再生機器	耐タンパ構造（ハードウェア）内に実装したデコーダ（専用LSI）を備えた再生機器仕様（付属書）	デコーダ LSI に関する保護手段（付属書）	デコーダ LSI のデコーダ（ハードウェア）の耐タンパ構造に関連する取り決めに準じる	デコーダ LSI 製造会社およびコンテンツホルダ	
VII デコーダ LSI	基本要件を満足した耐タンパ構造（ハードウェア）を持つデコーダ LSI 仕様（付属書）	デコーダ LSI に関する保護手段（付属書）			

図 6-1 セキュリティ計画書の一部（例）

6.3　映像コンテンツ市場におけるDRM

　映像コンテンツビジネスは，これまでテレビ局や出版社などのごく限られた事業者のみにより行われていた．しかしインターネットやIT技術の普及によって，個人でもデジタルビデオカメラやノンリニア編集ソフトを使ってコンテンツを制作ができるようになっており，また，個人Webサイト，ブロードバンド環境などの普及はコンテンツ流通の場を大きく広げている．実際に始まりつつあるいくつかの映像配信ビジネスにおけるDRMについて述べる．

〔1〕映像配信ビジネスの課題

　誰にでも作りやすくなったとはいえ，ドラマ，ドキュメンタリー，バラエティ，ニュースと，各種の動画コンテンツを作る力はテレビ放送業界が依然大きい．韓国は，ブロードバンドの世帯普及率が75%を超え，人口の97%以上がブロードバンド環境という好条件の中で，民放テレビ局では全番組をテレビとネットで同時に放送し，24時間以内の全番組をネットで再放送している．その上，過去の番組も50〜100円で見ることができるので，ビデオに予約録画する人は大幅に減少しているという．日本でもブロードバンド放送にはテレビ局が蓄積したコンテンツの活用が真っ先に考えられたが，著作権問題が第一の普及の障害となった．テレビ局での番組の制作はあくまで放送で使われることを前提としているため，今までは通信サービスとしての再利用まで考えては権利処理をしていなかった．関係者一人ひとりから同意を取り付けて著作権料を支払う必要があるので，映像コンテンツの二次利用における権利処理は非常に煩雑になっている．第二の課題は，PCで有料のテレビ番組を視聴する習慣がないこと，魅力的な番組が少ないことである．日本では，テレビ局系の映像配信会社（テレビ朝日系のトレソーラ，日テレ系のB-BAT）が配信実験をやってはみたものの，過去の番組の著作権処理の手間と配信コストから，自社による事業化は中断していた．しかし，ブロードバンド環境の急激な拡大を背景に，テレビ局も積極的に配信する方向で戦略を見直している．テレビが多くの広告収入を集められたのは，テレビが消費者へ直接訴

えるのに最も適したメディアだったからで，ブロードバンド環境の拡大とともに，テレビ局の広告収入の一部は確実にネットに移る．事実，ITポータル系の広告料を収入源とする無料動画配信が好調である．そこで，テレビ局も配信会社へのコンテンツ供給に本格的に乗り出し，テレビ局はテレビ放送だけのコンテンツ制作会社から総合コンテンツ制作会社に移行すると見られている．この動きは大手広告代理店を頂点とする広告料配分モデルの仕切り直しにもつながるのではないかとも言われている．

〔2〕映像配信ビジネスの推進には

映像配信ビジネスにおける課題である過去の作品の利用，実際のビジネスでの取り扱いに関して，2005年3月に，表6-2のように経団連が仲介して暫定解決策としての著作権の支払いルールが決まったので[8]，今後はニュースや新番組を中心に配信が始まる．ただし，この利用料率はあくまで「ストリーミング型」に限定されており，すでに携帯電話や携帯プレーヤ向けにはダウンロード型が始まっていることから，後追いの感がぬぐえない．

表6-2 映像コンテンツのブロードバンド配信に関する著作権関係団体と利用団体協議会との合意内容

分野	協議先団体	合意内容（当該分野の料額の合計）
文芸	・日本文藝家協会 ・日本脚本家連盟 ・日本シナリオ作家協会	情報料収入：2.8%
音楽	・日本音楽著作権協会（JASRAC）	情報料収入と広告料収入：1.35%
レコード	・日本レコード協会 ・日本芸能実演家団体協議会 ・実演家著作隣接権センター（CPRA） など	情報料収入：1.8%
実演	・日本芸能実演家団体協議会 ・実演家著作隣接権センター（CPRA） など	情報料収入：3.0%
ブロードバンド放送事業者の支払い合計		情報料：8.95%，広告料：1.35%

条件は決まったものの，プロバイダやコンテンツホルダとしては，

① コンテンツのエンコードやデジタル化
② 事業者間の折衝・調整
③ 配信ページの作成および配信サイトの運用
④ 著作権情報の集中管理
⑤ 各権利がどの事業者により所有されているかなどの情報を容易に入手できる環境の整備
⑥ 関連プレーヤ，権利者団体への EDI (Electronic Data Interchange：電子データ交換) の導入

といった業務を単独で行うには限界があり，特に，著作権処理業務に関しては，権利利用報告，利用料支払い事務や権利者団体等との利用許諾交渉など複雑な処理が必要であり，それをまとめてくれる事業者が必要であるとしている．

[3] 成功している映像配信

(1) インターネットポータルによる映像配信

インターネットポータルと呼ばれる検索ポータルは広告で成り立っているため，集客が第一であり，地図検索，路線案内，天気，ニュース，グルメクーポン，辞書，翻訳，懸賞，ゲーム，占いなどの無料サービスを行っている．ポータル側には無料映像や広告映像，有料映像を取り混ぜて配信するニーズがあり，テレビ局単独では配信しても採算に合わないミニ映像番組もインターネットポータルなど向けに販売できるようになった．また米国では個人制作の映像番組も配信する動きがあり，日本からの登録・配信も可能である．多くの有料映像配信サイトでは WMDRM を採用している．

(2) 携帯電話への映像・画像配信

携帯電話への映像・画像配信の市場は，第 3 世代携帯電話の普及とともに伸び，インターネット映像配信を超える市場となっている．移動中の視聴環境や画面サ

イズ，画質を考慮した，携帯電話向けの映像コンテンツが求められている．インターネットでは無料が多い映像配信も，携帯電話では有料で成り立っている．

(3) 成人向け映像配信

　小規模にスタートして，配信コストも抑えた成人向け映像配信は成功している．ある配信サイトは3,000本の豊富なラインナップで，レンタルビデオよりも安い価格でユーザのニーズをつかんでいる．DRMとしてはActiveXの専用ドライバを使用して，共通鍵ベースの秘密鍵を保管する構成とし，この専用ドライバにより，ログインの手間を削除する構造となっている．DRMとしては軽いタイプの処理であるが，これまで被害は起きていない．これは，コンテンツが成人向け中心であるということが一つの要因になっている．成人向け映像を購入するユーザは個々に楽しむ人が多く，他のユーザとの交流が少ない．このため，不正にコンテンツが流通する被害がないと考えられている．

(4) 音楽ビデオクリップの配信

　第5章で述べたPRISMIX.TVは，WMDRM 9（Windows Media Digital Rights Management 9）以上に対応した映像配信サービスである．1曲150円で有効期間10日間のレンタル方式で利用できる．映像配信サービス単独では採算がとりにくいが，音楽ビデオクリップによる宣伝でCD販売量を増やして採算をとる手法だと言われている．

〔4〕 これからの映像配信

　e-Japan重点計画では，テレビ端末を家庭内の情報ゲートウェイとして活用し，テレビ端末は放送と通信が融合した家庭内総合情報端末となるとしている．高度なコンテンツ流通サービスや電子自治体機能を実現するためには，放送とブロードバンドの双方に共通な，高度なライセンス管理機能が必須となっており，次世代のデジタル放送であるサーバ型放送では新しい権利保護方式が検討されている．図6-2に示すように，蓄積後は，放送，通信の伝送形態に依存しないので，放送（ストリーム型，ファイル型）と，通信伝送は等価なサービス展開が可能にな

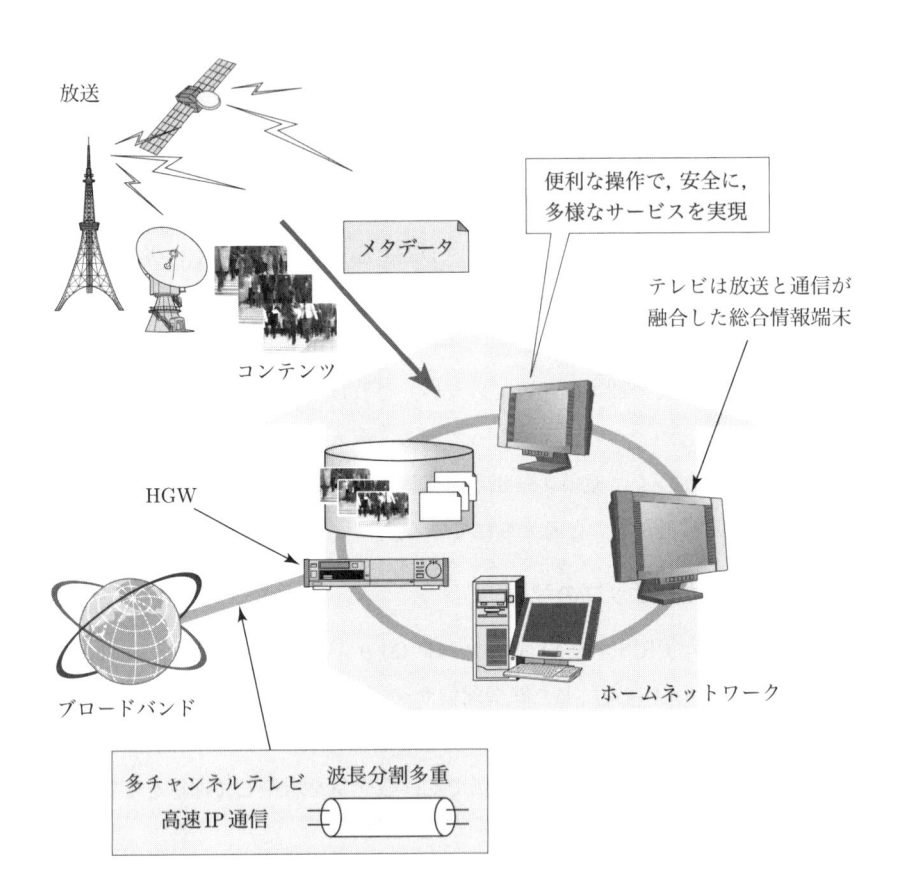

❏ 放送コンテンツの蓄積受信や，ブロードバンドとの連携による新しいサービス
  - 電波で送る映像・音声・データ放送に加え，ブロードバンド上の番組関連映像を利用
  - メタデータを活用して，放送，通信，ホームサーバ，それぞれのコンテンツをシームレスに組み合わせた，放送・通信連携サービス
  - 高度なCASにより，コンテンツの著作権を保護
❏ テレビは放送と通信が融合した家庭内総合情報端末に

図6-2　ブロードバンド時代のサーバー型放送サービス [9]

る．したがって，放送で流れるものが変わる可能性があり，放送・通信・蓄積連動型サービスなど多様な視聴のほか，メタデータの第三者提供など新しいビジネスモデルも可能になる．

また，複数のプラットフォームが連携していくための課題としては，いったん配信されてホームサーバ内に蓄積されたコンテンツの，家庭内でのセキュアなコンテンツ配信の制御，家庭外へのコンテンツ再送信の制御，家庭から持ち出されるリムーバブルメディアにおけるコンテンツ保護とアクセス制御，そしてコンテンツ以上にサービスの生命線を握る，メタデータの保護と不正なメタデータによるコンテンツ利用の防止などがあげられる．

コンテンツの円滑かつ安全な流通を実現する各種の技術は，さまざまに関連しながら全体として一つのシステムを形成していくことになるため，そのシステムとしての有効性を検証することがますます重要になる．

6.4　電子出版市場におけるDRM

雑誌でも学術書でも辞書・事典でも，いったん電子化されれば，紙とは違った進化をすると期待されている．その結果，本を本の表現方法をそのまま残して電子化した電子出版（電子書籍と呼ばれることが多い），表現方法は残しても中身を進化させマルチメディア化した電子出版（雑誌系が多い），中身は紙の本と同じだが表現方法だけが本と異なる電子出版（辞書など），表現方法も中身も変えた電子出版（ネット上のマルチメディア百科事典など）など，いくつかの形態が生れている．PCのマルチメディア表現能力の向上で，紙では表現ができなかった作品も作れるようになった．過去にも多くの特徴ある作品があったが，今後の技術の進化を考えると，マルチメディア電子出版は途についたばかりと言える．電子出版を文字と画像を使った作品と定義すれば，インターネット上のほとんどの表現物が電子出版と言える．紙と同様に，しかし紙とはまったく発想の違うニュース，雑誌，小説，漫画，ありとあらゆるものがネット上に表現されている．また，PC以外の携帯電話向けにも電子書籍の配信が始まった．代金がキャリアを通して集金

しやすいことも大きな理由と思われる．この節では，電子出版における DRM について述べる．

〔1〕本に DRM は必要か

本の場合は，著作権侵害についても音楽のような大量コピー問題は起きていない．本を読む行為には長時間の集中力が必要なこと，本の好みが多様であることから本を片っ端からコピーして保存しようという消費者は少ないことが原因であろう．だからと言って DRM が不要というわけではない．例えば医療や薬関係のデータベース型の出版物を例にとると，これらの本は利用者も限られているので高額である．もし見たい箇所が 1 ページだけでも安くコピーできるのであれば，利用者は紙の本を買わなくなる．図書館や大学が持っている利用頻度の少ない専門書などは，個人が重複して持つには無駄が多いことなどから理にかなっているが，電子化されると，コピーも簡単であることから著作権保護は必須になる．今後，この問題は大きな議論を引き起こすことになる．

〔2〕現在流通している電子出版の DRM

在庫が不要で返本がなく，販売機会の増加が期待できるので出版業界の注目度は高いが，まずは一部の写真集や漫画，成人向け書籍から始まっている．

図 6-3 に販売サイトで販売されている商品分野を示す．読み物・小説をメニューの中に入れているサイトは多いが，数量は漫画，グラビア写真が多い．

出版ニュース「出版年鑑 2005」によれば [10]，2004 年は過去の既刊本や絶版本を中心に約 2 万点の電子書籍が出版されている．インプレス「電子書籍ビジネス調査報告書 2005」によれば [11]，売上も 45 億円程度と，書籍市場の 0.48% にすぎない．辞書以外の書籍の電子化は，日本では未だ大きな波にはなっていない．しかも，電子書籍のフォーマットは，欧米では Acrobat Reader が業界標準になりつつあるのに対し，表現，表示にこだわりの多い日本語環境では，実に多くのフォーマットやビューワがあり，当面は統一されそうにない．

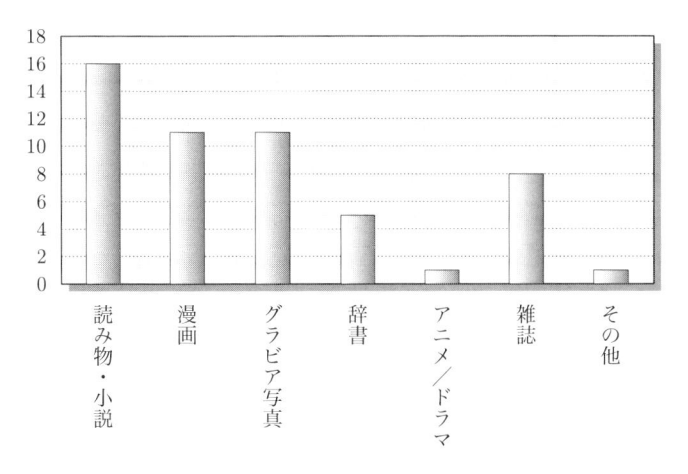

```
18
16
14
12
10
 8
 6
 4
 2
 0
```
読み物・小説 16　漫画 11　グラビア写真 11　辞書 5　アニメ/ドラマ 1　雑誌 8　その他 1

日本電子出版協会調べ（2005年8月）
電子書籍販売サイト40社中有効回答19社

図 6-3　販売されている商品分野

フォーマットには，文芸書向き，漫画向き，写真集向きがあり，担当者の判断で選ばれて使われている．販売サイトでも複数のフォーマットをサポートしている．日本で流通している主だったフォーマットとDRMを表6-3に示す．

この表で，単に「DRMあり」とだけ記載しているのは，方式が公開されていないことによる．

このほかに販売サイト独自のDRMを採用しているところがある．販売サイトのパピレスはこれまでPDF形式によるコンテンツ配信を行ってきたが，利用者に負担がかかるという理由から，DRMを適用していなかった．KeyringPDF方式を採用することで，利用者にほとんど負担をかけることなくPDFでの著作権保護が可能となったという．KeyringPDFでは128ビット暗号を使っているが，詳細は明らかになっていない．

ASP (Application Service Provider) 型ビューワ不要の電子書籍サービス "Joy-POP" を進めるITエージェントは，コンテンツ暗号に3DES，鍵の送付はPKIを利用しているが，詳細は不明である．

2004年から始まった携帯電話向け市場においては，第3世代携帯電話の大幅な

表6-3 ビューワフォーマットとDRM（2005年度日本電子出版協会調査より）

ビューワ名	データ	提案元	DRM
T-Time dotbook	テキスト・画像	ボイジャー	DRMあり
T-Time ttz	テキスト・画像	ボイジャー	DRMあり
XMDF	テキスト・画像	シャープ	DRMあり
蔵衛門デジブック	画像ベース	トリワークス	DRMあり
ebij book reader	画像ベース	イーブックイニシアチブジャパン	DRMあり
BBeB	テキスト・画像	ソニー	OpenMG
コミックサーフィン	画像ベース	セルシス	3G携帯
Open eBook	テキスト	OEBF	DRMあり
PDF	テキスト・画像	アドビ	―
ADOBE eBook	テキスト・画像	アドビ	RC4 128
FlipBook	画像ベース	イーブックシステムズ	DRMあり

進歩によって，初年の2004年だけで12億円の単独市場を作り出し，その後の拡大は急速である．コンテンツは携帯電話の外には出せないことからDRMは採用されていない．しかし，6.6節で述べるように，携帯電話だけがDRMを採用しないというわけにはいかなくなる．

　PC系は，現在のところ多くのビューワとDRMがある．今後の技術進化を考えると，マルチメディア化した電子出版については今後も多くの試みがなされると考えるが，紙で出版された過去の本のアーカイブについては，電子化のフォーマットの標準化を急ぎ，世界に遅れることなく粛々と進める必要があろう．

〔3〕今後の電子辞書

　紙の辞書を全部入れたポケット電子辞書が製品化されたのは1992年である．その後は順調に伸びてきた．電子辞書は，紙の辞書と内容は同じでも，検索機能面では紙の辞書を凌駕していて使い勝手が良い．また1台に載せる辞書の冊数も10冊を超え，紙の辞書に換算すれば電子辞書は紙の辞書を超える冊数が売れている．

その結果，紙媒体の辞書は縮小しつつある．電子辞書は過去の遺産を切り売りしているのであって，再生産できるだけの利益を還元できていないという指摘もあるが，電子化で編集のコストは下がっており，各種のアプリケーションに辞書を組み込むなど，消費者ニーズに対応することで，形は変わっても辞書は残るであろう．1999 年にはインターネット利用のオンライン辞書検索サービスや，i モード通信網を利用したケータイ辞書が現れた．携帯電話，PDA（Personal Digital Assistant），PC などの電子辞書を取り巻くネットワーク環境の変化，とりわけ次世代携帯電話，UWB（Ultra Wide Band：超広帯域無線），高性能 CPU，大容量メモリなどの技術環境の進化で，端末はさらに進化するであろう．ユーザは辞書の期間利用権を購入することで，TPO に合わせて携帯電話，ポケット電子辞書，PC を自由に使い分けるようになるかもしれない．あるいは，定額料金であらゆる辞書が使い放題になるかもしれない．

〔4〕今後の電子出版

書斎に PC が常備されるようになった以上，いずれ世界中の情報は，すべて PC で手に入れることができると見てよい．本も例外ではない．すでに学術論文は基本的にオンラインになり，授業の資料も学内ネットに上がっているので，本を読んでいる学生は年々少なくなった．

マイクロソフトは大英図書館と契約し，2500 万ページ，10 万冊分を閲覧できるようにする．グーグル（Google）も，スタンフォード大学，ハーバード大学などの図書館や，ニューヨーク公立図書館など，多数の機関とともに絶版本や著作権で保護された作品 1500 万冊以上をデジタル化し，検索や閲覧ができるようにする計画を立てており，すでに書籍のスキャンを始めている．もともと図書館や大学が持っている貴重な本は，利用者の便宜や保存のことを考えると電子化するほうがよい．しかし，図書館や大学には電子化するだけの予算がないので，運営するポータルサービスの集客を目的としているマイクロソフトやグーグルが費用提供を申し出た．ただ，著作権が残っている本については，図書館は複写し配信する権利を持っていない．

一方，中国でも，北京大学が，毎年 10 万点の書籍をデジタル化している．すでに北京図書館（国家図書館）は所蔵する 7 億文字の「四庫全書」のテキスト化を完了しており，国家規模でデジタル化が推進されている．また宣伝という意味合いで，多くの販売中の書籍がネットで公開（図表はない）されている．また，年会費 1,500 円を払えば省（日本の県に相当）の図書館の本はネットで読み放題というサービスを進めている省もある．

　内容が古くなって絶版にした本や，存在が消費者に知られないまま絶版になった本，需要が少なくなったので絶版にした本，高額なのでわずかしか印刷しなかった本は版元に本が残っていれば電子化して再流通させることができる．消えるべくして消えた本を再流通させてもビジネスにはならないが，残す価値のある本は文化財産として残すべきだろう．問題は何を残すかである．

　また，書籍を中心とするネット販売大手のアマゾンは，書籍をキーワードで全文検索し，目当ての書籍を探し出し，キーワードの前後 2 ページを読ませる立ち読み機能を日本でもスタートさせた．これは本の販売機会の拡大につながるとして出版業界も好意的だが，米国ではページ単位での販売も始まる．競争があるので，このような流れはアマゾンにとどまらず，多くの出版社，大手書店が同様のサービスを始めるであろう．キーワードで検索したら米国の A 社，日本の B 社，C 社がヒットしたとする．1 ページが A 社は 5 セント，B 社は 10 円，C 社は 1,000 円とすると，ユーザは A 社か B 社のページを購入することになる．A 社は世界を市場と考え 5 セントの値づけをし，B 社は日本を市場と捉えて 10 円とし，C 社は自社の紙の本の販売数からユーザ数を想定して値づけをしたかもしれない．学術書の場合はグローバルな戦いを強いられることになりそうである．

　6.1 節で述べたように，コンテンツ流通を支えるサービスインフラの整備は今後も進み，世界中で大学図書館などの本はすべて電子化されてコンピュータの中に入り，いずれ市販の本も例外ではなくなり，電子化された本と紙の本を選んで買う時代になる．高速ネットワークの時代に個人のコンピュータの中にまで大図書館を丸ごと入れる必要はないが，いつでもすぐ手の届くところに大図書館がある環境になる．また，多くの情報誌や雑誌は，マルチメディア技術が駆使されて多

くがネット化されても不思議ではないし，それを読むブックリーダも PC ではないかもしれない．

また，出版分野ではオープンソース的な活動が顕著で，オンライン百科事典の Wikipedia は，すでに日本語版で 25 万本，英語版で 130 万本以上の記事があり，多くの参加者による協調活動の産物として成功例にあげられている．これに触発されて教科書や知識データベースの分野で多くのオープンコンテンツのプロジェクトが生まれた．将来，これらが，既存の辞書や教科書，実用書に置き換わる可能性も否定できない．

6.5　写真業界における DRM

印刷の工程のデジタル化が進み，写真もデジタル化されることで，簡単に高品質な加工が可能になった．しかし，複製・加工（翻案・改変）が容易な上に，インターネット上での利用など，印刷媒体以外の利用が飛躍的に増加したことで，著作権者にとっては管理が大変になった．しかも，デジタルカメラの普及で，商業写真の世界でもポジフィルムという有形物がないことが多い．

この節では日本写真著作権協会（JPCA：Japan Photographic Copyright Association）をはじめとする業界団体が取り組んでいる著作権 ID と DRM を中心に，写真業界における DRM について述べる．

〔1〕写真業界で起こりやすいトラブル

商業写真の場合，委託する側と制作する側の間に認識の違いが生じやすい．委託する側は，費用を負担しているのだから，作品は著作権を含めて取得したと思い無断利用をしてしまうことがある．従来ならば，写真家がフィルムを管理していれば，無断で利用されることを防げた．しかし，写真がデジタル化されてしまうと無断利用も簡単になってしまう．委託側は，写真は作品ではなく単なる素材と思っているため，簡単に複製・加工してしまうことが起こりやすい．

音楽ならば，CM での利用などは原盤権（著作隣接権）を持つレコード会社や

音楽事務所，著作権を管理する日本音楽著作権協会（JASRAC：Japanese Society for Rights of Authors, Composers and Publishers）に事前に承諾を貰わなければならないルールがあり，定着している．写真については，写真業界が小規模な個人企業がほとんどで，著作権もほぼ個人に帰属し，写真点数は天文学的数字にもかかわらず，音楽と違って曲名に相当する一般に認識される題名がないことが多い．したがって，有名な作品でもない限り，無断利用は制作者本人しか見つけられないという背景がある．

そこで，業界としては

① 写真家が著作権者になること
② 作品を利用できる範囲（方法，媒体，期間など）
③ 利用が終了した場合のデジタル情報の破棄・返却

を定着させ，さらに制作委託の際に，制作の対価と利用許諾の対価を区別して契約するなどのデジタル化以前の改善が求められている．

〔2〕日本写真著作権協会

多くの商業写真は個々に契約ベースで利用されるが，高速通信網が普及したので，音楽や映像のように写真もインターネットを利用して流通させようという機運が高まった．

日本写真著作権協会（JPCA）は，日本写真家協会，日本広告写真家協会，日本写真文化協会によって2003年に設立された有限責任中間法人で，その後，日本婚礼写真協会，日本肖像写真家協会，日本写真作家協会，全日本写真連盟の4団体が加わり，現在7団体，会員数2万7千名（アマチュアを含む）を擁している．

JPCAでは「写真著作権者ID」を発行し，写真著作権の普及と啓発を促進するとともに，著作権管理事業を行っている．JPCAのWebページには，写真家の写真著作権者IDと5点以内の作品が公開されている．写真を利用してほしい写真家のニーズと，写真を利用したい利用者のニーズを満たすことで，写真コンテンツの流通促進を図りたいとしている [12]．

〔3〕日本写真著作権協会の DRM

　写真コンテンツの保護には，トリニティセキュリティシステムズの保護技術を用いている．Web サイトで公開するデータをあらかじめ暗号化し，閲覧時に自動的にダウンロードされる専用ビューワ（ActiveX プラグイン）によりデータを復号し表示するとともに，キャプチャやコピーなどの二次操作を制限するもので，キャッシュデータも残さないようにしている．JPCA としては，このように DRM を取り入れているが，不正利用に対しては，DRM や電子透かしなどには，さほど期待しておらず，技術的な制限を強化するよりも，利用者に対して著作権に関する意識を促すことが有効と考えており，事前に契約書を交わし，トラブルには契約書ベースで対処していく方針で進めるとしている．したがって，DRM についても，コンテンツの不正利用を制限するだけではなく，教育効果のあるものを求めたいとしている．

　その他，写真コンテンツの流通を促す上でのもう一つの課題として，コンテンツの識別・検索がある．例えば「富士山」というキーワードで写真コンテンツを検索すると，ヒットしすぎて検索にならない．権利者の主観的な評価，感覚的なキーワードによる検索技術も求められている．

〔4〕写真業界で使われ始めたセキュアな写真データベース

　JPCA でも採用しているセーラテームの写真データベースは，写真固有の問題を解決している．写真の場合は音楽とは異なり，ユーザの求める解像度は用途によって異なる．大きなポスターでの利用，パンフレットでの利用，書籍の挿絵としての利用，縮刷カタログでの利用，Web サイトでの利用では，それぞれ必要な解像度，色数が異なる．また，必要以上の高解像度のデータを多くの利用者に渡すのは危険でもある．そこで，セーラテームのデータベースでは，すべてのユーザグループに階層的な品質レベルを割り当てている．

　暗号化したファイルはサーバからの暗号解除の許可があって開くことができる．ユーザグループ情報は各ファイルにつけられていて，すべてのユーザグループに

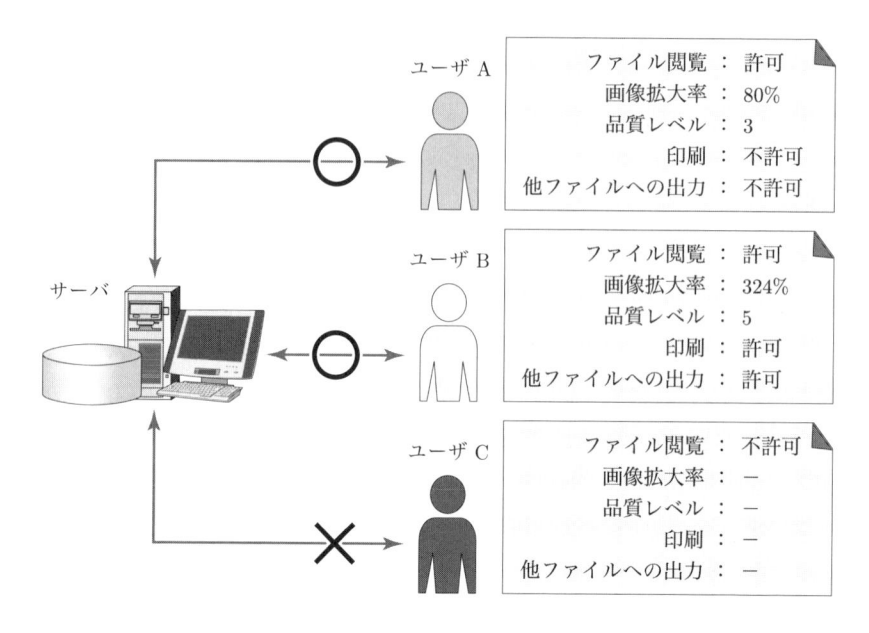

図6-4 JPCAが採用したセキュアな写真データベース

アクセス可能な品質レベルが割り当てられている．暗号化ファイル自体の場所にかかわりなく，閲覧権限情報のみをサーバは管理するので，サーバ側の負荷は少ない．

　閲覧だけのユーザには高解像度のデータは渡らないので危険度は下がる．ただ，印刷を希望するユーザには高解像度のデータが渡り，それ以降のコントロールはサーバ側では不可能になるので，ユーザの良識に任せるしかない．電子透かし技術は著作物の利用状況をモニタ（監視）する技術だが，モニタできる状況は限られていることが多い．Web上の写真であれば検索ロボットで電子透かしを探し回り，使用許可データベースと照合することで可能だが，印刷物の中に紛れていると不可能に近い．その意味では，必要以上にDRMの強度を上げても意味がない．利用者に対して著作権に関する意識を促すことが有効だというJPCAの考えは妥当である．

6.6　携帯電話におけるDRM

　この節では，携帯電話を取り巻く環境の変化，とりわけ第4世代携帯電話における高速化，地上デジタルテレビやホームサーバとの連携，UWB無線，無線LANとの協調と競合を考え，コンテンツ流通での携帯電話の役割を見据えて，そこでのDRMについて述べたい．

〔1〕携帯電話の得意なコンテンツ

　将来は，個人が肌身離さず持つ携帯電話による映像・音楽・放送コンテンツの閲覧が中心になる，いわゆるモバイルセントリックの世界になる可能性を大いに秘めていると言われている．しかし，定時のニュース映像のようなバースト的なトラフィックの上昇を伴うリッチコンテンツの配信は，携帯電話網が得意とするところではない．そこで，コンテンツの内容とユーザの居場所によって，携帯電話網で届けるか，広域無線LANで届けるか，家庭の無線LANで届けるか，列車内の無線LAN経由なのか，地上デジタルテレビで届けるのか，サーバー型放送を利用するのかが選択されることになる．携帯電話は長い番組を見るのも得意ではなく，外出先で，少しの空き時間に視聴できればよい．手短に編集されたコンテンツが適している．一般にはリッチコンテンツは迂回させるべきとの考えがあり，サーバー型放送に期待する声もある．コンテンツは放送から入手し，メタデータは携帯電話網経由で購入するスキームである．これらのリッチコンテンツを視聴するモバイル端末としては，携帯電話のほかに携帯プレーヤや携帯ゲーム機も控えており，映像を視聴する場所や目的は，提供する側の想定を超えて多様化する可能性もあって，いろいろなスキーム，ビジネスモデルが試されよう．

〔2〕携帯電話のDRMの条件

　携帯電話および移動体網が閉環境であること，高額なコンテンツなどを扱わないことから，本格的なDRMは今までは適用してこなかった．一部，PHS専用端末などを用いてDRM適用サービスを提供したぐらいである（6.1節で説明した，

音楽市場でのDRMの利用のされ方)．ただ，今後は携帯電話と言えども，携帯電話網，IP網，放送網の，どのルートでコンテンツが配信されてもおかしくはない．課金，コンテンツ保護，権利の移転や共有などを含む総合的な権利流通サービスを実現していくためには，DRMも統合的にシステム化しないと，効率化が図れない．そこで，携帯電話にDRMを導入するときの条件を考えてみたい．

(1) 携帯電話に特有な条件

契約した個人が使い，他人に貸したりしないのが社会通念である．したがって，ユーザ認証が容易である，電話番号，クライアント証明書などによってユーザ特定が可能である，課金など権利の管理が単純である，などがあげられる．ただ，扱う金額が大きくなると，生体認証などを付加してい必要がある．

(2) 課題および標準化の必要性

モバイルセントリックで課金，コンテンツ保護，権利の移転や共有などを含む総合的な権利流通サービスの実現を目指すならば，当然，プロバイダやコンテンツの種別などに依存しない，汎用性が高く将来にわたって使えるDRM方式でなければならない．また，コンテンツに対して対価を支払っているはずなのに，いつまでもデータにお金を払うビジネスモデルでは，いずれ破綻しかねない．そのためには，超流通を前提したDRMにしておく必要がある．

(3) 共通部品・共通ツールとすべき項目

世界中には多くのDRMがあって，それらのDRMはそれとくみするビジネスモデル，プラットフォーム，サービス事業者グループと一緒に覇権を競っている．いずれ淘汰されようが，暗号化アルゴリズム（コンテンツ用，鍵交換用，認証用），暗号化コンテンツパッケージング，コンテンツ権利記述，クライアント認証など，個々の部品を共通ツールとすることで標準化へ軟着陸させることができるのではないかと模索されている．

(4) 権利発行者機能

携帯電話の機能向上に伴って，静止画，動画，はては小説まで，ユーザである個人が逆に携帯電話を使って制作する側，供給する側になる．したがって，権利者側の機能も必要になるという意見がある．

〔3〕今後の DRM の方向

特定の携帯電話会社内だけに閉じるのではなく，複数の携帯電話会社間，複数の PC やポータブルプレーヤ向け音楽・映像配信サービス間にまたがった，業界横断的な DRM メカニズムを確立しないと，放送・映像・音楽コンテンツの流通がうまく促進できないのではないかと懸念されている．

個人から見ると，あるシーンでは屋外の携帯電話や車の端末で，あるシーンでは書斎の PC やオーディオ装置で，あるシーンでは居間のテレビで聴いたり見たりするが，それぞれのシーンで利用するコンテンツが同一である場合，それぞれに契約してコンテンツ料金を払うことは望まないであろう．しかし，現実はメディアごとに料金を支払っている．一人の個人が，自分だけの利用のために同一パッケージを何枚も買うことがあり得ないのと同様に，同一データに対しても多重に支払うことはあり得ないはずである．インターネットを通じて販売された楽曲は，AV 機器で鑑賞されるだけではなく，携帯電話やその他の IT 機器で利用されうることも視野に入れたプラットフォームが求められている．

当面は，携帯電話会社ごと，インターネット配信業者ごとに個別の音楽・映像配信サービスが立ち上がっていくとしても，最終的にはワンストップサービスとして統合化していくための著作権管理方式，ユーザ管理方式，不正コピー防止方式，一つのユーザが所有する複数の端末間でのコンテンツ流通方式などを加味した総合的な DRM 管理プラットフォームの構築について，業界横断的に検討を進めていく必要がある．

6.7 医療分野における DRM

医療分野の電子化が進んでいる．医療機関側の経営の効率化，国の医療費抑制政策，患者の情報公開要求などが背景にある．この節では，電子カルテの取り組みとコンテンツ流通の課題や現状について，DRM 側から述べる [13]．

〔1〕 国の施策

政府は e-Japan 戦略として，医療の高度化や保健医療費用の増大に対応するために，図 6-5 のように，地域にある医療機関を診療所，大学病院などの高度な医療体制を整えた急性期病院，長期療養型病床群の 3 グループとして，電子カルテのネットワーク転送，外部保存などにより，患者本人の意思とセキュリティに十分配慮しながら，患者の医療情報を医療・保健機関間で連携活用できる仕組みを作り，患者が複数の医療機関において継続性のある治療が受けられるようにしたいとしている．そのためにも，電子カルテの医療機関外での保存を容認し，電子カルテの普及の促進（2006 年度までに 400 床以上の病院および全診療所のうち 6

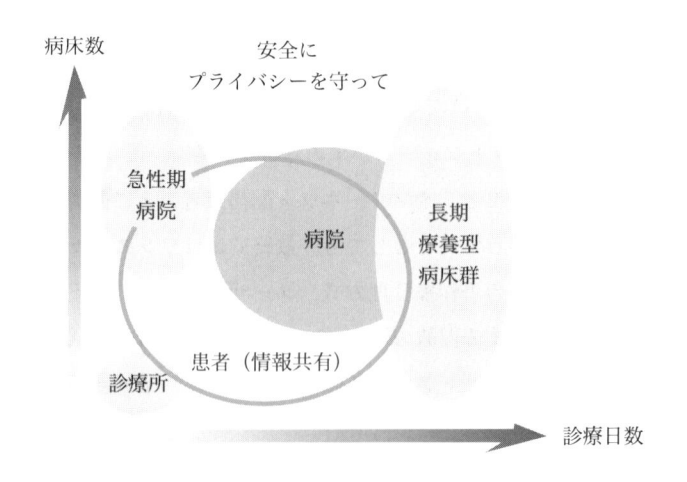

図 6-5　医療情報の連携活用

割以上）や，診療情報の電子化の促進などにより，医療の質の向上と医療機関の経営効率化を実現したいとしている．また，医療機関についての情報（診療実績，サービス内容など）の信頼性を第三者機関が審査した上，国民に開示する取り組みを推進し，医療情報のデータベース化，インターネットによる情報提供をするとしている．

〔2〕 保健医療福祉分野におけるコンテンツ流通

電子カルテが注目されているが，病院にはそれ以外に，医事会計システム，部門システム（放射線情報システムや **PACS**（Picture Archiving Communication System）など），オーダエントリシステム，診療支援システム，これらの情報の長期保存サーバなどがあり，医療の質，経営効率，研究・教育の面でなくてはならないシステムになりつつある．

保健医療福祉分野で流通するコンテンツとしては，個別の保健医療福祉情報（個人情報）があり，個人情報交換型の標準化はかなり進んできている．患者としては，既往歴や，禁忌薬剤，検査情報，治療情報などが共有されて，重複した検査や治療が避けられるという点があるが，プライバシーとセキュリティの問題が存在する．誰が電子カルテ情報を読めるのか，情報の引き出し場所を医療機関に限定するのか，研究などのための診療情報の匿名化は十分なのか，行政機関にまで広げるのか，自己情報コントロール権をもとに自宅でも引き出せるようにするのか，という問題である．研究の推進や医療政策のためには，診療情報のデータベース化と活用は避けられない．十分な配慮が必要である．一方，最近インターネットでは無料の医療情報提供サービスがある．一部には信頼性に問題があるが，代替医療の情報の提供という意味合いから信頼性をどう付与していくかを検討しなければならない．

図 6-6 は，電子カルテ地域医療ネットワークの例である．データセンターに電子紹介状データベースがあって，病院間で紹介状データをやりとりし，電子カルテシステムは地域の診療所には個々に置かずに，ASP 型の電子カルテシステムの

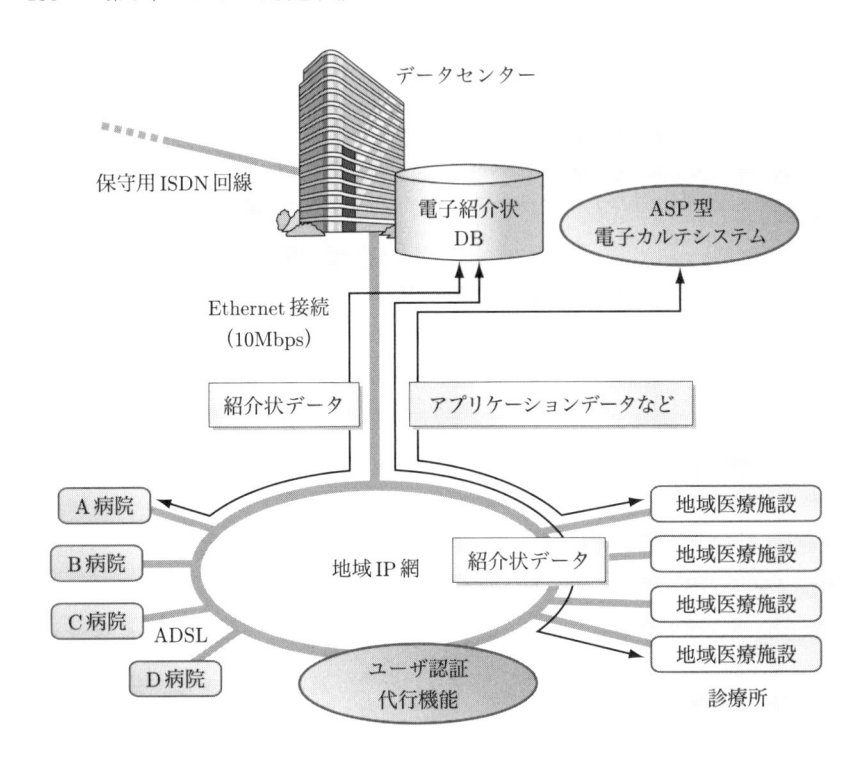

図 6-6 電子カルテ地域医療ネットワークのイメージ図 [14]

サービスとして各診療所が共通利用する形態としている [14].

セキュリティに関しては，図 6-7 のように，病院，診療所間での電子カルテの交換に際し，診療情報連携支援センター内の認証機関が，利用者の PKI-IC カードに対して個人証明書を発行し，属性認証機関が属性証明書を発行し，相互認証をすることで，セキュアな環境下で，属性権限管理サーバが利用者管理を行うことができる状態になる．その上で，属性権限管理サーバはユーザの属性に応じた権限で電子カルテサーバやメッセージ交換サーバなどの各種システムへのアクセスをコントロールしている．

ただ，以下のようにユーザの属性に応じた権限が多様であることが，保健医療福祉分野の PKI（HPKI：Healthcare PKI）の特殊性でもある．

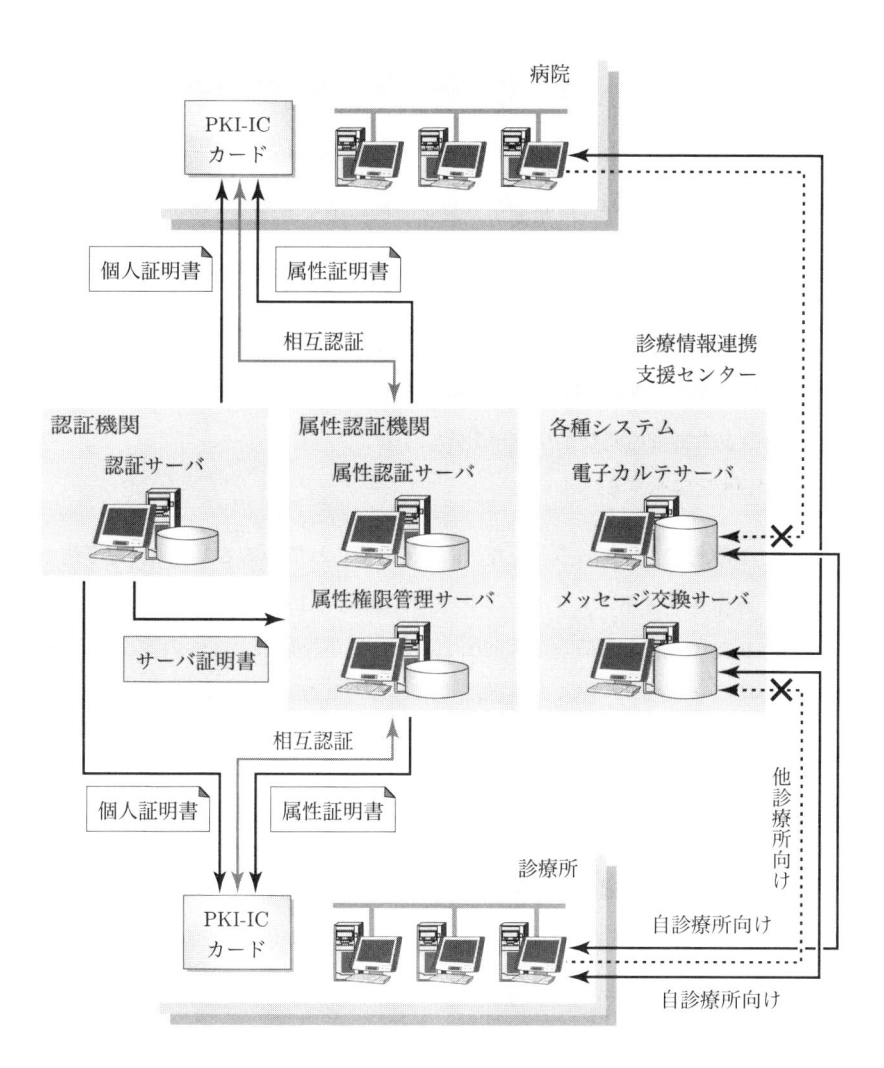

図 6-7 電子カルテ交換のためのセキュリティ管理 [14]

- 証明内容が多彩（国家資格，自治体資格，勤務形態など）
- 証明内容の責任者も多彩（厚生省，自治体，医師会，病院）
- 順序性，時刻が重要

そこで，HPKI のガイドラインとしては，

- RFC3280（証明書プロファイル）などの標準に準拠する．
- ISO TS 17090（保健医療福祉分野証明書に関する技術仕様書）に準拠する．
- 電子署名法などに対応する．
- 人と組織の署名と資格・属性認証について記載する．
- 公開鍵証明書と属性証明書を使い分ける．
- タイムスタンプを必須として取り扱う．
- そのまま実用可能なポリシーを作成する．
- 使用例を提示する．

を基本的な考え方としている．ただ，HPKI で守られているとしても，電子化されたカルテ情報はディスプレイやプリントされた紙の上では平文化されてオープンになる．したがって，最終的には刑法 134 条，日本医師会「医師の倫理」，ヒポクラテスの誓いまで遡り，個人の良識に委ねることになる．

6.8 教育分野における DRM

教育コンテンツの流通は，一部では始まっているが，商用レベルになるには時間が必要だと認識されている．本節では，そのための DRM の方向について述べる．

〔1〕 DRM の必要性

教育分野に従事する者は，著作物を著述・制作する側にもかかわらず，著作権に対する関心が低いとも指摘されている．

著作権法第 35 条第 1 項により，教育を担任する者（教員）および授業を受ける

者（児童・生徒）は，授業の過程で使用するために著作物を複製することができる．複製が認められる範囲であれば，翻訳，編曲，変形，翻案もできる．このことが教育界では著作権の対する理解が浸透しにくい原因にもなっている．

教師としては，授業の内容に合わせて自由にコンテンツを組み合わせて理解しやすい授業を実施したいとか，教師や生徒が自由にコンテンツを編集加工し，二次著作物として発表したい，させたいという希望があるが，それを可能にするには，コンテンツの制作段階で，権利者と契約ベースで利用条件をクリアしておかなけれならないことや，例えば利用範囲などをドメインと関連づけて，学校では使用を認め，宿題をする家では認めないなどのように，用途も契約ベースで定義されていることなど，著作権に対する理解を浸透させる必要があるが難しい．したがって，複雑な利用条件などを個々の教師が知らなくても利用できる仕組みを作っておかないと問題が起こりやすい．そこで，アクセスコントロールやDRMについて議論され始めている．

〔2〕 **取り組み事例**

教育コンテンツの流通のためのいくつかの事例について述べる [15]．

(1) 総務省 EduMart

民間の教育用コンテンツの公立学校などへの配信を促進する仕組みとして実証実験が行われた．しかしながら，権利処理および課金も行うシステムには未だなっていない．民間中心のコンテンツ制作という現状を考慮すると，将来的な環境として捉える必要がある．

(2) メディア教育開発センター著作物等流通促進システム

高等教育のマルチメディア利用促進が目的である．学習コンテンツに他人の著作物を再利用して新しいコンテンツを作るためには，当然，著作権をクリアしなければならないが，利用許諾に関する権利者の意向をデータベース化して，利用許諾を行うかどうかをコンピュータで自動判断し，暗号化してダウンロードできるようにしている．このシステムでは，電子透かし技術が用いられている．情報

は画像全体に埋め込まれるので，切り取りや一部改変などの処理が施されても抽出可能である．このシステムでは，デジタル画像などに利用申請を行った人の会員番号を電子透かしとして動的に埋め込み配信する方式がとられている．無料の利用許諾に限定されるため，民間のコンテンツ制作者の場合は適用が困難である．

(3) 学校現場でのインターネット活用

インターネットを活用した授業が盛んになって，課金のためのアクセスコントロールではなく，生徒がWeb空間で迷子になったり，有害サイトにアクセスしないようにするアクセスコントロールが重要になっている．Web教材の作成支援・学習支援システムの中には，Webのプロキシサーバとして動作して，教師の指針に従ってWeb空間を限定しながら，Webの情報から学習に必要なものだけを自由に組み合わせて仮想的な教材として構成し，教師の意図に沿った授業の実践を支援するシステムがある．

(4) マサチューセッツ工科大学 MIT オープンコースウェア

2,000以上に及ぶ講座の講義の草稿や課題，概要，指導書，ビデオ，図書リストを無料でインターネット上に公開している．教育と発明は，知識がオープンに共有されてこそ最も前進するというオープンソースの理念から推進している．参加の意思決定は，各教授に委ねられる．利用は非営利目的に限られる．提供される教材から別の教材を作る場合には，それもオープンにしなければならないというオープンソースの理念が守られなければならない．

日本でも2005年5月に大阪大学，京都大学，慶應義塾大学，東京工業大学，東京大学，早稲田大学の6大学によって **OCW**（Open Course Ware）連絡会が発足した．マサチューセッツ工科大学のOCWに準拠し，各大学のOCWのWebページで講義のシラバスやノートなどの情報を公開している．

〔3〕教育コンテンツのDRMが低調な理由

教育コンテンツの場合，教育者自身が制作することが基本にあるため，素材利用のニーズや，カリキュラムを参考にすることはあっても，丸ごと教育コンテン

ツを導入する事例は少ない．利用する素材についても，著作権があるにもかかわらず利用規定が付属していないことが多いため，無断で利用されている例が多いと言われている．また，商用の教育コンテンツ制作の場合，制作事業者は，自治体の教育委員会，大学，図書館へ一括契約によりコンテンツは供給するものの，管理は購入側に任せる売り方が中心になり，ドメイン管理ぐらいで DRM による細かいアクセスコントロールは行っていない例が多い．

6.9　ゲーム市場における DRM

　最初の家庭用ゲーム機用のソフト流通は専用パッケージで始まったが，すでに据え置き型ゲーム機はインターネット接続機能を備えており，携帯ゲーム機も無線 LAN 機能を備えている．次世代機では過去のゲームソフトはすべてダウンロード可能になるとしており，家庭用のゲームはオンラインゲームと融合しつつある．一方，国内での PC ゲームは一時衰退していたが，オンラインゲームを中心に少しずつ勢いを回復しつつある．オンライン型であれば認証によるアクセスコントロールが，ダウンロード型であればアクセスコントロールやコピー防止の管理が必要となっている．この節では，ゲーム市場での DRM の事例について述べる．

〔1〕違法コピー問題

　PC ゲームは家庭用ゲーム機のような特殊なソフトウェアや開発機材，大規模な開発環境を必要としないので，プログラムに堪能であれば，比較的自由に作成して販売できる．流通形式も，無料からシェアウェア方式，有料販売などさまざまな形態がとれるが，もともと製造メーカや機種に依存せずに動作させることが前提の PC ゲームでは，常に違法コピーとその対策が繰り返されている．

　一方，家庭用ゲーム機の場合，特殊なハードを内蔵させることも可能であることから，PC ゲームよりは違法コピーには対処しやすい．以下，パッケージソフトのコピー防止技術について事例を示す．

(1) Safe Disc

米国 Macrovision が開発した PC 向け CD-ROM コピー防止技術である．ディスク上に故意にエラーセクタを挿入して製造しておき，コピーソフトでディスクをコピーするときはエラーセクタを補正しようとするので，その特性を利用して，ソフトが正確にはコピーできないように仕組んでいる．プロテクト解除技術の向上に合わせてバージョンアップも重ねている．

(2) Alpha-ROM

韓国 SETTEC が開発した PC 向け CD-ROM コピー防止技術である．重複したセクタのアドレスや内容はコピーされないというコピーソフトの特性を利用し，故意にディスク上に重複したセクタを入れて，そのセクタがあるかどうかで不正コピーを見分け，さらに重複したセクタの中のデータが欠損すればゲームソフトが動作しないようにしている．

(3) ProRing

コンピュータソフトウェア倫理機構が公認している国産のコピー防止技術である．ディスクに無信号部分を作成し，エラーセクタとして認識させることで不正コピーを防ぐ．無信号部分が黒い線として目で見て判別できるのが特徴である．

上記のコピー防止技術は，すでに構造が調べ上げられて事実上は破られてはいるものの，著作権法第 120 条で，技術的保護手段の回避を行うことを専らその機能とする装置・プログラムを公衆に譲渡などした者には刑事罰が定められている．コピー防止技術を回避・消去する装置を作ったとしても，それを販売・配布することは著作権法および不正競争防止法に抵触するので歯止めがかかっている．また，これらの装置を使ってコピーを行うことは著作権法による私的使用の許容範囲を超えた著作物の複製とみなされ，個人も著作権侵害となる可能性を持っている．

それでも，市場では灰色の製品（ソフト）が売られている．CD や DVD 上のソフトを使いやすくするという名目で HDD に内容を移して，HDD 上で動作させているソフトがある．CD-R や DVD-R にコピーはしないので，いわゆるコピーソフトではなく汎用的なバックアップソフトの体裁にはなっているが，HDD 上に仮想

のCD，DVDエリアを設け，CDやDVDのコピー防止技術を解析した上で，正確に（エラーセクタ，重複セクタ，無信号部分までも）内容を移している．購入したソフトをHDDに移した後，本物のソフトは中古ソフト屋に売ることを助長する可能性が高く，著作権侵害を誘発させるので，不正競争防止法違反になる可能性をはらんでいる．

(4) 家庭用ゲーム機のコピー防止技術

市販のレコーダでは記録できないTOC（Table Of Contents）部分に「正規品」であるというデータが入っており，このデータはコピーできないので，ゲーム機ではコピーしたゲームソフトは動かない．そこで，クラッカの間ではコピーソフトであっても「正規品」であると嘘の認識をさせるようなICチップなどをゲーム機に組み込む改造を行ったり，いったんゲーム機で「正規品」と認識させるソフトを立ち上げて，その後にディスクを交換してコピーソフトを立ち上げたりする方法が横行している．そこで「正規品」のチェックの頻度を上げるなどの対策がなされている．

〔2〕オンラインゲームやダウンロードゲームのDRM

ダウンロードゲームは主にミニゲームと呼ばれ，現在は無償でポータルサイトで提供されているもの，フリーソフトウェアかシェアウェアとしてゲームマニアの間で流通しているもの，ゲーム専門サイトで有料でサービスされているものに分かれる．有料サービスではDRMを採用し，会員制でユーザに登録させて，OSやCPUのバージョン，BIOSのバージョン，NetBIOSのコンピュータ名，ハードディスクドライブのシリアル番号，ネットワークカードのMACアドレス，IPアドレス，搭載している物理メモリの容量などをサーバ側に吸い上げ，それらの数値をもとに開錠キーを作ってユーザに送って，特定の装置のみでゲームが実行されるようにしている．しかし，おもしろいゲームであればあるほど，クラッカや海賊版業者にアタックされ，加えてブロードバンドとファイル交換サービスの利用が伸びるにつれて海賊行為が増えると予想されることから，PC向けの商用ゲー

ムはオンラインゲームに移りつつある．

　ビジネスの中心は，家庭用ゲーム機では依然パッケージであるが，オンラインゲームも増えている．PC向けのオンラインゲームの場合は，先に有料または無料のパッケージソフトをユーザに提供した上で，その後に定額課金やアバター購入などの課金により，ゲーム運営事業者が収益をあげるモデルとなっている．したがって，オンラインゲームの場合，ゲームビジネスとコミュニティビジネスが合体されたビジネスであるため，ユーザによるゲームコンテンツの不正コピーというおそれは少なく，むしろクラッカのサイバー攻撃によるサービス破綻のリスクを抑える必要がありそうである．

6.10　今後の展望

　コンテンツ流通市場が形成されるには，①消費者のニーズに応えるサービス，②コンテンツホルダ，権利管理事業者，流通事業者に利用料が確実に還元できるビジネスモデル，③流通のためのインフラの充実，④法律面の支援が重要な条件となる．しかも，従来の枠組みにはない新しいコンテンツが生まれ，コンテンツの流通ルートも多様化して形態も大きく変わるので，事業構造のスクラップアンドビルドを伴う．したがって，コンテンツが円滑に流通するための環境整備には多くの課題が生じ，手間がかかる．

　コンテンツ流通市場で成功している配信ビジネスについても紹介したが，それらはDRMがとりわけ強いわけではない．多くが消費者に余計な手間をかけないで，しかもコスト的にも引き合うDRMを採用している．コンテンツは映像であれ，音楽であれ，最終的にはアナログになって人間に伝わる．デジタルデータをいくらタンパ耐性を上げて保護してもアナログでは盗まれてしまう．いわゆるアナログホールである．電子透かしにはアナログにしても残るものがあり，原理的には不正コピーをトレースすることは可能である．しかしながら，消費者の部屋にまで入り込んで監視するのは事実上不可能である．しかも音楽の場合は無防備な従来のCD音源が何百万曲もあり，コンテンツを守ってもしょせん仕方がない．

したがって，消費者の利便性を犠牲にしてまでセキュリティを上げることは意味がない．消費者の利便性に配慮し，コンテンツの価値に見合ったバランスの良い技術が求められる．また，消費者が自発的に正規のコンテンツを選択していくように，配信を行うコンテンツの品質や付加価値を高めることも必要である．

ブロードバンド環境に加えて，身近の分散サーバに無尽蔵の（暗号化）コンテンツを置くことができるようになると，難しいのは膨大なメタデータの中から希望するコンテンツを発見，選択することであり，むしろ，メタデータの流通をスムーズにすることで，コンテンツ本体の流通もスムーズになるかもしれない．

また，決済の手間も消費者にとっての障壁の一つである．原則的にはコンテンツごとに決済可能な仕組みも必要だが，実際にはコンテンツ単位での従量課金では決済の都度，利用者の確認を求めるので繁雑である．利用者に余計な操作や時間をかけさせてはいけない．1か月に数回程度の決済回数でしかないペイ・パー・ビューテレビ放送でさえ，利用者は増えず，多くは月ぎめ定額制を選択している．

通信料金やプロバイダ利用料金も定額制に急速に移行しつつあり，コンテンツも単純な従量課金だけでは受け入れられない．定額制，上限を設けた従量課金，広告つきなどの方法を適宜組み合わせていく必要がある．定額制モデルでいつでも好きなコンテンツを見ることができるなら，コンテンツを端末に蓄積しないので，複雑な DRM が不要になるのではないかという意見もある．

また，消費者にとっての障壁の一つに個人情報の問題がある．現金による売買であれば匿名性があるが，コンテンツ単位まで課金管理が可能になると，より詳細な嗜好が記録され，これを消費者が受け入れるかという課題である．個人の嗜好情報を特定できないように管理する仕組みも考えられるが，第三者による適切な監査が必要である．

参考文献

[1] エイベックス社,2002年2月28日プレスリリース.

[2] セキュア CD について (http://www.toshiba-emi.co.jp/securecd/).

[3] XCP (Extended Copy Protection) コンテンツ保護ソフトウェアを収録した CD (http://www.sonymusic.co.jp/xcp/).

[4] DVD オーディオテクノロジーとその未来性 (http://www.dvdaudio-net.com/tech/images/technical-reference.pdf).

[5] スーパーオーディオ CD とは (http://www.super-audiocd.com/aboutsacd/format.html).

[6] Windows Media DRM の構造 (http://www.microsoft.com/windows/windowsmedia/drm/architecture.aspx).

[7] Windows Media DRM は超流通をサポートしていますか? (http://www.microsoft.com/windows/windowsmedia/drm/faq.aspx#drmfaq_3_2).

[8] 日本経済団体連合会,平成17年3月23日ニュースリリース (http://www.keidanren.or.jp/japanese/policy/2005/017.pdf).

[9] NHK 技術研究所資料 (http://www.nhk.or.jp/strl/open2003/tenji/04.html).

[10] 『出版年鑑 2005』,出版ニュース社.

[11] 『電子書籍ビジネス調査報告書 2005』,インプレス.

[12] 日本写真著作権協会 (http://www.jpca.gr.jp/).

[13] 「電子カルテシステムのセキュリティ概念設計書」,日本保健医療情報システム工業会,平成9年3月.

[14] 先進的情報技術活用型医療機関等ネットワーク化推進事業成果発表会資料,「ネットワーク型電子カルテによる病院・診療所連携情報システム」(http://www.medis.or.jp/archives/200203/pdf/2/2_7.pdf).

[15] 文部科学省,コンテンツの流通システムの取り組み事例 (http://www.mext.go.jp/a_menu/kagaku/daisuki/05062201/007.pdf).

(三瓶 徹)

付録 A

XML と Web サービス

この付録では，XML とそれを使った Web サービスについて解説する．

A.1 XML

XML (eXtensible Markup Language：拡張可能マークアップ言語) は，文書やデータの意味や構造を記述するためのマークアップ言語である．マークアップ言語とは，「タグ」と呼ばれる特定の文字列で地の文に構造を埋め込んでいく言語のことで，一番よく知られているのは，Web ページ作成用に用いられてきた HTML (Hypertext Markup Language：ハイパーテキストマークアップ言語) である．HTML は，主にページ描画用に，あらかじめ規定された小規模の固定されたタグを使用する．

図 A-1 は，HTML の例である．<html>，<h1>，<i> などがタグである．

XML は，表示目的以上に，構造化された文書の記述や，厳密な形で任意の電子的なデータをコンピュータどうしで送受信できることを目標に作成された．図 A-2

```
<html>
  <h1>タイトル</h1>
  <i>これはイタリック</i>
</html>
```

図 A-1　HTML 文書の例

```
<?xml version="1.0" encoding="UTF-8"?>
<TradePrice>
  <price>255.25</price>
</TradePrice>
```

図 A-2　XML 文書の例

に例を示す．

　XML は HTML と異なりユーザが独自にタグを定義でき，また，XML 自身が他のマークアップ言語を定義することに用いられることから，メタ言語とも言われる．例えば，XML を用いて定義されたマークアップ言語として，XHTML（eXtensible Hypertext Markup Language：拡張可能ハイパーテキストマークアップ言語）という言語がある．これは HTML 自体を XML として定義し直したもので，HTML であると同時に XML である言語が定義されていることになる．

　XML が言語を定義する際には，どのような構文の文書でも作れるわけではなく，あらかじめ規定された文法に従う．また，必要なデータ型や細かい要素の構文は，XMLSchema という文法記述に従って規定することができる（図 A-3）．ある XMLSchema に従って作成された XML のデータを XML 文書と呼ぶ．これは，文書の場合でもデータを記述している場合でもそうである．XML はインターネットの標準として W3C より勧告されており，データベース間で情報を交換したり，電子商取引の分野でよく使用されてきている．

```
<schema targetNamespace="http://example.com/stockquote.xsd"
    xmlns="http://www.w3.org/2000/10/XMLSchema">
  <element name="TradePriceRequest">
    <complexType>
      <element name="tickerSymbol" type="string"/>
    </complexType>
  </element>
  <element name="TradePrice">
    <complexType>
      <element name="price" type="float"/>
    </complexType>
  </element>
</schema>
```

図 A-3 XMLSchema の例

A.2 Web サービス

Web サービスとは，XML という共通データ形式を利用して，人間を必ずしも介在させることなく，インターネットプロトコルを基盤とした分散環境に対応してさまざまなサービスを提供することと定義できる．

ここでのサービスはさまざまなものを指す．例えば，簡単な四則計算や海外の時刻の問い合わせもサービスだし，為替や株の情報，Web サイト検索などから，家屋の購入，オークション，中古車販売など，Web 上で行えることはほとんどがサービスと言える．

[1] SOAP

SOAP (Simple Object Access Protocol) は，ネットワーク上のアプリケーションが XML データを交換し合うための仕様で，それ自身 XML 構文で定義される．2003 年に W3C の勧告となっている．これは，XML に基づいて，伝送方法から独立したプロトコル，およびメッセージデータを格納するエンベロップ（envelop：封筒）構造を定義している仕様である．

図 A-4 に，HTTP POST のリクエストとして使用されている，SOAP の例をあげる．SOAP の通信プロトコルとしては，HTTP 以外にも使用することが可能だが，HTTP で用いられることが多い．

SOAP のメッセージは，メッセージをくるむエンベロップ（<SOAP-ENV:Envelope> のタグで示された部分）からなり，さらにエンベロップは，SOAP ヘッダ部分と SOAP ボディ部分に分かれる．SOAP ボディ部分である <SOAP-ENV:Body> 要素でくるまれた部分がメッセージのペイロード部となる．この例では，以下に示す部分が実際のデータ部分で，"GetLastTradePrice" という操作を要求している．

  <m:GetLastTradePrice xmlns:m="Some-URI">
    <symbol>DIS</symbol>
  </m:GetLastTradePrice>

SOAP は，UPnP でも使用されており，XML を使ったデータ交換用の標準プロトコルとなりつつある．また，Web セキュリティと組み合わせて，信頼性の高い通信にも使用できるよう仕様化されている．

```
POST /StockQuote HTTP/1.1
Host: www.stockquoteserver.com
Content-Type: text/xml; charset="utf-8"
Content-Length: nnnn
SOAPAction: "Some-URI"

<SOAP-ENV:Envelope
    xmlns:SOAP-ENV="http://schemas.xmlsoap.org/soap/envelope/"
    SOAP-ENV:encodingStyle="http://schemas.xmlsoap.org/soap/encoding/">
  <SOAP-ENV:Body>
    <m:GetLastTradePrice xmlns:m="Some-URI">
      <symbol>DIS</symbol>
    </m:GetLastTradePrice>
  </SOAP-ENV:Body>
</SOAP-ENV:Envelope>
```

図 A-4　SOAP メッセージの例

[2] WSDL

Webサービスにとってまず重要なことは，そのサービスが一体どういったものであるかを定義し，記述し，公開することである．そのために仕様化された言語がWSDL（Web Service Description Language：Webサービス記述言語）である．XMLで書かれる．サービスを提供する者が，自分の提供しているサービス内容について，その入出力用データ，通信およびデータ転送用のプロトコル，接続URLなどの情報を，規定された標準的な文法に従って記述することにより，明確に定義できる．

WSDLはサービスをポートの集合という形で定義する．操作の集合をportTypeと呼び，やりとりされるデータを抽象的に記述したものをメッセージと呼ぶ．WSDLの中では，操作やメッセージは，まず抽象的な形で記述され，具体的な（例えばSOAPなどの）ネットワークプロトコルやメッセージ形式に結び付けられる．この具体的なプロトコルとデータフォーマットをポートと結び付けることをバインディングと呼ぶ．

以下がWebサービスを定義するのに用いられるWSDLの要素である．

- タイプ（types）—— XMLSchemaのような言語を用いて定義されたデータタイプを記述する場所である．<types>というタグを使って記述され，具体的にはXMLSchemaを使って型定義を与える．
- 操作（operation）——サービスで提供される操作の定義である．サービスのメソッドを，メソッド名，入力引数，出力値，戻り値の型などを記述することにより定義する．<operation>タグによって記述される．
- メッセージ（message）——やりとりされるデータの抽象的な定義である．サービスの操作で用いられる，入力や出力メッセージ（データ）を定義する．<message>タグで記述される．
- ポートタイプ（port type）——ポートでサポートされている抽象的操作の集合である．Webサービスへのインタフェースを記述する．具体的内容は，<operation>要素によって定義される．<portType>タグによって記述さ

- バインディング（binding）——あるポートタイプに対しての具体的なプロトコルとデータフォーマットの規定である．サービス要求者に対し，プロトコルごとに固有のメッセージ記述形式を規定する．例えば，SOAP の場合では，SOAP メッセージのペイロード部分の記述方法などである．HTTP や SMTP と SOAP の組み合わせなど，標準的なネットワークプロトコルとメッセージプロトコルの組み合わせを記述することができる．<binding> タグで記述する．

- ポート（port）——バインディングとネットワークアドレスの対の定義である．Web サービスが，提供している操作などを呼び出すために，必要なプロトコル固有のアドレスを定義する．例えば HTTP の場合には，操作要求メッセージを送るべき送信先 URL を指定する．<port> タグに記述する．

- サービス（service）——ポートをまとめた集合．<service> タグの下に <port> 要素をグループ化してまとめて記述する．プロトコルごとにポートをサービスとしてまとめたり，関連したポートタイプをまとめることができる．

〔3〕SAML

　SAML（Security Assertion Markup Language）は，XML で定義された，セキュリティ情報をやりとりするための言語の規格である．OASIS で標準化が進められている．この場合のセキュリティ情報とは，あるセキュリティ環境内で識別される主体（subject：人間あるいはコンピュータなど）についての表明（assertion）という形で表現される．例えば，あるインターネットドメインで，電子メールアドレスで識別される人は主体である．表明は，主体について認証情報，属性情報，アクセス認可情報などさまざまな情報を表現する．図 A-5 に SAML の例をあげる．

```
<samlp:Request
    RequestID="C9483587"
    xmlns:samlp="urn:oasis:names:tc:SAML:1.0:protocol">
  <ds:Signature xmlns:ds="http://www.w3.org/2000/09/xmldsig#">
    <ds:SignedInfo>...</ds:SignedInfo>
    <ds:SignatureValue>j5yODphPGGP0rhkJk</ds:SignatureValue>
  </ds:Signature>
  <samlp:AssertionArtifact>
    AAPRT9itmuXxsqlPkKyrh3
  </samlp:AssertionArtifact>
</samlp:Request>
```

図 A-5　SAML 文書の例

A.3　Web サービスセキュリティ

多岐にわたる Web サービスを安全に行うために，W3C などで規格化されているさまざまな仕様群を一般に Web サービスセキュリティと呼ぶ．特に OASIS で管理・仕様化が進められている WS-Security を指すこともある．XML には，XML デジタル署名，XML 暗号化などが仕様化されている．

W3C は XML にデジタル署名を埋め込むための標準化作業を IETF（Internet Engineering Task Force：インターネット技術標準化委員会）と共同で行い，XML デジタル署名標準を定めた．これは，署名アルゴリズム，証明書や署名のタグを定め，任意のデータに対する署名のほか，XML 文書の指定した要素や内容に対して署名をつけることを可能にする．オプションとして，署名検証のために，署名検証用の公開鍵を Base64 でエンコードした値と，X.509 証明書などの情報を加えることができる．

XML 暗号は W3C で最終的な勧告としてまとめられているもので，XML 署名と同様に柔軟な利用が可能で，任意の XML の要素やコンテンツの暗号化も可能である．XML の要素レベルの暗号化によって文書中の秘匿すべき部分のみを暗号化することが可能で，そのほかの部分は可読性を維持できる．暗号方式の指定や，共通鍵を公開鍵で暗号化した鍵データと共通鍵で暗号化したデータの格納などを

可能にする XML 文書構文が定義されている.

また，Web サービスのセキュリティの基本となる XML 署名と XML 暗号を処理する際に必要になる鍵情報の処理と管理を外部のサービスに委託し，アプリケーションの開発を容易にすることを目的として，XKMS（XML Key Management Specification：XML 鍵管理仕様）が規定されている.

さらに，すでに述べた SOAP や SAML などの仕様と組み合わせて，セキュリティや信頼性を高める仕様が提案されている.

参考文献

[1] XHTML, The Extensible HyperText Markup Language (http://www.w3.org/TR/2000/REC-xhtml1-20000126/).

[2] World Wide Web Consortium (W3C), "W3C Note, Web Services Description Language (WDSL) 1.1", Mar. 2001 (http://www.w3.org/TR/wsdl).

[3] World Wide Web Consortium (W3C), "Candidate Recommendation, XML Key Management Specification Version 2.0", Apr. 2004 (http://www.w3.org/TR/xkms2).

[4] World Wide Web Consortium (W3C), "Recommendation, Extensible Markup Language (XML)", Feb. 2004 (http://www.w3.org/TR/REC-xml).

[5] World Wide Web Consortium (W3C), "Recommendation, XML Encryption Syntax and Processing", Dec. 2001 (http://www.w3.org/TR/xmlenc-core).

[6] World Wide Web Consortium (W3C), "Recommendation, XMLSchema, Part 1: Structures", May 2001 (http://www.w3.org/TR/2001/REC-xmlschema-1-20010502).

[7] World Wide Web Consortium (W3C), "Recommendation, XML-Signature, Syntax and Processing", Aug. 2001 (http://www.w3.org/TR/xmldsig-core).

[8] RFC3075, "XML-Signature Syntax and Processing" (http://www.ietf.org/rfc/rfc3075.txt?number=3075).

[9] W3C XML Signature WG (http://www.w3.org/Signature/).

〔川森 雅仁〕

付録 B

著作権法（抄）

(昭和四十五年五月六日法律第四十八号)
最終改正：平成一七年六月二九日法律第七五号

第一章　総則

第一節　通則

(目的)

第一条　この法律は，著作物並びに実演，レコード，放送及び有線放送に関し著作者の権利及びこれに隣接する権利を定め，これらの文化的所産の公正な利用に留意しつつ，著作者等の権利の保護を図り，もつて文化の発展に寄与することを目的とする．

(定義)

第二条　この法律において，次の各号に掲げる用語の意義は，当該各号に定めるところによる．

一　著作物　思想又は感情を創作的に表現したものであつて，文芸，学術，美術又は音楽の範囲に属するものをいう．

二　著作者　著作物を創作する者をいう．

三　実演　著作物を，演劇的に演じ，舞い，演奏し，歌い，口演し，朗詠し，又はその他の方法により演ずること（これらに類する行為で，著作物を演じないが芸能的な性質

を有するものを含む．）をいう．

四　実演家　俳優，舞踊家，演奏家，歌手その他実演を行なう者及び実演を指揮し，又は演出する者をいう．

五　レコード　蓄音機用音盤，録音テープその他の物に音を固定したもの（音をもつぱら影像とともに再生することを目的とするものを除く．）をいう．

六　レコード製作者　レコードに固定されている音を最初に固定した者をいう．

七　商業用レコード　市販の目的をもつて製作されるレコードの複製物をいう．

七の二　公衆送信　公衆によつて直接受信されることを目的として無線通信又は有線電気通信の送信（有線電気通信設備で，その一の部分の設置の場所が他の部分の設置の場所と同一の構内（その構内が二以上の者の占有に属している場合には，同一の者の占有に属する区域内）にあるものによる送信（プログラムの著作物の送信を除く．）を除く．）を行うことをいう．

八　放送　公衆送信のうち，公衆によつて同一の内容の送信が同時に受信されることを目的として行う無線通信の送信をいう．

九　放送事業者　放送を業として行なう者をいう．

九の二　有線放送　公衆送信のうち，公衆によつて同一の内容の送信が同時に受信されることを目的として行う有線電気通信の送信をいう．

九の三　有線放送事業者　有線放送を業として行う者をいう．

九の四　自動公衆送信　公衆送信のうち，公衆からの求めに応じ自動的に行うもの（放送又は有線放送に該当するものを除く．）をいう．

九の五　送信可能化　次のいずれかに掲げる行為により自動公衆送信し得るようにすることをいう．

　イ　公衆の用に供されている電気通信回線に接続している自動公衆送信装置（公衆の用に供する電気通信回線に接続することにより，その記録媒体のうち自動公衆送信の用に供する部分（以下この号において「公衆送信用記録媒体」という．）に記録され，又は当該装置に入力される情報を自動公衆送信する機能を有する装置をいう．以下同じ．）の公衆送信用記録媒体に情報を記録し，情報が記録された記録媒体を当該自動公衆送信装置の公衆送信用記録媒体として加え，若しくは情報が記録された記録媒体を当該自動公衆送信装置の公衆送信用記録媒体に変換し，又は当該自動公衆送信装置に情報を入力すること．

　ロ　その公衆送信用記録媒体に情報が記録され，又は当該自動公衆送信装置に情報が入力されている自動公衆送信装置について，公衆の用に供されている電気通信回線への接続（配線，自動公衆送信装置の始動，送受信用プログラムの起動その他の一連の行為により行われる場合には，当該一連の行為のうち最後のものをいう．）を行うこと．

十　映画製作者　映画の著作物の製作に発意と責任を有する者をいう．
十の二　プログラム　電子計算機を機能させて一の結果を得ることができるようにこれに対する指令を組み合わせたものとして表現したものをいう．
十の三　データベース　論文，数値，図形その他の情報の集合物であつて，それらの情報を電子計算機を用いて検索することができるように体系的に構成したものをいう．
十一　二次的著作物　著作物を翻訳し，編曲し，若しくは変形し，又は脚色し，映画化し，その他翻案することにより創作した著作物をいう．
十二　共同著作物　二人以上の者が共同して創作した著作物であつて，その各人の寄与を分離して個別的に利用することができないものをいう．
十三　録音　音を物に固定し，又はその固定物を増製することをいう．
十四　録画　影像を連続して物に固定し，又はその固定物を増製することをいう．
十五　複製　印刷，写真，複写，録音，録画その他の方法により有形的に再製することをいい，次に掲げるものについては，それぞれ次に掲げる行為を含むものとする．
　イ　脚本その他これに類する演劇用の著作物　当該著作物の上演，放送又は有線放送を録音し，又は録画すること．
　ロ　建築の著作物　建築に関する図面に従つて建築物を完成すること．
十六　上演　演奏（歌唱を含む．以下同じ．）以外の方法により著作物を演ずることをいう．
十七　上映　著作物（公衆送信されるものを除く．）を映写幕その他の物に映写することをいい，これに伴つて映画の著作物において固定されている音を再生することを含むものとする．
十八　口述　朗読その他の方法により著作物を口頭で伝達すること（実演に該当するものを除く．）をいう．
十九　頒布　有償であるか又は無償であるかを問わず，複製物を公衆に譲渡し，又は貸与することをいい，映画の著作物又は映画の著作物において複製されている著作物にあつては，これらの著作物を公衆に提示することを目的として当該映画の著作物の複製物を譲渡し，又は貸与することを含むものとする．
二十　技術的保護手段　電子的方法，磁気的方法その他の人の知覚によつて認識することができない方法（次号において「電磁的方法」という．）により，第十七条第一項に規定する著作者人格権若しくは著作権又は第八十九条第一項に規定する実演家人格権若しくは同条第六項に規定する著作隣接権（以下この号において「著作権等」という．）を侵害する行為の防止又は抑止（著作権等を侵害する行為の結果に著しい障害を生じさせることによる当該行為の抑止をいう．第三十条第一項第二号において同じ．）をする手段（著作権等を有する者の意思に基づくことなく用いられているものを除く．）であつて，著作物，実演，レコード，放送又は有線放送（次号において「著作物等」とい

う.）の利用（著作者又は実演家の同意を得ないで行つたとしたならば著作者人格権又は実演家人格権の侵害となるべき行為を含む.）に際しこれに用いられる機器が特定の反応をする信号を著作物，実演，レコード又は放送若しくは有線放送に係る音若しくは影像とともに記録媒体に記録し，又は送信する方式によるものをいう．

二十一　権利管理情報　第十七条第一項に規定する著作者人格権若しくは著作権又は第八十九条第一項から第四項までの権利（以下この号において「著作権等」という.）に関する情報であつて，イからハまでのいずれかに該当するもののうち，電磁的方法により著作物，実演，レコード又は放送若しくは有線放送に係る音若しくは影像とともに記録媒体に記録され，又は送信されるもの（著作物等の利用状況の把握，著作物等の利用の許諾に係る事務処理その他の著作権等の管理（電子計算機によるものに限る.）に用いられていないものを除く.）をいう．

　　イ　著作物等，著作権等を有する者その他政令で定める事項を特定する情報
　　ロ　著作物等の利用を許諾する場合の利用方法及び条件に関する情報
　　ハ　他の情報と照合することによりイ又はロに掲げる事項を特定することとなる情報

（著作物の公表）

第四条　著作物は，発行され，又は第二十二条から第二十五条までに規定する権利を有する者若しくはその許諾を得た者によつて上演，演奏，上映，公衆送信，口述若しくは展示の方法で公衆に提示された場合（建築の著作物にあつては，第二十一条に規定する権利を有する者又はその許諾を得た者によつて建設された場合を含む.）において，公表されたものとする．

2　著作物は，第二十三条第一項に規定する権利を有する者又はその許諾を得た者によつて送信可能化された場合には，公表されたものとみなす．

3　二次的著作物である翻訳物が，第二十八条の規定により第二十二条から第二十四条までに規定する権利と同一の権利を有する者若しくはその許諾を得た者によつて上演，演奏，上映，公衆送信若しくは口述の方法で公衆に提示され，又は第二十八条の規定により第二十三条第一項に規定する権利と同一の権利を有する者若しくはその許諾を得た者によつて送信可能化された場合には，その原著作物は，公表されたものとみなす．

4　美術の著作物又は写真の著作物は，第四十五条第一項に規定する者によつて同項の展示が行われた場合には，公表されたものとみなす．

5　著作物がこの法律による保護を受けるとしたならば第一項から第三項までの権利を有すべき者又はその者からその著作物の利用の承諾を得た者は，それぞれ第一項から第三項までの権利を有する者又はその許諾を得た者とみなして，これらの規定を適用する．

（レコードの発行）

第四条の二　レコードは，その性質に応じ公衆の要求を満たすことができる相当程度の部

数の複製物が，第九十六条に規定する権利を有する者又はその許諾（第百三条において準用する第六十三条第一項の規定による利用の許諾をいう．第四章第二節及び第三節において同じ．）を得た者によつて作成され，頒布された場合（第九十七条の二第一項又は第九十七条の三第一項に規定する権利を有する者の権利を害しない場合に限る．）において，発行されたものとする．

第二章　著作者の権利

第一節　著作物

（著作物の例示）

第十条　この法律にいう著作物を例示すると，おおむね次のとおりである．
- 一　小説，脚本，論文，講演その他の言語の著作物
- 二　音楽の著作物
- 三　舞踊又は無言劇の著作物
- 四　絵画，版画，彫刻その他の美術の著作物
- 五　建築の著作物
- 六　地図又は学術的な性質を有する図面，図表，模型その他の図形の著作物
- 七　映画の著作物
- 八　写真の著作物
- 九　プログラムの著作物

第三節　権利の内容

第一款　総則

（著作者の権利）

第十七条　著作者は，次条第一項，第十九条第一項及び第二十条第一項に規定する権利（以下「著作者人格権」という．）並びに第二十一条から第二十八条までに規定する権利（以下「著作権」という．）を享有する．

2　著作者人格権及び著作権の享有には，いかなる方式の履行をも要しない．

第二款　著作者人格権

（公表権）

第十八条　著作者は，その著作物でまだ公表されていないもの（その同意を得ないで公表された著作物を含む．以下この条において同じ．）を公衆に提供し，又は提示する権利を有する．当該著作物を原著作物とする二次的著作物についても，同様とする．

(同一性保持権)
第二十条　著作者は，その著作物及びその題号の同一性を保持する権利を有し，その意に反してこれらの変更，切除その他の改変を受けないものとする．

第三款　著作権に含まれる権利の種類

(複製権)
第二十一条　著作者は，その著作物を複製する権利を専有する．

(上演権及び演奏権)
第二十二条　著作者は，その著作物を，公衆に直接見せ又は聞かせることを目的として（以下「公に」という．）上演し，又は演奏する権利を専有する．

(上映権)
第二十二条の二　著作者は，その著作物を公に上映する権利を専有する．

(公衆送信権等)
第二十三条　著作者は，その著作物について，公衆送信（自動公衆送信の場合にあつては，送信可能化を含む．）を行う権利を専有する．
2　著作者は，公衆送信されるその著作物を受信装置を用いて公に伝達する権利を専有する．

(口述権)
第二十四条　著作者は，その言語の著作物を公に口述する権利を専有する．

(展示権)
第二十五条　著作者は，その美術の著作物又はまだ発行されていない写真の著作物をこれらの原作品により公に展示する権利を専有する．

(頒布権)
第二十六条　著作者は，その映画の著作物をその複製物により頒布する権利を専有する．
2　著作者は，映画の著作物において複製されているその著作物を当該映画の著作物の複製物により頒布する権利を専有する．

(譲渡権)
第二十六条の二　著作者は，その著作物（映画の著作物を除く．以下この条において同じ．）をその原作品又は複製物（映画の著作物において複製されている著作物にあつては，当該映画の著作物の複製物を除く．以下この条において同じ．）の譲渡により公衆に提供する権利を専有する．

(貸与権)
第二十六条の三　著作者は，その著作物（映画の著作物を除く．）をその複製物（映画の著

作物において複製されている著作物にあつては，当該映画の著作物の複製物を除く．）の貸与により公衆に提供する権利を専有する．

(翻訳権，翻案権等)

第二十七条　著作者は，その著作物を翻訳し，編曲し，若しくは変形し，又は脚色し，映画化し，その他翻案する権利を専有する．

(二次的著作物の利用に関する原著作者の権利)

第二十八条　二次的著作物の原著作物の著作者は，当該二次的著作物の利用に関し，この款に規定する権利で当該二次的著作物の著作者が有するものと同一の種類の権利を専有する．

第五款　著作権の制限

(私的使用のための複製)

第三十条　著作権の目的となつている著作物（以下この款において単に「著作物」という．）は，個人的に又は家庭内その他これに準ずる限られた範囲内において使用すること（以下「私的使用」という．）を目的とするときは，次に掲げる場合を除き，その使用する者が複製することができる．

一　公衆の使用に供することを目的として設置されている自動複製機器（複製の機能を有し，これに関する装置の全部又は主要な部分が自動化されている機器をいう．）を用いて複製する場合

二　技術的保護手段の回避（技術的保護手段に用いられている信号の除去又は改変（記録又は送信の方式の変換に伴う技術的な制約による除去又は改変を除く．）を行うことにより，当該技術的保護手段によつて防止される行為を可能とし，又は当該技術的保護手段によつて抑止される行為の結果に障害を生じないようにすることをいう．第百二十条の二第一号及び第二号において同じ．）により可能となり，又はその結果に障害が生じないようになつた複製を，その事実を知りながら行う場合

2　私的使用を目的として，デジタル方式の録音又は録画の機能を有する機器（放送の業務のための特別の性能その他の私的使用に通常供されない特別の性能を有するもの及び録音機能付きの電話機その他の本来の機能に附属する機能として録音又は録画の機能を有するものを除く．）であつて政令で定めるものにより，当該機器によるデジタル方式の録音又は録画の用に供される記録媒体であつて政令で定めるものに録音又は録画を行う者は，相当な額の補償金を著作権者に支払わなければならない．

(営利を目的としない上演等)

第三十八条　公表された著作物は，営利を目的とせず，かつ，聴衆又は観衆から料金（いずれの名義をもつてするかを問わず，著作物の提供又は提示につき受ける対価をいう．以下この条において同じ．）を受けない場合には，公に上演し，演奏し，上映し，又は口述

することができる．ただし，当該上演，演奏，上映又は口述について実演家又は口述を行う者に対し報酬が支払われる場合は，この限りでない．

2 　放送される著作物は，営利を目的とせず，かつ，聴衆又は観衆から料金を受けない場合には，有線放送することができる．

3 　放送され，又は有線放送される著作物は，営利を目的とせず，かつ，聴衆又は観衆から料金を受けない場合には，受信装置を用いて公に伝達することができる．通常の家庭用受信装置を用いてする場合も，同様とする．

4 　公表された著作物（映画の著作物を除く．）は，営利を目的とせず，かつ，その複製物の貸与を受ける者から料金を受けない場合には，その複製物（映画の著作物において複製されている著作物にあつては，当該映画の著作物の複製物を除く．）の貸与により公衆に提供することができる．

5 　映画フィルムその他の視聴覚資料を公衆の利用に供することを目的とする視聴覚教育施設その他の施設（営利を目的として設置されているものを除く．）で政令で定めるものは，公表された映画の著作物を，その複製物の貸与を受ける者から料金を受けない場合には，その複製物の貸与により頒布することができる．この場合において，当該頒布を行う者は，当該映画の著作物又は当該映画の著作物において複製されている著作物につき第二十六条に規定する権利を有する者（第二十八条の規定により第二十六条に規定する権利と同一の権利を有する者を含む．）に相当する額の補償金を支払わなければならない．

（放送事業者等による一時的固定）

第四十四条　放送事業者は，第二十三条第一項に規定する権利を害することなく放送することができる著作物を，自己の放送のために，自己の手段又は当該著作物を同じく放送することができる他の放送事業者の手段により，一時的に録音し，又は録画することができる．

2 　有線放送事業者は，第二十三条第一項に規定する権利を害することなく有線放送することができる著作物を，自己の有線放送（放送を受信して行うものを除く．）のために，自己の手段により，一時的に録音し，又は録画することができる．

3 　前二項の規定により作成された録音物又は録画物は，録音又は録画の後六月（その期間内に当該録音物又は録画物を用いてする放送又は有線放送があつたときは，その放送又は有線放送の後六月）を超えて保存することができない．ただし，政令で定めるところにより公的な記録保存所において保存する場合は，この限りでない．

第四節　保護期間

（保護期間の原則）

第五十一条　著作権の存続期間は，著作物の創作の時に始まる．

2 　著作権は，この節に別段の定めがある場合を除き，著作者の死後（共同著作物にあつて

は，最終に死亡した著作者の死後．次条第一項において同じ．）五十年を経過するまでの間，存続する．

(無名又は変名の著作物の保護期間)
第五十二条　無名又は変名の著作物の著作権は，その著作物の公表後五十年を経過するまでの間，存続する．ただし，その存続期間の満了前にその著作者の死後五十年を経過していると認められる無名又は変名の著作物の著作権は，その著作者の死後五十年を経過したと認められる時において，消滅したものとする．

(団体名義の著作物の保護期間)
第五十三条　法人その他の団体が著作の名義を有する著作物の著作権は，その著作物の公表後五十年（その著作物がその創作後五十年以内に公表されなかつたときは，その創作後五十年）を経過するまでの間，存続する．

(映画の著作物の保護期間)
第五十四条　映画の著作物の著作権は，その著作物の公表後七十年（その著作物がその創作後七十年以内に公表されなかつたときは，その創作後七十年）を経過するまでの間，存続する．
2　映画の著作物の著作権がその存続期間の満了により消滅したときは，当該映画の著作物の利用に関するその原著作物の著作権は，当該映画の著作物の著作権とともに消滅したものとする．
3　前二条の規定は，映画の著作物の著作権については，適用しない．

第五節　著作者人格権の一身専属性等

(著作者人格権の一身専属性)
第五十九条　著作者人格権は，著作者の一身に専属し，譲渡することができない．

第六節　著作権の譲渡及び消滅

(著作権の譲渡)
第六十一条　著作権は，その全部又は一部を譲渡することができる．

第七節　権利の行使

(著作物の利用の許諾)
第六十三条　著作権者は，他人に対し，その著作物の利用を許諾することができる．
2　前項の許諾を得た者は，その許諾に係る利用方法及び条件の範囲内において，その許諾に係る著作物を利用することができる．
3　第一項の許諾に係る著作物を利用する権利は，著作権者の承諾を得ない限り，譲渡することができない．

4　著作物の放送又は有線放送についての第一項の許諾は，契約に別段の定めがない限り，当該著作物の録音又は録画の許諾を含まないものとする．

5　著作物の送信可能化について第一項の許諾を得た者が，その許諾に係る利用方法及び条件（送信可能化の回数又は送信可能化に用いる自動公衆送信装置に係るものを除く．）の範囲内において反復して又は他の自動公衆送信装置を用いて行う当該著作物の送信可能化については，第二十三条第一項の規定は，適用しない．

第三章　出版権

（出版権の設定）

第七十九条　第二十一条に規定する権利を有する者（以下この章において「複製権者」という．）は，その著作物を文書又は図画として出版することを引き受ける者に対し，出版権を設定することができる．

（出版権の内容）

第八十条　出版権者は，設定行為で定めるところにより，頒布の目的をもつて，その出版権の目的である著作物を原作のまま印刷その他の機械的又は化学的方法により文書又は図画として複製する権利を専有する．

第四章　著作隣接権

第一節　総則

（著作隣接権）

第八十九条　実演家は，第九十条の二第一項及び第九十条の三第一項に規定する権利（以下「実演家人格権」という．）並びに第九十一条第一項，第九十二条第一項，第九十二条の二第一項，第九十五条の二第一項及び第九十五条の三第一項に規定する権利並びに第九十五条第一項に規定する二次使用料及び第九十五条の三第三項に規定する報酬を受ける権利を享有する．

2　レコード製作者は，第九十六条，第九十六条の二，第九十七条の二第一項及び第九十七条の三第一項に規定する権利並びに第九十七条第一項に規定する二次使用料及び第九十七条の三第三項に規定する報酬を受ける権利を享有する．

3　放送事業者は，第九十八条から第百条までに規定する権利を享有する．

4　有線放送事業者は，第百条の二から第百条の五までに規定する権利を享有する．

5　前各項の権利の享有には，いかなる方式の履行をも要しない．

6　第一項から第四項までの権利（実演家人格権並びに第一項及び第二項の二次使用料及び報酬を受ける権利を除く．）は，著作隣接権という．

第二節　実演家の権利

(氏名表示権)

第九十条の二　実演家は，その実演の公衆への提供又は提示に際し，その氏名若しくはその芸名その他氏名に代えて用いられるものを実演家名として表示し，又は実演家名を表示しないこととする権利を有する．

(録音権及び録画権)

第九十一条　実演家は，その実演を録音し，又は録画する権利を専有する．

(放送権及び有線放送権)

第九十二条　実演家は，その実演を放送し，又は有線放送する権利を専有する．

(送信可能化権)

第九十二条の二　実演家は，その実演を送信可能化する権利を専有する．

(放送のための固定)

第九十三条　実演の放送について第九十二条第一項に規定する権利を有する者の許諾を得た放送事業者は，その実演を放送のために録音し，又は録画することができる．ただし，契約に別段の定めがある場合及び当該許諾に係る放送番組と異なる内容の放送番組に使用する目的で録音し，又は録画する場合は，この限りでない．

(放送のための固定物等による放送)

第九十四条　第九十二条第一項に規定する権利を有する者がその実演の放送を許諾したときは，契約に別段の定めがない限り，当該実演は，当該許諾に係る放送のほか，次に掲げる放送において放送することができる．
　一　当該許諾を得た放送事業者が前条第一項の規定により作成した録音物又は録画物を用いてする放送
　二　当該許諾を得た放送事業者からその者が前条第一項の規定により作成した録音物又は録画物の提供を受けてする放送
　三　当該許諾を得た放送事業者から当該許諾に係る放送番組の供給を受けてする放送(前号の放送を除く．)

(商業用レコードの二次使用)

第九十五条　放送事業者及び有線放送事業者(以下この条及び第九十七条第一項において「放送事業者等」という．)は，第九十一条第一項に規定する権利を有する者の許諾を得て実演が録音されている商業用レコードを用いた放送又は有線放送を行つた場合(当該放送又は有線放送を受信して放送又は有線放送を行つた場合を除く．)には，当該実演(第七条第一号から第六号までに掲げる実演で著作隣接権の存続期間内のものに限る．次項から第四項までにおいて同じ．)に係る実演家に二次使用料を支払わなければならない．

(譲渡権)
第九十五条の二　実演家は，その実演をその録音物又は録画物の譲渡により公衆に提供する権利を専有する．

(貸与権等)
第九十五条の三　実演家は，その実演をそれが録音されている商業用レコードの貸与により公衆に提供する権利を専有する．

第三節　レコード製作者の権利

(複製権)
第九十六条　レコード製作者は，そのレコードを複製する権利を専有する．

(送信可能化権)
第九十六条の二　レコード製作者は，そのレコードを送信可能化する権利を専有する．

(商業用レコードの二次使用)
第九十七条　放送事業者等は，商業用レコードを用いた放送又は有線放送を行つた場合（当該放送又は有線放送を受信して放送又は有線放送を行つた場合を除く．）には，そのレコード（第八条第一号から第四号までに掲げるレコードで著作隣接権の存続期間内のものに限る．）に係るレコード製作者に二次使用料を支払わなければならない．

(譲渡権)
第九十七条の二　レコード製作者は，そのレコードをその複製物の譲渡により公衆に提供する権利を専有する．

(貸与権等)
第九十七条の三　レコード製作者は，そのレコードをそれが複製されている商業用レコードの貸与により公衆に提供する権利を専有する．

第四節　放送事業者の権利

(複製権)
第九十八条　放送事業者は，その放送又はこれを受信して行なう有線放送を受信して，その放送に係る音又は影像を録音し，録画し，又は写真その他これに類似する方法により複製する権利を専有する．

(再放送権及び有線放送権)
第九十九条　放送事業者は，その放送を受信してこれを再放送し，又は有線放送する権利を専有する．

(送信可能化権)
第九十九条の二　放送事業者は，その放送又はこれを受信して行う有線放送を受信して，

その放送を送信可能化する権利を専有する．

(テレビジョン放送の伝達権)

第百条　放送事業者は，そのテレビジョン放送又はこれを受信して行なう有線放送を受信して，影像を拡大する特別の装置を用いてその放送を公に伝達する権利を専有する．

第五節　有線放送事業者の権利

(複製権)

第百条の二　有線放送事業者は，その有線放送を受信して，その有線放送に係る音又は影像を録音し，録画し，又は写真その他これに類似する方法により複製する権利を専有する．

(放送権及び再有線放送権)

第百条の三　有線放送事業者は，その有線放送を受信してこれを放送し，又は再有線放送する権利を専有する．

(送信可能化権)

第百条の四　有線放送事業者は，その有線放送を受信してこれを送信可能化する権利を専有する．

(有線テレビジョン放送の伝達権)

第百条の五　有線放送事業者は，その有線テレビジョン放送を受信して，影像を拡大する特別の装置を用いてその有線放送を公に伝達する権利を専有する．

第六節　保護期間

(実演，レコード，放送又は有線放送の保護期間)

第百一条　著作隣接権の存続期間は，次に掲げる時に始まる．
　一　実演に関しては，その実演を行つた時
　二　レコードに関しては，その音を最初に固定した時
　三　放送に関しては，その放送を行つた時
　四　有線放送に関しては，その有線放送を行つた時
2　著作隣接権の存続期間は，次に掲げる時をもつて満了する．
　一　実演に関しては，その実演が行われた日の属する年の翌年から起算して五十年を経過した時
　二　レコードに関しては，その発行が行われた日の属する年の翌年から起算して五十年（その音が最初に固定された日の属する年の翌年から起算して五十年を経過する時までの間に発行されなかつたときは，その音が最初に固定された日の属する年の翌年から起算して五十年）を経過した時
　三　放送に関しては，その放送が行われた日の属する年の翌年から起算して五十年を経過した時

四　有線放送に関しては，その有線放送が行われた日の属する年の翌年から起算して五十年を経過した時

第七節　実演家人格権の一身専属性等

(実演家人格権の一身専属性)
第百一条の二　実演家人格権は，実演家の一身に専属し，譲渡することができない．

(実演家の死後における人格的利益の保護)
第百一条の三　実演を公衆に提供し，又は提示する者は，その実演の実演家の死後においても，実演家が生存しているとしたならばその実演家人格権の侵害となるべき行為をしてはならない．ただし，その行為の性質及び程度，社会的事情の変動その他によりその行為が当該実演家の意を害しないと認められる場合は，この限りでない．

略語集

3GPP	3rd Generation Partnership Project
5C	Five Companies
AAC	Advanced Audio Coding
AACS	Advanced Access Content System
AACS LA	AACS Licensing Administrator
AC-3	Audio Code Number 3（音声符号 3）
AES	Advanced Encryption Standard
AGC	Automatic Gain Control
ANSI	American National Standard Institute（全米規格協会）
API	Application Programing Interface（応用プログラムインタフェース）
APS	Analog Protection System
ARIB	Association of Radio Indastries and Businesses（電波産業会）
ASP	Application Service Provider
B-CAS	Broadcast Conditional Access System（限定受信システム）
C2	Cryptomeria Cipher
CA	Certificate Authority（認証機関）
CBC	Cypher Block Chaining
C-CBC	Converted CBC
CCCD	Copy Control CD（コピーコントロール CD）
CCD	Conference on Copyright for Digital Millennium（デジタル時代の著作権協議会）
CCI	Copy Control Information（コピー制御情報）
CD	Compact Disc
CDMA	Code Division Multiple Access
CDS	Cactus Data Shield
CGMS	Copy Generation Management System
CMAC	Cipher-based Message Authentication Code
CPPM	Content Protection for Pre-recorded Media
CPRA	Center for Performers' Rights Administration（実演家著作隣接権センター）
CPRM	Content Protection for Recordable Media

CPTWG	Copy Protection Technical Working Group
CRL	Certificate Revocation List（無効化リスト）
CRYPTREC	Cryptography Research and Evaluation Committees
CSS	Content Scramble System
CTR	Counter
DCF	DRM Contents Format
DCI CCI	Display Control Information and Copy Control Information
DCT	Discrete Cosine Transform
DES	Data Encryption Standard
DHWG	Digital Home Working Group（デジタル家庭ワーキンググループ）
DLNA	Digital Living Network Alliance（デジタル生活ネットワーク連合）
DMC	Digital Media Controller（デジタルメディアコントローラ）
DMCA	Digital Millennium Copyright Act
DMP	Digital Media Player（デジタルメディアプレーヤ）
DMPr	Digital Media Printer（デジタルメディアプリンタ）
DMR	Digital Media Renderer（デジタルメディアレンダラ）
DMS	Digital Media Server（デジタルメディアサーバ）
DPA	Differential Power Analysis（差分電力解析）
DRM	Digital Rights Management（デジタル著作権管理）
DSD	Direct Stream Digital
DTCP	Digital Transmission Content Protection
DTCP-IP	DTCP over Internet Protocol
DTLA	Digital Transmission Licensing Administrator
DVD	Digital Versatile Disc
DVR	Digital Video Recorder（デジタルビデオ録画機）
EBU	European Broadcasting Union（欧州放送連合）
ECB	Electronic Code Book
ECC	Elliptic Curve Cryptosystem
ECDH	Elliptic Curve Diffie-Hellman（鍵共有）
ECDSA	Elliptic Curve Digital Signature Algorithm（デジタル署名）
EDI	Electronic Data Interchange（電子データ交換）
EMDLB	Electronic Music Distribution Licensing Body
EMI	Encryption Mode Indicator（暗号化モード指標）
EMMS	Electronic Media Management System
EPN	Encryption Plus Non-assertion
ETSI	European Telecommunications Standards Institute（欧州通信標準化機構）
FIPS	Federal Information Processing Standard（米国の連邦情報処理標準）
GENA	General Event Notification Architecture
GSM	Global System for Mobile Communications

GUID	Global Unique ID
HDCP	High-bandwidth Digital Content Protection
HDR	Hard Disk Recorder（ハードディスク録画機）
HE AAC	High-Efficiency Advanced Audio Coding
HGW	Home GateWay（ホームゲートウェイ）
HPKI	Healthcare PKI（保健医療福祉分野の PKI）
HTML	Hypertext Markup Language（ハイパーテキストマークアップ言語）
HTTP	Hypertext Transfer Protocol
HTTPMU	HTTP over Multicast UDP
HTTPU	HTTP over unicast UDP
IEC	International Electrotechnical Commission
IETF	Internet Engineering Task Force（インターネット技術標準化委員会）
IFPI	the International Federation of the Phonographic Industry（国際レコード産業連盟）
IP	Internet Protocol
iTMS	iTunes Music Store
JASRAC	Japanese Society for Rights of Authors, Composers and Publishers（日本音楽著作権協会）
JEITA	Japan Electronics and Information Technology Industries Association（電子情報技術産業協会）
JPCA	Japan Photographic Copyright Assosiation（日本写真著作権協会）
KPS	Key Predistribution System（鍵事前配布方式）
LPCM	Linear Pulse Code Modulation（線形パルス符号変調方式）
MAC	Media Access Control
MAC	Message Authentication Code
Marlin JDA	Marlin Joint Development Association
M-DMC	Mobile Digital Media Controller（移動デジタルメディアコントローラ）
M-DMD	Mobile Digital Media Downloader（移動デジタルメディアダウンローダ）
M-DMP	Mobile Digital Media Player（移動デジタルメディアプレーヤ）
M-DMS	Mobile Digital Media Server（移動デジタルメディアサーバ）
M-DMU	Mobile Digital Media Uploader（移動デジタルメディアアップローダ）
MIC	Message Integrity Check
MIU	Media Interoperability Unit（メディア協調ユニット）
MKB	Media Key Block（メディア鍵ブロック）
M-NCF	Mobile Network Connectivity Function（移動ネットワーク接続機能）
MP	Music Player（音楽再生プレーヤ）
MPAA	Motion Picture Association of America（全米映画協会）
MPEG	Moving Picture coding Experts Group
MPEG-REL	MPEG-Rights Expression Languages

NEMO	Networked Environment for Media Orchestration
NIST	National Institute of Standards and Technology（全米標準技術機関）
OASIS	Organization for the Advancement of Structured Information Standards（構造化情報標準促進協会）
OCSP	Online Certificate Status Protocol
OCW	Open Course Ware
ODRL	Open Digital Rights Language
OeBF	Open eBook Forum
OFB	Output Feedback
OMA	Open Mobile Alliance
P2P	Peer-to-peer（ピア・トゥ・ピア）
PACS	Picture Archiving Communication System
PAN	Personal Area Network（個人エリアネットワーク）
PARC	Palo Alto Research Center（ゼロックスのパロアルト研究所）
PCM	Pluse-Code Modulation
PCP	Protected Content Packet
PDA	Personal Digital Assistants
PDC	Personal Digital Cellular
PDR	Personal Digital Recorder（個人用デジタル録画機）
PIM	Personal Information Manager
PKI	Public-Key Infrastructure（公開鍵基盤）
PMP	Portable Media Player（携帯メディアプレーヤ）
PnP	Plug and Play（プラグアンドプレイ）
PSS	Packet switched Streaming Service
REL	Rights Expression Language（権利記述言語）
RIAA	Recording Industry Association of America（全米レコード協会）
RMP	Rights Management and Protection（権利管理保護）
RMPI	Rights Management and Protection Information（RMP 情報）
ROAP	Rights Object Acquisition Protocol
RPC	Region Playback Control
RSA	（人名の頭文字を並べたもの）Ronald Rivest 氏, Adi Shamir 氏, Leonard Adleman 氏
RTP	Real-time Transport Protocol
RTSP	Real Time Streaming Protocol
RTT	Round Trip Time（往復応答時間）
SAL	Service Adaptation Layer（サービス適合層）
SAML	Security Assertion Markup Language
SAP	Service Access Point（サービスアクセスポイント）
SCMS	Serial Copy Management System

SCVP	Standard Certificate Validation Protocol
SDMI	Secure Digital Music Initiative
SDP	Session Description Protocol
SHA-1	Secure Hash Algorithm，FIPS-180-2 規格
SKB	Sequence Key Block（順序鍵ブロック）
SMTP	Simple Mail Transfer Protocol
SOAP	Simple Object Access Protocol
SRM	System Renewability Message（無効化リスト）
SSDP	Simple Service Discovery Protocol
STB	Set Top Box
TOC	Table Of Contents
TPM	Trusted Platform Module（信頼プラットフォームモジュール）
TRM	Tamper Resistant Module（耐タンパモジュール）
TS	Technical Specification
TTL	Time To Live
UDDI	Universal Discovery, Description, Integration
UPnP	Universal Plug and Play（汎用プラグアンドプレイ）
UWB	Ultra Wide Band（超広帯域無線）
VPN	Virtual Private Network
VTR	Video Tape Recorder
W3C	World Wide Web Consortium
WAN	Wide Area Network
WCT	WIPO Copyright Treaty
WEP	Wired Equivalent Privacy
WIPO	World Intellectual Property Organization
WM9	Windows Media 9
WMA	Windows Media Audio
WMDRM	Windows Media Digital Rights Management
WMP	Windows Media Player
WMT	Windows Media Technology
WMV	Windows Media Video
WPPT	WIPO Performances and Phonograms Treaty
WSDL	Web Service Description Language（Web サービス記述言語）
XHTML	eXtensible Hypertext Markup Language（拡張可能ハイパーテキストマークアップ言語）
XKMS	XML Key Management Specification（XML 鍵管理仕様）
XML	eXtensible Markup Language（拡張可能マークアップ言語）
XrML	eXtensible rights Markup Language

索引

■ 英数字

4C Entity　54
5C　54

AAC　142
AACS　52
AES ブロック暗号アルゴリズム　72
Alpha-ROM　194
ARIB　45
ATRAC3　139

B-CAS　45
BS/CS デジタル放送　55

C2　79
CA　18
CCD ID モデル　150
CCI　50
Check-in/Check-out　89
CPPM　49
CPRM　51
CPTWG　54
CRYPTREC　16
CSS　44, 49

DTCP　44
DTCP-IP　44
DTLA　54
DVD-Audio　162

EMI　95

FairPlay　61, 142

GUID　146

HPKI　188

iTMS　141

iTunes　143

KPS　21

MAC　17
MagicGate　139
MIC　17
Migrate　89
MKB　50, 72, 80
Mora　138
Move　89
MP3　141

OCW　192
OMA　46
OMA DRM v2　46
OpenMG　139

P2P　2
PACS　187
PKI　18
Preview　89
PRISMIX.TV　144
ProRing　194

Quicktime　143

RPC　50

Safe Disc　194
SDMI　139
SonicStage　139
Super Audio CD　162

TOC　195

watermark　4, 32, 66
WCT　6
WM9　145
WMA　146
WMDRM　145
WMDRM 10　60

索引 227

WMP 145
WMT 60
WMV 145
WPPT 6

X.509 19

■ あ

アクセス制御 16
暗号化モード指標 95

一時鍵 27
一方向性 19

オープンコースウェア 192

■ か

鍵
　　──の無効化技術 20
　　──変換情報 75
拡張制限認証 95
価値連鎖 106
完全認証 94

機器認証 42
木構造方式 27
危殆化 4
共通鍵暗号 16
共通コード 150
行列方式 27
許諾コード 150

限定受信システム 45
権利許諾管理 148

公開鍵
　　──暗号 18
　　──証明書 19
コーラルコンソーシアム 53
志プロジェクト 154
コピー
　　──コントロール CD 161
　　──制御情報 50

■ さ

サーバー型放送 45, 56
サイドチャネル攻撃 15
差分電力解析 15

私的使用のための複製 10
順序鍵ブロック 75
衝突困難性 19
証明機関 19
署名者の信頼度 18
信頼プラットフォームモジュール 15

スティーブ・ジョブス 142
ストリーム暗号 16

制限認証 94
セキュア CD 161
ゼロ化機能 15

■ た

対称鍵暗号 16
耐タンパ
　　──技術 15
　　──性 15
　　──モジュール 15
　　──領域 15
タイムシフト視聴 10
楕円暗号 ECC 72
タンパエビデント機能 15

地上デジタル放送 56
超流通 20
著作権
　　──管理ポリシー 14
　　──者 41
　　──等管理事業者 149
著作隣接権者 1, 41

デジタル
　　──時代の著作権協議会 150
　　──署名 17
電子情報技術産業協会 152
電子透かし 4, 32, 66
電波産業会 45

トラスト 124
　　──モデル 124

■ な

難読化技術 16

認証
　　──機関 18
　　──局 19

ネットワークメディア　42

■ は

パッケージメディア　42
ハッシュ　146
　　——関数　19

非対称鍵暗号　18
否認防止性　18
秘密鍵暗号　16

ファイル交換　2
フェアユース　10
プレイリスト　144
ブロック暗号　16

平文　17
ベルヌ条約　6

放送メディア　42

■ ま

マクロビジョン　51

無効化　4
　　——リスト　4, 95

メッセージ認証子　17
メディア
　　——鍵ブロック　50, 72, 80
　　——バインド　79

■ や・ら・わ

ユーザ認証　42

利用条件　42

ワンセグ放送　56

編者・執筆者一覧

編著者

今井 秀樹（いまい ひでき）

略　　歴　　東京大学工学部電子工学科卒業（1966 年）
　　　　　　同大学院博士課程修了（工博）（1971 年）
　　　　　　以来横浜国立大学工学部講師（1971 年），同助教授（1972 年），同教授（1984 年），東京大学生産技術研究所教授（1992 年）を経て，2006 年より中央大学理工学部教授．2005 年より産業技術総合研究所情報セキュリティ研究センター長兼務，東京大学名誉教授（2006 年），日本学術会議会員（2005 年），韓国順天郷大学名誉博士（1999 年），仏国ツーロン大学名誉博士（2002 年），IEEE Fellow（1992 年），電子情報通信学会フェロー（2001 年）

研究分野　　情報理論，符号理論，通信理論，暗号理論，情報セキュリティ

主な著書　　『符号理論』（共著，昭晃堂，1973；復刻版，電子情報通信学会，2001），『情報数学』（昭晃堂，1982），『情報と符号の理論』（共著，岩波書店，1983），『情報理論』（昭晃堂，1984），『符号理論』（電子情報通信学会，1990），『Essentials of Error-Control Coding Techniques』（編著，Academic Press，1990），『明るい暗号の話』（裳華房，1998），『暗号のおはなし（改訂版）』（日本規格協会，2003），『情報・符号・暗号の理論』（コロナ社，2004），『Wireless Communications Security』（編著，Artech House，2005）ほか

著　者

五十嵐 達治（いがらし たつじ）

略　　歴　　学習院大学理学部物理学科卒業（1973 年）
　　　　　　同大学院修士課程物理学専攻終了（1975 年）
　　　　　　富士通株式会社入社後，オンライントランザクション処理，データベース，コンテンツ流通，DRM 等の開発・標準化に従事．情報処理学会情報規格調査会 SC32 委員，IEC TC100/TA8 委員，日本規格協会情報技術標準化センター コンテンツ流通研究会幹事，経済産業省 e-Life 検討委員

主な著書　　『NETTOWN に市場を築け』（神田泰典監修，共著，ダイヤモンド社，1989）

遠藤 直樹（えんどう なおき）
　　略　　歴　　東京工業大学理学部応用物理学科卒業（1979 年）
　　　　　　　　同大学院理工学研究科応用物理学専攻修了（1981 年）
　　　　　　　　東京芝浦電気株式会社総合研究所（1981 年）を経て，東芝ソリューション株式会社（2003 年）に勤務．現在，同社 IT 技術研究所所長．通信路符号化技術（デジタル変復調技術，誤り訂正技術），情報セキュリティ技術の研究開発に従事
　　主な著書　　『情報セキュリティ事典』（執筆分担，共立出版，2003）

川森 雅仁（かわもり まさひと）
　　略　　歴　　日本電信電話株式会社 基礎研究所（武蔵野通研）情報科学研究部入社（1989 年）．NTT コミュニケーション科学基礎研究所（厚木 R&D センター）メディア情報部（1994 年），NTT 情報流通総合研究所（武蔵野 R&D センター）サービスインテグレーション基盤研究所（1998 年）を経て，NTT サイバーコミュニケーション総合研究所（横須賀 R&D センター）サイバーソリューション研究所（2001 年）．人工知能，意味 DB 研究から音声認識，画像処理，言語処理のマルチメディア・システム研究開発に従事した後，デジタルコンテンツ流通のためのメタデータ研究に携わる．デジタル権利言語，権利流通用メタデータ仕様の策定を行う．メタデータ技術を利用して，デジタル TV を中心とした放送通信連携プロトタイプシステムを開発．現在，IPTV，モバイルなどを含めた総合的なコンテンツ流通の研究開発に従事．社団法人電波産業会 サーバ型放送方式作業班メタデータ TG リーダ．TV-Anytime Forum, Metadata ワーキンググループ議長．ITU-T FG-IPTV WG6 共同議長
　　主な著書　　『デジタル放送ハンドブック』（共著，オーム社，2003），『デジタル放送教科書（下）』（共著，インプレス，2004）

古原 和邦（こばら かずくに）
　　略　　歴　　山口大学大学院博士前期課程修了（1994 年）
　　　　　　　　同年東京大学生産技術研究所入所．以来，情報セキュリティに関する研究に従事．2000 年，同所助手．2002 年，博士号（工学）取得．2006 年，独立行政法人産業技術総合研究所入所，情報セキュリティ研究センター研究チーム長．同所主幹研究員．平成 8 年 SCIS 論文賞，平成 13 年 WISA 論文賞，平成 14 年 ISITA 論文賞，平成 15 年 SCIS20 周年記念賞，電子情報通信学会論文賞および猪瀬賞受賞．平成 18 年日本セキュリティ・マネジメント学会学会賞
　　主な著書　　『電子透かし技術——ディジタルコンテンツのセキュリティー』（画像電子学会編，共著，東京電機大学出版局），『情報セキュリティハンドブック』（電

子情報通信学会編，共著，電子情報通信学会），『Mobile Communications Security』(H. Imai ed, 共著，Artech House Publishers)

三瓶 徹（さんぺい とおる）
略　歴　早稲田大学理工学部電気通信科卒業（1968年）
早稲田大学大学院修士課程終了（1970年）
工学博士（1988年）早稲田大学
1970年より日立製作所にて増幅器，音声合成，音声認識，手書き入力の研究，1979年よりパソコン，フレキシブルディスク，光ディスクに関する研究，ISO/IEC/JTC1/SC29（磁気テープ）のメンバとして国際標準化に参加．1996年より日立コンピュータプロダクツ・アメリカ副社長（マルチメディア新事業を担当），2000年株式会社スーパーコンテンツ流通設立，代表取締役，PHS向け音楽配信，英会話教育サービスなどを行う．日本電子出版協会事務局長を兼任，東京工科大学兼任講師，PKIベースDRMのUDACコンソーシアム理事/監事
主な著書　『音声デバイス活用の実際』（共著，オーム社，1982），『最新のAV機器とディジタル技術』（執筆分担，コロナ社，1986）

中西 康浩（なかにし やすひろ）
略　歴　名古屋工業大学工学部電気情報工学科卒業（1989年）
名古屋大学大学院修士課程電気工学専攻修了（1991年）
同年株式会社電通入社．YMO再生コンサート「テクノドン」などのマルチメディア映像コンテンツ企画・制作プロデュース業務やDREAMS COME TRUE「LOVE UNLIMITED ∞」などのCD EXTRAやインターネットコンテンツ等の企画・制作プロデュースを手がける．1999年，ソニー株式会社に出向，放送・通信連携の新規事業開発に従事．2000年よりコンテンツ権利許諾管理の事業化に専念，2001年，株式会社メロディーズ&メモリーズグローバル取締役となり現職に至る．また，2005年より早稲田大学 セキュアリーガル・ディジタル流通研究所の客員研究員となる．社団法人電波産業会モバイルITフォーラム コンテンツ・サービス部会副委員長，社団法人日本規格協会コンテンツ流通市場形成に関する標準化調査委員会委員ほか
主な著書　『マルチメディア・ダス』（執筆分担，曜曜社，1994），『デジタル放送教科書』（執筆分担，インプレス，2005）ほか

ユビキタス時代の著作権管理技術	DRMとコンテンツ流通

2006年10月20日　第1版1刷発行	編著者　今井　秀樹
	著　者　五十嵐達治　　遠藤　直樹
	川森　雅仁　　古原　和邦
	三瓶　徹　　　中西　康浩
	学校法人　東京電機大学
	発行所　東京電機大学出版局
	代表者　加藤康太郎
	〒101-8457
	東京都千代田区神田錦町2-2
	振替口座 00160-5- 71715
	電話　(03) 5280-3433 (営業)
	(03) 5280-3422 (編集)
制作　(株) グラベルロード	ⓒ Imai Hideki, Igarashi Tatsuji, Endoh
印刷　新灯印刷 (株)	Naoki, Kawamori Masahito, Kobara
製本　渡辺製本 (株)	Kazukuni, Sampei Tohru, Nakanishi
装丁　福田和雄 (FUKUDA DESIGN)	Yasuhiro　2006
	Printed in Japan

* 無断で転載することを禁じます.
* 落丁・乱丁本はお取替えいたします.

ISBN4-501-54180-6　C3004